U0486309

世界政治与国际和平
国际政治研究文集

主 编·何 银
副主编·孔炜良 王亚微

时事出版社
北京

图书在版编目（CIP）数据

世界政治与国际和平：国际政治研究文集/何银主编 . —北京：时事出版社，2024.1
ISBN 978-7-5195-0533-2

Ⅰ.①世… Ⅱ.①何… Ⅲ.①国际政治—文集 Ⅳ.①D5-53

中国版本图书馆 CIP 数据核字（2022）第 254459 号

出 版 发 行：时事出版社
地　　　　址：北京市海淀区彰化路 138 号西荣阁 B 座 G2 层
邮　　　　编：100097
发 行 热 线：（010）88869831　88869832
传　　　　真：（010）88869875
电 子 邮 箱：shishichubanshe@ sina. com
印　　　　刷：北京良义印刷科技有限公司

开本：787×1092　1/16　印张：13.75　字数：240 千字
2024 年 1 月第 1 版　2024 年 1 月第 1 次印刷
定价：105.00 元

（如有印装质量问题，请与本社发行部联系调换）

序　　言

在20世纪上半叶发生的两次世界大战促使人类开始认真思考全球安全问题。国际联盟的失败为联合国的建立积累了经验，一个真正意义上的全球性政府间国际组织在第二次世界大战（简称二战）即将散去的硝烟中应运而生。联合国的建立标志着政治全球化进入快车道，国际政治超越国家间政治进入全球政治时代，国际安全超越以领土主权为核心的传统安全，进入传统安全与非传统安全交织的多维安全时代。

联合国成立的初衷是使人类后世免遭战祸。然而自1945年10月24日《联合国宪章》正式生效以来，战争与冲突从未缺席，依然是世界政治重要主题。尽管如此，核武器的出现从理论上防止了第三次世界大战的发生，各国人民的反战呼声高涨，世界出现了局部冲突、总体和平的局面。总体和平的国际环境为人类文明的发展和繁荣创造了条件。二战结束以来至今短短70多年里，人类文明在各方面取得了前所未有的发展成就，人口从1949年的24.48亿到2020年的75.85亿，增长了2倍有余。

联合国的建立为世界政治着上了理想主义的色彩，成为制衡现实主义的力量。换言之，二战结束以来的世界政治始终保持了双体系格局：一种是代表理想主义的联合国体系，表现为倡导多边主义国际制度，其精神本质是合作；另一种是代表现实主义的大国竞争体系，表现为信奉单边主义的权力政治，其精神本质是竞争。双体系格局定义了世界政治的议程和进程，决定了国际安全的范畴和结果。

不同历史时期世界政治的双体系格局有不同的内涵，合作和对抗此消彼长。冷战时期美苏争霸的大国竞争体系占据上风，竞争是全球政治的主调。联合国体系难以发挥实质性作用，很大程度上是权力政治的缓冲地带。在国际安全领域，联合国调解国际冲突与争端，必要时经冲突各方同意在它们之间部署维和力量监督停火协议的实施，为冲突的政治解决赢得时间。冷战结束后的一段时间里，国际权势格局出现了"一超多强"的局面，大国之间较之以前更容易在联合国体系等多边平台上达成妥协。这一时期，"合作超越竞争"成为了世界政治的主调。联合国安理会和大会每年通过决议的数量、新建维和行动的数量以及通过其他方式介入冲突管理的广度和深度，都超过了冷战时期。在此背景下，全球治理成为全球政治的主题。联合国倡导的议程除了安全，还包括发展、环境、人权和卫生等领域，特别是先后在2000年和2015年发布了《千年发展目标》和《2030年可持续发展议程》，对人类社会的发展进化产生了巨大影响，多边主义在全球政治中的影响力达到了顶峰。

2017年特朗普就任美国总统之后，美国退出了《巴黎协定》和联合国教科文组织等一系列多边国际机制，并采取打压中国和俄罗斯等其他大国的政策措施，全球政治出现了退化到竞争形态的趋势。2021年拜登上台后延续了特朗普的单边主义对外政策，并强化了旨在围堵、遏制中俄的联盟战略：针对中国搞"印太战略"，针对俄罗斯推动北约东扩。美国及其盟友从零和安全考量出发，毫无节制地试探其他大国的战略定力，全球安全治理出现了退化的阴影。乌克兰局势紧张以来，美西方对俄罗斯采取了全方位的经济制裁，表明全球化导致的各国间深度相互依存也成为了大国间对抗的武器。

当前国际形势剧烈动荡再一次表明，世界政治正经历百年未有之大变局。今天的世界有太多安全问题，战争、冲突或国家间对抗仅仅是其中一部分。新冠病毒在全球导致死亡的人数已达600多万，超过二战后任何一场战争。气候变化对人类的影响虽然在短时间内没有新冠疫情那么显性，但当被人类深度感知，其后果必将更具有灾难性。人类在尽享前所未有文明发展成果的同时，也面临前所未有的挑战。风雨过后，定有彩虹。从长远来看，联合国体系倡导的理想主义和多边主义已经成为现代人类的共有观念，全球治理和国际合作仍将是人类社会发展的总体方向。只要本着人类命运共同体的认识采取集体行动，人类文明的方舟就能在浩瀚的时空中安全航行。

中国人民警察大学维和警察培训中心自2017年开始培养维和学、维和警务两个方向的硕士研究生，实现了从维和培训到维和教育的跨越。几年来，中心的维和教育工作得到了国内外许多专家的支持和帮助。维和学是一门跨学科专业，除了军事学和警务学，还需广泛涉猎国际关系、国际政治、国际安全和国际发展等其他领域的知识。本书收集了为中心维和学研究生授课的部分国内专家的研究文章，以及本人近几年发表的有关维和研究的文章，以期为维和学科的教学资料建设添砖加瓦。

首先对为本书贡献文章的张贵洪、贾烈英、刘海方、曾爱平、张春和李东燕等老师们表示感谢。孔炜良、王亚微参与了本书文稿的编辑整理工作，于彪、辛越等老师参与了讲座的组织和保障工作，在此对他们表示感谢。研究生们也积极参与了相关工作：许锷汀同学负责联络和制作海报等工作，并与王国梁、叶莹莹、李明月、阎潇、付一鸣、罗来宁、刘冬、王雨潼、夏雯、崔樱曦、刘洋、陈傲、高皓月、李子怡、杨万里、王枭嘉、刘熹等同学们一起做了讲座录音的文字转换和校对等工作，也对他们表示感谢。

愿和平永在！

何　银

目　录

联合国与全球治理篇

联合国与联合国学 ………………………………………………（3）
国际法治与可持续和平
　　——来自联合国和中国的贡献 ……………………………（20）
全球公共卫生治理合作：以中非共建"健康丝绸之路"为视角 ……（41）

国际安全与发展合作篇

新冠疫情下非洲的抗疫和中非合作 ……………………………（65）
非洲政治治理60年：多重长期困境与潜在创新出路 ……………（76）
美国对非洲安全援助的演变与前景 ……………………………（100）

联合国维和篇

中国国际维和行动探讨：概念与模式 …………………………（133）
联合国维和行动成功的条件
　　——以东帝汶维和行动为个案 ……………………………（151）
反思联合国维和行动中的安全风险及应对 ……………………（176）
联合国维和的退化与出路 ………………………………………（200）

联合国与全球治理篇

联合国与联合国学[*]

作为世界上最具有普遍性、代表性和权威性的政府间国际组织，联合国既是战后国际秩序的象征，也是冷战和冷战后国际关系的重要行为体。在当今应对全球性问题和开展全球治理的过程中，联合国的作用不可或缺，也不可替代。当然，联合国自身和外部环境也面临各种压力和挑战，需要不断通过改革，维护和加强其在国际秩序和全球治理中的权威和效力。

对联合国的认识和研究同样需要深入和加强。2020年是联合国成立75周年，2021年是中华人民共和国恢复在联合国合法席位50周年。这是加强中国学界联合国研究的重要契机。深化对联合国的历史研究、现实研究、问题研究和外交研究，并在此基础上加强学理研究和学科建设，既是中国外交的客观要求，也是中国国际问题研究的需要。

一、联合国研究需要学科化

近年来，国际问题研究的学科化取得新的进展和突破。学界不断推动国际问题研究新兴学科的建立和发展，如全球学、周边学、维和学、和平学、国际组织学、国家安全学、改革学、"一带一路"学、中共学（海外）

---

[*] 张贵洪，复旦大学国际问题研究院教授。本文系国家社科基金重点项目"中国特色国际组织外交的理论与实践创新研究"（项目编号：20AZD099）的阶段性成果，原载于《国际政治研究》2020年第4期。

等等。① 尽管国际问题研究本身因为其范围的宽泛而很难成为国际问题学，但上述新兴学科的发展从一个侧面说明了近年来我国国际问题研究的进步。

国内最早（或较早）提出"联合国学"的是庞雨，他在1994年出版的《世界政治大趋势：〈联合国学〉之一》一书中提出"联合国学"的概念。② 但这本书并不是真正意义上的学术或学科研究，也没有对"联合国学"进行具体阐述。该书作者把联合国与中国古代周朝和欧洲梵蒂冈进行了比较。

国内学界还没有对"联合国学"进行认真的探讨，甚至在中国知网上查不到一篇包含"联合国学"主题的论文。当然，有学者对国内的联合国研究进行过一些总结。③ 这些总结没有提到"联合国学"，但其中提出"中国的联合国研究……尚未能形成较成熟的学科体系，缺乏对联合国全面性的研究"的问题。④

联合国研究的学科化主要是基于以下的事实和考虑：

第一，联合国在战后历史中的地位和影响。联合国的成立是世界反法西斯战争的一部分，也是二战胜利的成果和体现。《联合国宪章》作为最重要的国际法，确立了战后国际关系的基本准则，成为战后国际秩序的基础。尽管由于东西方冷战和美苏争霸，联合国的作用受到极大限制，但联

---

① 关于"全球学"，参见蔡拓：《全球学与全球治理》，北京大学出版社2018年版。关于"维和学"，参见陆建新等：《国际维和学》，国防大学出版社2015年版。关于"和平学"，参见刘成：《和平学》，南京出版社2006年版。关于"周边学"，参见石源华主编：《中国周边学研究文集》，世界知识出版社2019年版。关于"国际组织学"，参见永达编著：《国际组织学》，清华大学出版社2006年版。关于"国家安全学"，参见刘跃进主编：《国家安全学》，中国政法大学出版社2004年版。关于"改革学"，参见孙万鹏：《改革学》，山东人民出版社1992年版；陈候胜编著：《改革学初探》，汕头大学出版社2015年版；邓伟志：《"改革学"刍议》，《探索与争鸣》2018年第9期。关于"'一带一路'学"，参见中国人民大学重阳金融研究院：《"一带一路学"：现实迫切与理论必要》，《人大重阳研究报告》第49期，2019年10月25日。关于"中共学"，参见熊光清：《迅速发展的海外"中共学"》，人民网—人民论坛，2015年10月21日；陈凌：《中国共产党让"中共学"成为时代显学》，《人民日报》2017年10月19日；路克利：《中共学已成为世界显学》，海外网—中国论坛网，2018年7月1日。

② 庞雨：《世界政治大趋势：〈联合国学〉之一》，中国社会科学出版社1994年版。

③ 郑启荣：《联合国研究在中国：回顾与思考》，《外交学院学报》2002年第2期；郑启荣：《中国的联合国研究》，载王逸舟主编：《中国国际关系研究（1995—2005）》，北京大学出版社2006年版；孟文婷等：《中国联合国学术研究40年》，《国际关系学院学报》2012年第6期；孟文婷：《中国联合国研究的现状与前景——李东燕研究员访谈》，《国际政治研究》2017年第3期。

④ 郑启荣：《联合国研究在中国：回顾与思考》，《外交学院学报》2002年第2期，第21页。

合国通过维持和平行动、非殖民化、发展十年战略等行动，仍然为世界和平、发展和人权等做出了巨大贡献。冷战结束后，特别是进入21世纪以来，联合国通过不断改革，在应对气候变化、贫困、恐怖主义等全球性挑战方面发挥着引领作用。联合国已成为全球性国际组织的成功范例。

第二，联合国在现实世界中的重要性和独特性。尽管存在着种种缺陷和问题，联合国仍然可以被视为当今世界开展国际合作和全球治理的理想平台。联合国的普遍性、代表性和权威性使其成为国际体系的核心、国际秩序的基石和国际法治的象征。在百年未有之大变局下，在全球化受挫、单边主义和强权政治不断挑战国际秩序的今天，以联合国为代表的多边主义更显示其价值。在通过发起倡议、推动议程和塑造规范以应对全球性问题和挑战方面，联合国发挥着独特作用。

第三，联合国在我国外交中的作用和意义。中国与联合国的关系发展经历了曲折的过程。但自从中华人民共和国重返联合国后，特别是改革开放以来，中国越来越重视联合国的作用，并坚定支持联合国在国际事务中的核心地位和主导作用。中国的联合国外交正经历从建设性参与到引领性参与的转型。近年来，中国与联合国合作共同推动构建人类命运共同体和新型国际关系，合作共建"一带一路"，为不确定的世界提供了最大的确定性。作为多边外交的核心，中国的联合国外交本身有许多亮点，并且在中国特色的周边外交、大国外交和发展中国家外交中也发挥着重要作用。

联合国研究的学科化就是要对联合国的历史和现实以及中国的联合国外交进行全面和系统的学理研究，并且主要基于联合国的历史研究、现实研究、问题研究和联合国外交研究。

二、联合国历史研究

2020年是联合国成立75周年，也是联合国的前身国际联盟成立100周年。为什么要成立联合国，又如何发展到现在？这是联合国历史研究的基本问题。

联合国75年历史，大致可以分为三个阶段。

第一阶段：从1945年至1990年，即"战后2年+冷战43年"，联合国的作用被弱化和边缘化。

联合国成立后，会员国希望建立一个和平、团结和联合的世界，但现实是世界分裂为东西南北：东西方对抗、北约与华约对峙、美苏争霸；南北不平等和差距越来越大。联合国与冷战密不可分，一方面，冷战是联合国发展的基本环境，甚至决定了联合国的发展轨迹；另一方面，联合国成为冷战的一部分。无论是朝鲜半岛问题，还是印度和巴基斯坦之间的克什米尔争端，或者是中东地区阿拉伯国家与以色列冲突，联合国都成为一个"原点"。① 本应成为战后世界"主角"的联合国，却成为冷战的"配角"。东西方对抗严重制约了联合国发挥作用的空间，美苏争霸更使联合国特别是安理会经常成为对抗的场所而不是合作的平台。

北京语言大学国际关系学院李铁城教授所带领的团队曾对联合国前史、联合国成立史和联合国冷战史进行过详细的研究，并指出："战后美苏从争夺霸权发展到全球对抗，联合国很快被淹没在冷战之中……大国极力要把联合国变成冷战的工具。强权政治、霸权主义和集团政策严重地伤害着联合国，并使其不断陷入各种困境之中。"② 不过，联合国与冷战之间的关系和逻辑、冷战时期联合国的经验和教训、中国与联合国的关系特别是早期关系等问题，仍然有很大的研究空间。

第二阶段：从 1990 年至 2010 年，即"冷战结束后 10 年 + 新世纪 10 年"，联合国的作用上升但仍被淡化。

冷战结束后，联合国发挥作用的环境和空间大为改善。随着安理会五个常任理事国协商机制的建立，安理会发挥了更为积极的作用。联合国维和行动的数量不断增加，并且更多地应对国家内部的冲突。联合国设立建设和平架构，实施千年发展目标，倡导"保护的责任"规范，为全球安全、发展和人权的治理提供新的路径。在联合国的推动下，防扩散和军控领域取得新的进展，《不扩散核武器条约》得以无限期延长，《全面禁止核试验条约》得以签署。但是，联合国的权威却不断受到挑战。1999 年，未经联合国安理会授权，以美国为首的北约对南联盟实施空袭；2003 年，同样在没有安理会授权的情况下，以美国为主的联合部队入侵伊拉克；2011 年，美英法三国在安理会授权范围之外对利比亚进行军事打击。此外，

---

① 在朝鲜半岛问题上，1950 年联合国安理会通过第 83 号决议，决定授权美国组建联合国军进入朝鲜；在克什米尔问题上，1948 年 4 月和 8 月，联合国安理会通过两个决议，决定成立联合国印巴委员会，并要求举行"自由和公正的公民投票"决定克什米尔的归属；在中东问题上，1947 年联合国大会第 181 号决议规定，在巴勒斯坦成立阿拉伯国和犹太国，耶路撒冷由联合国托管。

② 李铁城主编：《联合国的历程》，北京语言学院出版社 1993 年版，"序言"第 4 页。另参见李铁城：《联合国五十年》，中国书籍出版社 1995 年版。

2008年全球金融危机后，联合国也未能在应对危机方面发挥主导作用。

关于冷战后的联合国，前秘书长安南的首席新闻发言人弗雷德里克·埃克哈德在他浙江大学讲学的课程讲稿基础上出版了著作。① 该书不是学术专著，但对了解冷战后联合国的某些事实还是很有帮助的。国内学界对冷战后联合国在维和行动、反恐、气候变化等具体领域和问题上的作用有所研究，但对有关冷战后联合国在全球安全和世界发展等方面的作用还缺乏系统和深入的研究，也没有看到国内学者以"冷战后的联合国"为题的专著。联合国与冷战后的国际秩序、联合国千年发展目标的全球治理意义、冷战后的联合国改革特别是安理会改革进程等都是有待深入研究的重要课题。

第三阶段：从2010年至今，联合国的作用如何强化。

过去十年，联合国所取得的成就和面临的挑战同样突出。

2015年是联合国成立70周年。联合国举办了一系列峰会，其中，发展峰会通过了具有里程碑意义的《2030年可持续发展议程》，提出17个可持续发展目标和169个具体目标，成为全球发展的指导性文件。② 2015年12月，《联合国气候变化框架公约》的近200个缔约方达成有关气候变化的《巴黎协定》。这表明国际社会在气候变化国际合作方面取得普遍政治共识，为全球治理创造了一个新范例。可持续发展和气候变化成为联合国引领全球发展治理的两大关键议程。2015年，联合国还对和平与安全架构进行改革，突出预防冲突和可持续和平。从维和行动到和平行动，表明联合国在全球安全治理领域的转型。

与此同时，联合国也面临前所未有的挑战。首先，来自单边主义的挑战。近年来，美国已陆续退出10多个国际机构、国际机制和国际条约，涉及国际安全、经贸、人权、文教、卫生、气候变化等领域。③ 美国还长期拖欠联合国会费与维和费用，是造成联合国财政危机的主要原因。美国的

---

① ［美］弗雷德里克·埃克哈德著，J. Z. 爱门森译：《冷战后的联合国》，浙江大学出版社2010年版。

② 《改变我们的世界：2030年可持续发展议程》（A/RES/70/1），https：//www.un.org/zh/documents/view_doc.asp？symbol=A/RES/70/1。

③ 2017年1月，美国宣布退出《跨太平洋伙伴关系协定》，12月退出《移民问题全球契约》制定进程；2018年5月，美国退出《伊朗核问题全面协议》，6月退出联合国人权理事会，10月退出《维也纳外交关系公约》争端解决的议定书；2019年1月，美国又正式退出联合国教科文组织，8月正式退出《中导条约》，11月正式启动退出《巴黎协定》的程序，12月由于美国一直阻挠对新法官的任命，世界贸易组织上诉机构正式"停摆"；2020年7月，美国宣布退出世界卫生组织。

种种单边主义和保护主义行为给国际社会带来诸多难题和困扰，加重了国际社会的治理赤字，增加了国际合作的难度，给多边机制带来负面效应。其次，来自非国家行为体和非传统安全的挑战。作为最大的政府间国际组织，联合国在处理与非国家行为体的关系和应对非传统安全的挑战方面缺乏有效的制度安排和手段。尽管在倡导非传统安全的理念和合作方面，联合国做出了巨大的努力，但如何把非传统安全的理念和合作转化和提升为非传统安全的治理，并与传统安全治理有效结合，仍是联合国面临的重大课题。① 再次，联合国自身改革的挑战。传统地缘政治和大国竞争的重新加剧，全球性问题和威胁的层出不穷，国际力量对比的巨大变化，要求联合国通过自身改革以加强其权威和效力。否则，联合国将在国际秩序和全球治理中越来越被边缘化。但是，近十年来，包括安理会改革在内的联合国改革一直没有取得实质性进展。能否在会员国主导和秘书长推动下，在安全、发展和管理三方面的改革取得成效，这在很大程度上将决定联合国的未来。

2015年，中国联合国协会组织国内专家就联合国70年的成就和挑战进行了全面总结。② 进行联合国历史研究不仅要回顾过去，更要在总结成就和分析挑战的基础上揭示未来。

三、联合国现实研究

联合国现实研究的核心问题是其机构和功能，即联合国主要是干什么的问题。联合国的功能广泛，主要包括安全、发展、人权，此外，还有人道主义援助、国际法治等。联合国现实研究主要涉及联合国系统在维护国际安全、全球发展和世界人权中的作用。

维护世界和平与安全是联合国的首要目标。为了避免新的世界大战，在吸取国际联盟教训的基础上，联合国建立集体安全机制，实行大国一致原则。会员国把维持国际和平与安全的主要责任授予安理会，可采取包括军事行动在内的一切手段以防止侵略、实现和平。冷战开始后，直接的国际冲突主要发生在大国与小国或小国与小国之间，而不是大国之间。联

---

① 张贵洪：《联合国与非传统安全治理》，载余潇枫主编：《非传统安全概论（第三版·上卷）》，北京大学出版社2019年版，第159页。
② 中国联合国协会编：《联合国70年：成就与挑战》，世界知识出版社2015年版。

国在实践中创新地通过了维持和平行动来处理国际冲突。维和行动处于和平方法和强制手段之间，成为联合国解决国际冲突的主要方式。冷战结束后，联合国的维和行动发生了很大的变化，特别是强调维和前的预防冲突和维和后的建设和平。因此，我们需要从全球安全治理和国际公共安全产品的视角来审视和解读联合国维和行动。[①] 联合国在防核扩散、裁军、军备控制等传统安全领域取得一定的进展。以防核扩散为例，在维护《不扩散核武器条约》有效性的同时，积极推动无核区建设，举行核安全峰会，通过《制止核恐怖主义行为国际公约》《禁止核武器条约》和安理会第1540号决议等法律文件。在非传统安全领域，联合国在打击恐怖主义和海盗、应对气候变化和金融危机、处理难民移民等全球性问题上开展了大量工作。

促进全球发展是联合国开展的最为广泛的工作。经社理事会和发展系统机构是联合国规模最大的机构。从1960年至2000年，联合国实施了四个发展十年战略，提出发达国家官方发展援助占国内生产总值（GDP）0.7%的标准和要求，体现了联合国在全球发展治理方面的探索和努力。2000年，联合国又提出千年发展目标，作为21世纪最初15年全球发展议程的核心内容和国际发展合作的主要框架，成为全球发展治理的一个创举和里程碑。2015年，联合国通过的《2030年可持续发展议程》是对千年发展目标的继承和升级，也为全球发展治理的转型提供了契机。从四个发展十年战略，到千年发展目标，再到《2030年可持续发展议程》，体现了联合国发展事业的继承性和延续性，也标志着联合国在建设全球发展共同体过程中发展理念、发展目标、发展手段的不断超越和转型。在促进全球发展方面，联合国处于核心地位，发挥基础性作用。但是，围绕可持续发展，联合国还需要与二十国集团、金砖国家等跨地区和地区性的国际组织开展合作，利用各自优势，通过共享发展议程、共建发展秩序，形成合作共治的关系，以完善全球发展治理体系。

促进和保护人权是联合国的一项伟大事业。联合国通过制定国际人权法律文件、成立人权事务专门机构、倡导人权理念规范等促进和保护人权，积极开展全球人权治理，致力于建设全球人权共同体。《联合国宪章》中七次提到人权。1948年颁布的《世界人权宣言》进一步明确了人权内

[①] 陈楷鑫：《联合国维和行动：一种全球安全治理的视角》，复旦大学博士学位论文，2018年；程子龙：《联合国维和行动：一种公共安全产品的视角》，复旦大学博士学位论文，2019年。

涵，人权的内容也得到丰富和发展。联合国还通过了《公民权利和政治权利国际公约》和《经济、社会及文化权利国际公约》等一系列人权国际公约，以及一些重要的决议和宣言，规定会员国在人权方面的法律义务，有力地促进和保护了世界人权。冷战结束后，人权问题越来越突出，联合国把人权工作提升到新的高度。2005年，联合国秘书长安南正式把人权作为联合国的三大工作支柱之一。联合国还积极推动"保护的责任"的规范和"人权先行"的倡议，提出维和行动要以人民为中心。联合国许多机构从事与人权相关的工作。其中，联合国大会第三委员会（经济、人道主义和文化）负责处理提高妇女地位、保护儿童、保障难民待遇、消除各种歧视等人权问题在内的各种议题。但是，直接处理和主管人权事务的机构主要包括人权条约机构、人权理事会和人权事务高级专员办事处。

联合国在维护国际安全、推动全球发展、促进世界人权中的作用主要是通过联合国机构来实现的。联合国通过纽约总部和在日内瓦、维也纳、内罗毕的办事处，以及遍布世界各地的四万多名工作人员，在政治安全、贸易发展、社会人权、科技卫生、劳工产权、文化体育、电信邮政、难民移民等领域开展工作。联合国是一个系统，由主要机构、附属机构、专门机构、基金方案、研究训练、其他实体和相关组织等组成。除了处于联合国系统核心的六大主要机构（又称宪章机构），即大会、安理会、经社理事会、托管理事会、秘书处和国际法院，联合国的15个专门机构在全球事务中发挥着至关重要的作用。①

联合国现实研究就是要探讨联合国如何在世界和平、发展和人权事业中坚守多边主义，在国际秩序和全球治理中维护其基础性地位，在充满不确定性的世界中发挥稳定性作用。

四、联合国问题研究

联合国的活动具有广泛性，涉及各个国家、地区和领域。在百年未有之大变局下，联合国既要处理传统问题，也要应对大量新兴问题。其中，以下这些问题特别值得重视和研究。

---

① 联合国的15个专门机构包括：粮农组织、国际民航组织、农发基金、国际劳工组织、国际货币基金组织、国际海事组织、国际电信联盟、教科文组织、国际工业发展组织、世界旅游组织、万国邮政联盟、世界卫生组织、世界知识产权组织、世界气象组织和世界银行集团。

第一，《联合国宪章》研究。1945年6月26日签订（联合国宪章日）、10月24日生效（联合国日）的《联合国宪章》共19章111条。《联合国宪章》的宗旨体现了联合国的精神和价值，而其确立的原则成为战后国际关系的基本准则。面对国际社会出现的新问题、新威胁、新挑战，《联合国宪章》的意义何在，生命力何在？1965年和1973年，《联合国宪章》曾进行修改，以增加安理会和经社理事会成员国。现在，作为联合国机构之一的托管理事会是否还有存在的必要？作为联合国大会附属机构的人权理事会能否升格为主要机构？《联合国宪章》中的某些条款和表述是否还适当？因此，《联合国宪章》是否需要再次修改，如何修改？这些问题都需要进行研究。

第二，联合国系统内部及联合国与其他国际组织间合作的研究。国际组织间合作是国际合作的一个新范式。由于和平、发展和人权之间的关系越来越密切，相关国际组织之间的合作就显得更加必要。其实，国际组织间合作广泛存在。国外学者对此已有一些研究，既有从理论上阐述国际组织间合作的原因和必要性，① 也有分析国际组织间合作的实践案例。如：联合国五个区域委员会之间及区域委员会与联合国内部其他机构之间的合作；② 联合国多个机构在全球环境治理中的合作；③ 联合国、欧盟、非盟等国际组织在和平行动中的合作；④ 联合国难民署与开发计划署和世界银行在难民保护和难民政策中的合作。⑤ 国内学界对国际组织间合作的研究还不多见，更缺少从学理上的分析。

---

① Rafael Biermann, "Designing Cooperation Among International Organizations: The Quest for Autonomy, The Dual – Consensus Rule and Cooperation Failure", *Journal of International Organizations Studies*, Vol. 6, Iss. 2, 2015, pp. 45 – 66; Miguel De Serpa Soares, "The Necessity of Cooperation between International Organizations", in Peter Quayle and Xuan Gao, *AIIB Yearbook of International Law (2018): Good Governance and Modern International Financial Institutions*, Brill, 2019, pp. 241 – 250.

② Gennady Tarasov and Gopinathan Achamkulangare, "Cooperation among the United Nations Regional Commissions", Joint Inspection Unit, United Nations, Geneva, 2015, JIU/REP/2015/3.

③ Hannes R. Stephen and Fariborz Zelli, "The Role of International Organizations in Global Environmental Governance", in *The Environment Encyclopedia and Directory*, Routledge, 2009; Joshua W. Busby, "International Organization and Environmental Governance", in *Oxford Research Encyclopedia of International Studies*, Oxford University Press, 2010.

④ Alexandru Balas, "Creating Global Synergies: Inter – organizational Cooperation in Peace Operations", University of Illinois at Urbana – Champaign, 2011.

⑤ Alexander Betts, et al., *UNHCR: The Politics and Practice of Refugee Protection*, New York: Routledge, 2012; Alexander Betts and Paul Collier, *Rethinking Refugee Policy in A Changing World*, New York: Oxford University Press, 2017.

第三，各国的联合国外交研究。会员国特别是大国与联合国的关系是一个值得研究的课题。联合国等国际组织在各国外交中的地位和作用不尽相同，在不同时期也会有变化。联合国外交是一个国家整体外交的组成部分，但其目标、内容和方式等又有特殊性。联合国外交研究可以有多个视角：一是会员国特别是大国的联合国外交，这方面国内学界已有一些初步的研究，但还不够系统和深入；① 二是联合国框架下的双边关系研究，如中美关系、中俄关系等；② 三是会员国在联合国特定领域内和问题上的合作。③

第四，联合国改革研究。联合国改革是一个老问题，又是新课题。1965年，联合国首次进行重大改革，对宪章第23条、第27条、第61条、第109条进行修正，安理会理事国由11国增至15国，经社理事会理事国由18国增至27国，后又增至54国。联合国改革在会员国主导下，主要由秘书长推动。冷战结束后，加利、安南、潘基文、古特雷斯四任秘书长都进行了规模和力度不等的改革。其中安南秘书长的改革最为广泛和深远。安理会改革是联合国改革的重点和难点。目前，围绕新增安理会成员类别、否决权、区域席位分配，扩大后安理会规模，安理会工作方法和安理会与大会关系等问题，会员国在政府间谈判的框架下推动安理会改革。联合国改革，一方面是趋势、潮流和共识，另一方面又体现出复杂和艰难，因为它涉及权力和不同诉求。对联合国改革的研究同样迫切和重要。

第五，联合国可持续发展研究。2015年，联合国发展峰会通过的《2030年可持续发展议程》是国际社会达成的政治共识。《2030年可持续发展议程》提出的17个可持续发展目标和169个子目标对各国发展和国际发展合作具有重要的指导意义。但1/3的时间过去了，其进展并不乐观：一方面，这是由于在发展融资和发展伙伴关系等方面遇到很多困难；另一

---

① 如武心波主编：《大国国际组织行为研究》，上海人民出版社2010年版。该书分析了中国、美国、俄罗斯、英国、法国、德国、日本、印度、巴西9个国家的国际组织外交；毛瑞鹏：《特朗普政府的联合国政策》，《国际问题研究》2019年第3期；贾健：《英国的联合国外交》，外交学院博士学位论文，2004年；李艳：《国家利益与多边工具：法国的联合国外交之比较研究》，外交学院硕士学位论文，2003年；朱恩瑶：《日本的联合国外交：联合国中心主义的理想与现实》，吉林大学硕士学位论文，2016年；韩然善：《韩国的联合国外交》，复旦大学硕士学位论文，2009年；姚定标：《印度的联合国外交研究》，上海国际问题研究院硕士学位论文，2010年。

② 如李铁城、钱文荣主编：《联合国框架下的中美关系》，人民出版社2006年版；王志琛：《联合国安理会框架内的中俄合作研究》，黑龙江大学硕士学位论文，2017年。

③ 如刘铁娃：《中美联合国维和行动比较与合作空间分析》，《国际政治研究》2017年第4期。

方面，则因为近年来单边主义和保护主义重新抬头，国际政治安全形势更趋动荡。联合国正通过发展系统的改革，更好地为《2030年可持续发展议程》服务。但更重要的是，国际社会如何在落实《2030年可持续发展议程》中加强合作，完善全球发展治理体系，实现互利共赢。这就需要深化对联合国可持续发展的研究。

第六，联合国可持续和平研究。可持续和平是联合国倡导的新理念，是实现世界和平的新途径。[①] 可持续和平的核心是强调发展、和平、安全和人权的相互关联和相辅相成。2016年4月，联合国大会和安理会分别通过决议，提出要采取新的综合方法来实现可持续和平。[②] 为此，联合国特别重视通过可持续发展、预防冲突和建设和平来促进可持续和平。西方国家推崇"自由和平""制度和平""民主和平"等，中国学者提出"发展和平"概念。[③] 可持续和平与上述理念和规范有什么联系和区别？可持续和平与中国倡导的人类命运共同体和新型国际关系如何契合？联合国在可持续和平中的作用是什么？这些都还有待研究。

第七，联合国预防冲突研究。如果说，可持续发展是可持续和平的基础，强调消除冲突的根源，那么，预防冲突就是可持续和平的核心要素，突出"预防"在可持续和平中的首要位置。世界银行和联合国的报告指出，从长远看，在预防上每花一美元，就可节约多达七美元。[④] 近年来，联合国积极推动和平安全领域的改革，把各有侧重但相互关联的预防冲突、维和行动、建设和平、可持续和平这四个阶段工作整合成为统一的和平行动。在外交实践中，我国比较重视维和行动，相对来说对预防冲突和建设和平的投入不足。在学术研究上，我国学界对预防冲突的研究也不够充分。[⑤]

第八，联合国与国际秩序研究。联合国是战后国际秩序的基础性、稳

---

① 参见第72届联合国大会主席米罗斯拉夫·莱恰克于2018年4月19日在新华网发表的署名文章《可持久和平——世界和平新途径》。

② 《联合国建设和平架构审查》（A/RES/70/262、S/RES/2282），https：//www.un.org/zh/documents/view_doc.asp？symbol＝A/RES/70/262。

③ 何银：《发展和平：联合国维和建和中的中国方案》，《国际政治研究》2017年第4期；孙德刚、张丹丹：《以发展促和平：中国参与中东安全事务的理念创新与路径选择》，《国际展望》2019年第6期。

④ "Pathways for Peace: Inclusive Approaches to Preventing Violent Conflict", 2018, https：//openknowledge.worldbank.org/handle/10986/28337.

⑤ 仅有的研究预防冲突的专著为：牛仲君：《预防冲突》，世界知识出版社2007年版；扈大威：《冷战后国际关系中的冲突预防》，世界知识出版社2018年版。

定性和建设性力量，《联合国宪章》的宗旨和原则成为战后国际关系的基本准则。但在东西方对抗的冷战格局下，联合国的作用被弱化和边缘化。冷战结束后，联合国也并没有成为国际关系和全球治理的主导性力量。联合国应该吸取什么样的经验和教训？在百年未有之大变局中，联合国如何加强其权威性和有效性？在未来新的国际秩序中，联合国又将扮演什么样的角色？这些决定联合国命运的问题和挑战，需要我们进行反思。

第九，联合国与全球治理研究。从某种意义上讲，联合国是最早开展全球治理的国际机构。联合国主导的维和行动和可持续发展议程具有全球治理的意义。在全球安全和发展治理过程中，联合国也培育了一整套全球治理的理念、机制和能力。在全球公域（极地、深海、太空、网络）治理中，联合国也大有可为。联合国改革有利于推动全球治理体系的变革，而全球治理体系的变革也将为联合国带来新的活力和动力。联合国与全球治理研究的重要性显而易见。

第十，联合国与国际法治研究。联合国前秘书长安南曾指出，"法治是联合国的核心概念"[①]。发展和尊重国际法、推动和实现国际法治是联合国的一项重要工作。联合国推动国际法治的主要目标是实现国际关系的法治化和建立以法治为基础的国际秩序。从以武力和战争手段变为通过政治和法律途径解决国际争端，以国际法治制约权力政治是人类文明和进步的标志。联合国是运用政治和法律方式协调和处理国际关系的主要平台和机制。《联合国宪章》是国际法治的核心和基础。联合国大会的决议具有立法、立规、立德功能，安理会在国际法治中具有特殊的地位和作用。冷战结束后，联合国在推动国际争端的司法解决方面不断取得进展。联合国与国际法治研究的重要性将日益凸显。

五、中国的联合国外交研究

联合国外交离不开联合国的历史和现实。中国的联合国外交主要是如何处理中国与联合国的关系。中国的联合国外交研究包括中国与联合国关系的历史研究、中国与联合国现实关系的研究、中国与联合国在重大问题

[①] 联合国秘书长报告：《冲突中和冲突后社会的法治和过渡司法》（S/2004/616），https://undocs.org/zh/S/2004/616。

上的合作的研究等。联合国外交是中国多边外交的核心组成部分，其历史和现实都值得总结和反思。

中国的联合国外交经历了从一般性参与到建设性参与再到引领性参与的过程。一般性参与就是加入联合国及其所属机构和国际条约；建设性参与就是积极参与联合国事务，与联合国开展务实合作，为联合国做出越来越多的贡献；引领性参与就是发挥率先和示范作用，主动倡导理念、设置议程、塑造规范。

在新时代中国特色大国外交的理论和实践中，联合国外交应该发挥更重要的作用。联合国研究要为中国的大国外交特别是联合国外交服务。因此，以下几个问题特别值得重视和研究。

第一，中国的联合国外交的传承、转型和创新。中华人民共和国成立以来，特别是1971年重返联合国以后，中国的联合国外交在不同时期表现出不同特点，但一直坚持多边主义、奉行不干涉内政原则、积极维护发展中国家的权益。这体现了中国的联合国外交的传承性，也是中国外交的特色和优势。冷战结束后，中国积极参与联合国维和行动。进入21世纪以来，中国大力支持联合国实现千年发展目标。中国分摊的会费和维和经费比例已上升到第二位，且及时、足额交纳。[1] 中国的建设性参与为联合国的和平发展和人权事业做出了巨大贡献。近年来，中国开始在联合国发挥引领性作用，如中国通过主办妇女峰会和南南合作圆桌会，积极落实2030年可持续发展目标，在减贫、妇女权益、南南合作、气候变化等方面发挥了率先和示范作用；中国倡议和主导成立亚投行、金砖国家新开发银行等新的国际组织；设立中国—联合国和平发展基金和南南合作援助基金，通过联合国开展对外援助；通过主办金砖峰会、亚太经合组织峰会、二十国集团峰会、世界互联网大会和亚洲文明对话大会，担任亚信会议主席国，举办国际进口博览会等，为全球治理提出中国理念和中国方案。此外，多位中国公民担任联合国机构的领导人。[2] 从建设性到引领性，标志着中国与联合国关系的转型。中国的引领性参与，使中国成为多边主义和国际合作的强大支柱，成为联合国和全球治理的中流砥柱。未来，中国的联合国

---

[1] 中国在联合国的会费分摊比例由2000年的1%上升到2019年的12%，维和摊款比例上升到15%。

[2] 目前，联合国15个专门机构中，有四位中国籍领导者，分别是：联合国工发组织总干事李勇、国际电信联盟秘书长赵厚麟、国际民航组织秘书长柳芳和联合国粮农组织总干事屈冬玉。此外，2019年1月，联合国秘书长古特雷斯任命前中国驻刚果（布）大使夏煌担任秘书长大湖地区问题特使，成为首位担任秘书长热点问题特使的中国人。

外交还需要在传承和转型的基础上有所创新，如加强联合国外交与周边外交、大国外交和发展中国家外交之间的联动和结合，提高在联合国的议题示范和议程设置能力，把中国的理念、主张和方案转化为联合国的规则和规范等。

第二，中国与联合国合作推动"两个构建"和"一带一路"建设。人类命运共同体、新型国际关系和共建"一带一路"是中国为解决全球性问题和全球治理提出的中国理念和中国方案。中国与联合国合作是构建人类命运共同体、新型国际关系以及推动"一带一路"建设的重要途径。人类命运共同体理念是对《联合国宪章》宗旨和原则的传承和创新，打造人类命运共同体的路径与联合国工作重点高度契合，联合国系统是构建人类命运共同体的基本力量。在坚持合作共赢、坚持多边主义、坚持国际争端的政治解决、坚持国际关系的民主化和法治化的过程中，中国与联合国有巨大的合作空间，共同成为新型国际关系的建设者和引领者。通过与联合国《2030年可持续发展议程》对接、与联合国及其专门机构合作共建、积极利用南南合作的平台和框架，共建"一带一路"，中国与联合国的合作将迈上新的台阶。如何通过联合国来践行人类命运共同体和新型国际关系的核心理念？联合国在构建人类命运共同体和新型国际关系中的优势、角色和作用是什么？通过联合国构建人类命运共同体和新型国际关系在实践中有哪些经验和教训？通过与联合国合作推动"一带一路"高质量发展和走深走实的主要路径是什么？这些问题都需要深入探讨。

第三，联合国机构落户中国的策略和加强国际组织人才培养推送的路径。无论是中国的联合国外交转型，还是推动"两个构建"和"一带一路"建设，都需要一定的支撑体系。联合国机构落户和国际组织人才培养推送是中国的联合国外交的短板，亟待加强。1997年，国际竹藤组织总部设在了中国，这是第一个总部设在中国的政府间国际组织。2001年，上海合作组织成立，是第一个以中国城市命名的国际组织，秘书处设在北京。目前，总部设在中国的政府间国际组织约有10个。此外，还有约30个非政府间国际组织和若干联合国专门机构的二类机构和项目机构总部设在中国。但还缺少"重量级"的联合国机构和国际组织总部落户中国。中国是联合国体系中地域代表性不足的会员国，不仅总量少，中国籍的专业和中高层管理人才储备也严重不足。近年来，我国高度重视国际组织人才的培养和推送工作，这一方面是为了适应全球治理和国际化的需要，另一方面也是为了改变联合国和国际组织中中国籍职员代表性不足的问题。在国际组织人才培养与推送的实践中，我国形成了"政府—高校—社会"三方联动的路径和模式。无论是联合国机构落户还是国际组织人才培养推送，我们都需要加强顶层设计，加强各方协调，制定切实可行的策略，创新工作思路和路径，以取得更好的成效。

六、从联合国研究到联合国学

联合国历史研究、现实研究、问题研究和外交研究需要加强整合，进行综合研究，同时，需要进行学理研究和学科建设，推动联合国学的设立与发展。

联合国是国际关系历史发展的产物。联合国的前史、成立史和发展史都与国际关系的演变密不可分。研究联合国前史，就要与国际关系史特别是国际组织发展史联系在一起。一方面，联合国是国际关系发展演变和国际社会不断组织化的结果；另一方面，联合国又是国际组织从国际行政组织到国际政治组织、从区域国际组织到全球国际组织的产物。联合国成立史与两次世界大战相关。第一次世界大战（简称一战）结束后成立的国际联盟未能有效地解决列强之间的矛盾，更无法避免大国之间走向冲突和战争。联合国的筹建过程是二战的一部分，是反法西斯战争胜利的成果之一。冷战时期的联合国，既是大国争夺的工具，也是中小国家争取权利的舞台；既受东西方对抗的冷战格局的制约，又有自主推动和平发展和人权事业的特性。可见，深入探讨联合国历史，既要运用现实主义的分析工具和权力政治的视角，也要利用自由主义的分析工具和国际制度、国际合作的视角，更要探索新的方法和视角来解读联合国历史。

联合国是国际关系现实的一面镜子。会员国的联合国外交是其整体外交的一部分，或者说是为其整体外交服务的。会员国在联合国表达的立场和态度，对联合国采取的政策，与联合国的关系，都在很大程度上反映了会员国的利益和价值。在联合国内形成的不同集团反映了会员国之间的合作和竞争关系。但是，联合国不仅仅是国际合作的平台和机制，也是国际关系中一个相对独立的因素。联合国已成为国际关系中最重要的非国家行为体，成为决定国际关系发展变化的重要力量。联合国在安全、发展和人权等领域推动的议程和开展的工作是国际关系的重要组成部分。联合国具有普遍性、代表性和权威性，一定程度上拥有塑造国际关系的能力。联合国与会员国之间的互动逻辑、联合国在国际关系中扮演的角色、联合国机制的运转、各种利益力量和观念价值在联合国的较量，都值得去解构和建构。

联合国为全球问题的解决提供一部分答案。联合国本身和内部也有不少问题，但这些问题更多的是国际关系问题在联合国的一种体现。联合国是创始国为避免战争、实现和平设计出的一条路径和一个方案。《联合国宪章》规定的原则和机制在战后国际关系中得到实施，但也有一部分得到丰富和创新。维和行动和发展十年战略都是联合国在实践中创立的。非传统安全威胁和大量全球性问题是联合国面临的新挑战，气候变化就是其中之一。可持续发展、可持续和平、预防冲突、国际秩序、全球治理、国际法治等都是我们这个时代和这个世界面临的根本性问题，又与联合国息息相关。《联合国宪章》修订、国际组织间合作、联合国改革、各国的联合国外交等问题则关系到联合国的前途和命运。无论是联合国内部的问题，还是世界性的问题，都需要我们不仅从政策和战略层面上分析，更需要从学理和学科的高度和深度进行探索。

联合国外交的实践和研究亟待加强。联合国外交在会员国外交中可能并不是最重要的，但也能反映其在很多国际问题上的利益和立场。大国的联合国外交则往往能产生更大的影响。联合国对美国等西方国家来说，其重要性已不能与创立时同日而语，但对中国等发展中国家来说，重要性将越来越突出。中国的联合国外交正经历从建设性到引领性的转型。无论是推动人类命运共同体和新型国际关系理念在国际上落地生根，还是推动"一带一路"建设的高质量发展和走深走实，都需要与联合国等国际组织加强合作。而在美国信奉单边主义、中国坚守多边主义的大背景下，联合国机构落户中国和中国籍国际组织人才培养推送获得了前所未有的战略机遇。这同样需要联合国外交研究更上一个台阶。

联合国学是以联合国为研究对象，以联合国历史发展、结构功能、现实问题为研究内容，以揭示联合国在国际秩序和全球治理中的地位和作用为研究任务，综合运用国际关系学、国际法学、国际组织学等研究方法和手段，是一门交叉学科和新兴学科。联合国学有明确的研究对象、清晰的历史、丰富的现实、重大的问题，适用多样的研究方法和手段，将成为国际问题研究的新亮点。

结语

2020年，新冠疫情席卷全球200多个国家，也同样冲击着联合国等国际组织。疫情的大流行不仅是一次公共卫生危机，也造成经济危机、社会危机和人类危机。这对包括世界卫生组织在内的联合国体系也形成重大的挑战。疫情结束后，联合国面临革新，以适应一个全新的世界。如何加强联合国的权威性和专业性，如何实现联合国内部的透明和高效，如何更好地发挥在全球治理中的领导和协调作用，都是联合国面临的新挑战，也是联合国学将要关注的重点课题。

2020年是联合国成立75周年。在新的历史年代，联合国何去何从，值得各会员国和"我联合国人民"的深思。联合国秘书长古特雷斯发起"关于世界未来的最大规模的全球对话"，就我们想要的世界"倾听每个人的声音"。① 面对百年未有之大变局，如何建设一个更强大的联合国，为不确定的世界发展格局注入稳定性力量，联合国研究理当发出更强的声音。

2021年是中华人民共和国恢复在联合国合法席位50周年。多边主义不仅是一种政策工具，更是一种价值和信念。中国坚定支持以联合国为核心的多边合作和国际秩序。联合国需要中国，中国也需要联合国。为了更好地开展联合国外交，加强中国与联合国的合作，为世界提供更多的信心，联合国研究需要更上一层楼。

---

① 《纪念联合国日：秘书长发起全球对话以建设"我们希望的未来"》，https://news.un.org/zh/story/2019/10/1044211。

国际法治与可持续和平

——来自联合国和中国的贡献[*]

在人类的历史上，国际法治一直是稀缺资源。无论国家的形态是城邦、帝国还是民族国家，战争与贫困始终伴随着人类，但先贤们对于国际法治的追求没有中断，国际法治的深度和广度不断丰满，它的模样逐渐清晰。最近，由于民粹现实主义的泛起以及逆全球化现象的频频出现，国际法治面临削弱甚至倒退的危险，主权国家回归，多边主义退潮，这会直接危及人类的安全、发展与可持续和平。联合国前秘书长安南曾说过，"没有安全就不会有发展，而没有发展就不会有安全。不尊重人权和法治，我们既不能享有发展，也不能享有安全"。[①]

中国领导人近年来多次强调国际法治的重要性。2014年，中国国家主席习近平、总理李克强和外长王毅在不同场合呼吁国际社会共谋和平发展，共守法治正义，明确表明中国是国际法治的坚定维护者和建设者。[②] 2016年，中国和俄罗斯共同发表了《中俄关于促进国际法的声明》，双方重申全面遵守《联合国宪章》、1970年《关于各国依〈联合国宪章〉建立友好关系及合作之国际法原则之宣言》所反映的国际法原则，这在世界上尚属首次。在2017年5月举行的"一带一路"国际合作高峰论坛上，习近平指出全人类面临着和平赤字、发展赤字和治理赤字的严峻挑战。考虑到当前国际格局变化以及中国的联合国外交的转型，总结联合国与国际法

---

[*] 贾烈英，北京语言大学国际关系学院教授。本文原载于《第八届西南论坛论文集》（社会科学文献出版社2019年版），有改编。

[①] 联合国秘书长报告：《大自由：实现人人共享的发展、安全和人权》（A/59/2005）附件，第2段。

[②] 习近平：《弘扬和平共处五项原则，建设合作共赢美好世界——在和平共处五项原则发表60周年纪念大会上的讲话》；李克强：《加强亚非团结合作，促进世界和平公正：在亚非法协第54届年会开幕式上的主旨讲话》；王毅：《共谋和平发展，共守法治正义：在第69届联合国大会一般性辩论上的发言》；王毅：《中国是国际法治的坚定维护者和建设者》，《光明日报》2014年10月24日。

治的关系,梳理中国的历史性贡献,展望国际法治的前景非常必要。

一、国际法治逻辑的再思考

国际法治这个概念最初是作为国内法治的对照物提出来的,两者虽然有一些相同要素,却更多地表现为不同点。国际层面的法律实践使国际法治目标明显高出国内法治的追求。对于国际法治的涵义、实施主体、手段及国际法治的意义,学界的理解并不一致。评估国际法治的研究现状,分析其概念内涵,有助于在渊源上理解不同的学术观点。

(一)国际学界对国际法治的研究

国际学界对国际法治的研究集中体现在以下几个方面:

1. 探讨国际法治概念的内涵

近年来,"世界正义工程"发布的法治指数在全球的影响力逐渐上升。该指数所采纳的原则对我们理解国际法治的内涵有一定参考价值。这份法治指数的制定者认为,"法治"包含四个方面的"普遍原则",分别是:(1)政府机构及个人与私人组织是否依法问责;(2)法律是否明确、公开、稳定与公平;平等适用于所有人,并保护所有人的基本权利,包括人身与财产安全;(3)法律制定、执行与司法的过程是否具有可接近性、公正而且高效;(4)司法是否由能够胜任、独立而遵守伦理的法官、律师或代理人提供,司法工作人员是否人员齐备、资源充足,并反映其所服务的共同体的情况。[①]

新加坡国立大学法学院教授西蒙·柴斯特曼认为,法治这个概念之所以在理论层面被广泛接受,主要是因为在实践中,大家的看法、做法都不同,各取所需。长期以来,各国法律传统不同,在法治方面也是各行其是。但最近,通过国际组织推行国际法治的趋势明显,有必要重新评估、分析国际法治中的"多元性"。他将人们对"国际法治"的理解划分为三个层次:一是国际之法治,即法治原则在国家及其他国际法主体间关系中的适用;二是国际法之治,即国际法主导、统领国际关系,国际法的效力高于国内法;三是一种全球法治,即指代一种标准政体的产生,直接触及

---

① https://worldjusticeproject.org/sites/default/files/documents/RoLI_Final-Digital_0.pdf.

个体，而无需通过国家机构作为形式中介。① 英国诺丁汉大学教授罗伯特·麦科克代尔认为，国际法治主要包含如下要素：法律秩序与稳定；法律适用的平等性；保护人权；通过独立的法律实体解决争端。国际法治是相对的而非绝对的，在实际运用过程中，不应死板地强调贯彻国际法实质，而应以适用对象（国家、国际组织、非国家行为体等）不同而有所区别。② 荷兰莱顿大学高级讲师阿德里安·贝德纳认为，过去十年来，关于法治的文献汗牛充栋，但如果说关于法治概念有界定的话，学界却鲜有统一定义。为应对这种情形，他提供了一个概念的框架，从法治力图发挥的两个功能出发，即在公民与国家、公民与公民间的关系中保护公民，把大家所用的概念分解为各种要素逐一讨论，并分为程序要素、实质要素和控制机制三类。③

可以看出，国外学界对于国际法治概念也没有统一的定义，大家对国际法治的层次理解不同，但都普遍认同国际法治的事实存在，并从法治要素及国内法治的原则中类推国际法治的应有内涵。而当今法治的原则及现代法治社会的基本精神无疑源于西方文化，下面谈到的主权国家与国际组织的概念内核也来自于欧洲学界的界定。

2. 研究主权国家与国际法治、国内法治与国际法治的关系

主权国家既是国际法治的对象，也是国际法治的主角和动力源泉。爱尔兰国立都柏林大学法学院讲师理查德·柯林斯认为，国际法治是一个美好的愿景，却在实践过程中屡遭挫折。隐含在法治背后的制度结构其实与国际法的本质、功能并不相符，国际法实践追求国际法在国际体系中的宪法性地位和本质性权威，而法治这个概念天然地与主权国家政治体系紧密关联，如果试图脱离主权国家政治体系这个背景结构来推行法治反而会导致法治的扭曲与变质。④

美国西北大学政治学系教授伊恩·赫尔德认为，与其说国际法治是一

---

① Simon Chesterman, "An International Rule of Law?", *American Journal of Comparative Law*, Vol. 56, 2008, pp. 331–361, NYU Law School, Public Law Research Paper No. 08–11.

② Robert McCorquodale, "Defining the International Rule of Law: Defying Gravity?", *International & Comparative Law Quaterly*, Vol. 65, Iss. 2, April 2016, pp. 277–304.

③ Adriaan Bedner, "An Elementary Approach to the Rule of Law", *Hague Journal on the Rule of Law*, Vol. 2, Iss. 1, January 2010, pp. 48–74, https://link.springer.com/article/10.1017/S1876404510100037#citeas.

④ Richard Collins, "The Rule of Law and the Quest for Constitutional Substitutes in International Law", *Nordic Journal of International Law*, No. 2, 1983, pp. 87–128.

个各国共享利益与规范目标的普适性机制，不如说国际法治是主权国家和其他行为体合法化/去合法化不同国际政策的法律手段和政治资源。国际体系的原子化本质决定了国内法治的概念和体系不可能在国际层面得到有效复制，也决定了国际法治不仅仅是各国遵循法律承诺、法律义务那么简单。也正是因为这个原因，各国一直在争论"遵约"的含义。他认为，有效的替代办法是将国际法治视为一种资源、一种工具，用以解释、理解、合法化各国政府的政策。这个办法虽然无法推动各方就"遵约"含义达成共识，却能鼓励各国利用法律来规划、解释国际行动。国际法工具化的观点并不否认国际法律规则、国际法机制的效力与权威，有助于展示国际法在国际政治环境中的地位。①

《布兰代斯国际法官协会2010年报告》认为，国际法治这个概念最初是作为国内法治的对照物提出来的，人们希望能将国内法治的理念与实践复制、放大到国际秩序中去。所以，国际法治与国内法治在某些方面相通，包括：法律面前人人平等、程序公正、司法独立、不存在凌驾于法律的权威。但两者也存在区别，要研究国际法律秩序与国内法律秩序的系统性区别，重构国际层面的法律原则。国际法治与国内法治在内涵、结构形式上差别很大。国内法治强调分权，但这一原则在国际层面难以落实。国际法治要处理国家之间的问题，内涵和内容也比国内法治模糊。②

柏林自由大学教授海克·克里格和柏林洪堡大学教授乔治·诺特认为，评估国际法治在先进国际秩序变革中的作用，主要有两种办法：第一，分析法律是否在国际层面执行管理功能，这是从"遵约"的角度，分析各国是否遵循法律原则和义务；第二，将国际法治作为国内法治的对比，在这种视角下，国际法治是一套特定的标准。其认为，不能断定国际法治是在进化还是在退化，但有理由保持乐观。③

欧盟关于法治的报告认为，法律条文既包括国内层次也包括国际层次的法治，具有一般的共性，没有赋予法治以具体涵义。这导致人们怀疑把法治当作实用性的法律概念是否有用。但是，在国内和国际的法律文本和

---

① Ian Hurd, "The International Rule of Law: Law and the Limit of Politics", *Ethics & International Affairs*, Vol. 28, No. 1, 2014, https://doi.org/10.1017/S0892679414000045.

② "What Is the International Rule of Law?", *Brandeis Programs in International Justice and Society*, 2010, https://www.brandeis.edu/ethics/pdfs/internationaljustice/IntRuleOfLawBIIJ2010.pdf.

③ Heike Krieger and Georg Nolte, "The International Rule of Law – Rise or Decline? Points of Departure", *KFG Working Paper Series*, No. 1, 2016, http://kfg-intlaw.de/Publications/working_papers.php?ID=1.

判例法里，尤其是在欧盟的人权判例法中，法治概念越来越多地出现。该报告相信法治确实构成了一个指导和限制民主权利使用的根本的和普遍的欧洲标准。①

纽约大学法学院教授杰里米·沃尔德伦认为，把国家主权作为国际法律体系的官员或者代理，而不是其臣民更为恰当。因此，可以在地方法律体系中考虑同官员和代理类似的情形，就如个人需要法治保护那样，官员和代理需要或者享有同样的法治保护吗？如果答案是否定的，那么认为主权国家在国际层面享有如同个人在国内层面所享有的法治保护一样是不恰当的。②

可以看出，关于主权国家与国际法治的关系，很显然不同于个人与国内法治的关系。虽然从宏观上看国际法治处于进化之中，而且国内法治与国际法治有相通之处，但主权国家对于国际法治的复杂态度需要认真研究。这当中既有历史的原因，也有利益和文化的不同考量。

3. 研究国际组织与国际法治的关系

二战后，随着以联合国为代表的国际组织影响力的逐步增加，人们对国际法治的期望值也日趋提高，但学者们对二者关系的看法差别很大。

荷兰蒂尔堡大学教学科研助理努拉·阿拉加维根据国际治理工具、各国政策宣示、国际谈判等相关材料分析国际法治进展，认为联合国框架下的国际法治越来越受到挑战。他通过分析制定《2030年可持续发展议程》中有关国际法治的讨论得出结论，在国际制度、规范层面国际法治的效力可能下降，这也是国际法秩序整体危机的一个表象。③

纽约大学法学院教授乔斯·阿尔瓦雷斯认为，国际组织如联合国安理会、国际刑事法院、世界卫生组织、国际货币基金组织、国际劳工组织等等，都必须将其工作成就在某种程度上视为法律：由国际法庭签署的意见、国际组织形成的企业行为守则、联合国大会支持的决议、国际组织提供的咨询性建议和委员会报告只是其中的一些例子。阿尔瓦雷斯说，一个

---

① *Report on the Rule of Law*, adopted by the venice commission at its 86th plenary session, March 25, 2011, http://www.venice.coe.int/webforms/documents/? pdf = CDL – AD （2011）003rev – e, article 68 and 69.

② Jeremy Waldron, "Are Sovereigns Entitled to the Benefit of the International Rule of Law?", NYU School of Law, Public Law Research Paper No. 09 – 01, 2009, https://papers.ssrn.com/sol3/papers.cfm? abstract_id = 1323383.

③ Noora Arajärvi, "The Rule of Law in the 2030 Agenda", *KFG Working Paper Series*, No. 9, 2017, http://kfg – intlaw.de/Publications/working_papers.php? ID = 1.

国际律师如果忽视了这种非正式的或"软"的法律，就会犯错误。①

柏林自由大学教授迈克尔·祖恩等学者探讨了越过边界尤其是国内国际界限的法治动力学的策略、机制和进程，说明了影响的不同路径。其表明了近些年，法治动力处在何种程度及如何发生变化的，尤其是在政府的跨国及国际互动层面。作者采用跨学科方法，结合法律的规范视角与社会科学的分析视角，探究这些复杂互动，涉及到很多领域，包括法治、法律发展、善治、民主化、全球化、新制度主义、司法研究、国际法、跨国治理、一些国家和地区的司法改革及比较法研究（伊斯兰国家、非洲、亚洲和拉美法律体系）。②

德国班贝格大学初级教授莫妮卡·休佩尔和荷兰莱顿大学助理教授特雷萨·莱因诺尔德从全球治理的角度研究国际法治。作者的主要问题是多层治理和法治多元主义在多大程度上加强或削弱民族国家内外的法治。为了回答这个宽泛的问题，作者把它切割成了三个主题。第一，限制权力是法治概念的核心要义，而多层治理和法治多元主义限制权力的含义是什么？第二，我们知道，多层治理和法治多元主义倾向于削弱国际法的一致性，这是保证法律独立、免受政治影响的关键因素。那么权力多层平台的出现，国际法治秩序随后潜在的碎片化是否会有助于主导行为体增加其对国际法的影响力呢？第三，多层治理和法治多元主义意味着对软法的依赖，这种向相对规范性的转变是否弱化了法治？③

伊恩·赫德认为，仅从法律或者政治角度来认识安理会都不足以了解安理会的实际权力。他认为，必须结合法律和政治两种角度来进行分析，从这两种视角看，安理会可以被用来更普遍地解释国际法和国际政治之间的复杂关系。④

可见，国际组织与国际法治不能简单地划等号，二者也不一定是正相关关系。普世性国际组织与区域性国际组织不同，不同领域的国际组织与国际法治的关系也很不同。即使是联合国，在不同时期、不同领域，在国

---

① José Alvarez, "The Impact of International Organizations on International Law", http://www.law.nyu.edu/news/ideas/international-rule-of-law-alvarez.
② Michael Zurn, et al., "Rule of Law Dynamics", http://assets.cambridge.org/97811070/24717/frontmatter/9781107024717_frontmatter.pdf.
③ Monika Heupel and Theresa Reinold, eds., Rule of Law in global Governance, Macmillan Publishers Ltd. Lundon, 2016.
④ 伊恩·赫德、付炜:《联合国安理会与国际法治》,《浙江大学学报》2013年第5期,第70页。

际法治上的作为也大不相同。国外学者对国际法治的研究为中国学者带来了许多启示，同时，有些领域也需要中国学者做进一步研究。

（二）国内学界关于国际法治的研究

国内学者围绕着全球治理做了大量研究，但国际关系学界对国际法治的研究不多。多年来，王逸舟一直推动国际关系与国际法的交叉研究，他以全球主义的视角，重视国际法的作用，倡导中国外交转型，提出中国外交创造性介入理论。① 而国际法学界对国际法治的研究近些年也日趋增多，一些学者在国际关系和国际法的跨学科研究方面发表了大量成果，徐崇利、刘志云主要从国际关系理论方面汲取营养用于国际法领域的研究，而何志鹏从政治学、哲学视角对国际法治的研究成果也非常丰富。② 国内学界关于国际法治研究的代表性成果综述如下。

1. 关于国际法治的概念

张胜军认为，国际法治是指作为国际社会基本成员的国家接受国际法约束，并依据国际法处理彼此的关系、维持国际秩序的状态。③ 何志鹏认为，国际法治可以简单直观地归结为国际场合下的法律至上，进一步说，意味着国际社会在法治的原则下运行，国际社会的格局以法治的形式形成，亦即以法律规范为基础构建国际秩序，以法律规范为依据调整国际秩序，以法律规范为指针恢复国际秩序。④ 车丕照将国际法治定义为国际社会接受公正的法律治理的状态，并进一步将国际法治的内在要求表述为：

---

① 参见：王逸舟：《创造性介入：中国外交新取向》，北京大学出版社 2011 年版；王逸舟：《创造性介入：中国之全球角色的生成》，北京大学出版社 2013 年版；王逸舟：《创造性介入：中国外交的转型》，北京大学出版社 2015 年版；王逸舟：《重塑国际组织与国际法的关系》，《世界经济与政治》2007 年第 4 期。

② 参见：徐崇利：《国际社会的法制化：当代图景与基本趋势》，《法制与社会发展》2009 年第 5 期；徐崇利：《构建国际法之"法理学"：国际法学与国际关系理论之学科交叉》，《比较法研究》2009 年第 4 期；徐崇利：《"建构主义"国际关系理论与国际法》，《中国国际法年刊》2002/2003 年合刊；刘志云：《现代国际关系理论视野下的国际法》，法律出版社 2006 年版；刘志云：《当代国际法的发展：一种从国际关系视角的分析》，法律出版社 2010 年版；刘志云：《国家利益视角下的国际法与中国的和平崛起》，法律出版社 2015 年版；何志鹏：《权利基本理论：反思与构建》，北京大学出版社 2012 年版；何志鹏：《国际法哲学导论》，社会科学文献出版社 2013 年版；何志鹏：《国际经济法治：全球变革与中国立场》，高等教育出版社 2015 年版；何志鹏：《国际法治论》，北京大学出版社 2016 年版；何志鹏、孙璐：《国际法的中国理论》，法律出版社 2017 年版。

③ 张胜军：《当代国际社会的法治基础》，《中国社会科学》2007 年第 2 期。

④ 何志鹏：《国际法治：一个概念的界定》，《政法论坛》2009 年第 4 期，第 63—64 页。

第一，国际社会生活的基本方面接受公正的国际法的治理；第二，国际法高于个别国家的意志；第三，各国在国际法面前一律平等；第四，各国的权利、自由和利益非经法定程序不得剥夺。[①] 曾令良认为，国际法治的概念与范围有狭义与广义的区分。狭义的国际法治仅指国际层面的法治，即主要是国家与国家间关系的法治，也包括国家与国际组织之间以及国际组织相互间关系的法治。广义的国际法治还包括各国的国内法治。如上所述，联合国推动的法治始终包括国内和国际两个层级。[②] 学者们描述了国际法治的理想状态，尤其强调了国际法治的适用范围是国际社会，而不仅仅是国家间关系，这一点非常重要。这预设了国际法治主客体的多元性、国际治理的过程性及国际法治大厦的立体性。

综上所述，笔者同意联合国关于国际法治的广义定义，即国际法治就是多元主体对国际社会中的各种关系以国际法的方式加以治理的过程，而对强权政治的约束和削弱是国际法治的重要内容。限于篇幅，这里只探讨联合国与国际层面的法治关系。

2. 关于主权国家与国际法治的关系

这方面实证性的文章不多，尤其是关于大国与国际法治关系的系统性分析更是凤毛麟角。李鸣认为，国家的对外决策过程需要国际法，决策者需要用国际法的形式来包裹其价值偏爱和利益要求，需要用国际法的话语来表达这些偏爱和要求，需要用国际法的程序和组织上的效力来追求这些偏爱和要求，以实现自己的政策目标。法律是政策的需要，国际法是推行国家政策的有用工具。[③] 车丕照认为，构建国际法治的现实基础是一个以主权国家为成员的"无政府"的国际社会。在此基础上构建的国际法治只能是"国际法之治"。国际法治的基本目标应该是建设一个更有秩序、更有效率和更加公平的国际社会。鉴于缺少中央权威的立法将是一个相对缓慢的过程，而秩序、效率和公平的内涵也都是发展变化的，因此，国际法治的构建将是一个渐进过程。[④] 何志鹏呼吁国际法治的中国表达，他认为国际法治的中国表达，即中国如何在国际事务的法治化进程中发表自身的

[①] 车丕照：《法律全球化与国际法治》，《清华法治论衡》2002 年第 2 期，第 139 页。
[②] 曾令良：《国际法治与中国法治建设》，《中国社会科学》2015 年第 10 期，第 139—140 页。
[③] 李鸣：《改革开放、丝绸之路与国际法：从政治角度看待法律》，《石河子大学学报（哲学社会科学版）》2014 年第 6 期，第 6 页。
[④] 车丕照：《我们可以期待怎样的国际法治？》，《吉林大学社会科学学报》2009 年第 4 期。

观点、阐述自身的立场、呈现自身的主张、说明自身的实践、显示自身的存在、体现自身的参与。他从国际法治中国表达的范围、必要性、现实可行性及表达提升的路径几个方面进行了阐释。①

3. 关于国际组织与国际法治的关系

国内学界关于专门性机构的研究成果远远多于对联合国与国际法治关系的研究成果。谢琼、刘衡认为，促进国际法治既是欧盟外部法治的重要内容，也是欧盟对外行动的重要目标。欧盟的国际法治观具有以《联合国宪章》为基础和国际法为中心，淡化主权色彩，强调国际法义务的履行，推崇国际私法以及弱化国际社会与欧盟社会的结构性差别四大特点。② 张贵洪围绕联合国对国际法治的贡献进行了研究。他认为联合国在国际法治中的作用主要表现在以下几个方面：第一，联合国推动国际法治的主要目标是实现国际关系的法治化和建立以法治为基础的国际秩序；第二，《联合国宪章》是国际法治的核心和基础；第三，联合国安理会在国际法治中具有特殊的地位和作用；第四，编纂和执行国际法、促使会员国普遍签约和履约是联合国在国际法治中的基本功能；第五，联合国在推动国际争端的司法解决方面不断取得进展。③ 赵建文认为，联合国安理会应根据《联合国宪章》促进和加强国际法治，从而推进国际法治治理。只有安理会自身服从法治，才符合法治原则，安理会从事立法和司法活动应属例外情形。作为联合国的执行机关，安理会应确保其采取的强制行动符合法治要求，以便在全球法律治理中发挥更大作用。④ 曾令良认为，联合国作为全球最大和最有影响力的国际组织，在推动国际法治建设中发挥着越来越大的作用。联合国法治包括国际层面的法治、冲突与冲突后社会的法治和以发展作为长远框架的法治三个方面。在国际层面，联合国的法治行动和成就主要体现在：确认法治作为全球治理的核心价值和原则，确立联合国法治行动的国际法基础，推动国际法的编纂和发展，发动各国普遍参与多边条约，加强国际法的实施与执行，促进国际争端的司法解决。⑤

---

① 何志鹏：《国际法治的中国表达》，《中国社会科学》2015 年第 10 期。
② 谢琼、刘衡：《欧盟的国际法治观：基于联合国国内和国际法治议题分析》，《欧洲研究》2016 年第 1 期。
③ 张贵洪：《法治是联合国的核心概念》（代序），载张贵洪主编：《联合国与国际法治：第二届联合国研究青年论坛获奖论文集》，时事出版社 2016 年版。
④ 赵建文：《联合国安理会在国际法治中的地位和作用》，《吉林大学社会科学学报》2011 年第 4 期，第 124 页。
⑤ 曾令良：《联合国在推动国际法治建设中的作用》，《法商研究》2011 年第 2 期。

一些国际法学者围绕联合国司法机构的作用做了深入分析，成果斐然，[①] 包括对国际法院、国际刑事法院和《联合国海洋法公约》的研究。还有学者围绕中国与国家间关系法治、中国与国际经济关系法治、中国与国际商事关系法治、中国国际法的教学和传播做了年度动态研究。[②] 对《联合国宪章》的研究也是国际法治研究的重要组成部分，这方面国内学界也积累了很多学术成果。[③]

（三）国际法治的实施者和手段

在现实中，我们常常发现一些国家的行为与国际法治的基本原则相悖，这当中既有大国，也有小国。是这些原则要求太高以致难以实现，还是它们与国际秩序相冲突，或者是成员国的法治意识过于淡薄？为什么国际法的实施比国内法更加困难呢？国际法的实施比较困难，因为没有类似国内政府的强制实施者。这也是学者们常说的国际法是软法，国内法是硬法，国际法的实施主要靠国家的自我约束。但是，从历史的长时段看，就像国际法学者亨金说过的，几乎所有的时候，几乎所有的国家，遵守了几乎所有的国际法原则和它们的义务。[④]

那么，历史上国家遵约的原因和手段是什么呢？对此，谭家悦做了较为深入的研究，他的结论是，回顾国际法的发展历史，在国际法的实施方

[①] 赵海峰：《国际司法制度初论》，北京大学出版社2006年版；邵沙平：《国际法院新近案例研究1990—2003》，商务印书馆2006年版；刘芳雄：《国际法院咨询管辖权研究》，浙江大学出版社2008年版；张卫彬：《国际法院证据问题研究：以领土边界争端为视角》，法律出版社2012年版；朱利江：《东亚三国与国际刑事法院关系比较研究》，中国政法大学出版社2016年版；薛茹：《国际刑事法院与安理会关系研究》，法律出版社2016年版；张贵玲：《国际刑事法院研究》，人民出版社2013年版；朱文奇：《国际刑事法院与中国》，中国人民大学出版社2009年版；张磊：《中国与国际刑事法院：现状与展望》，中国人民公安大学2009年版；薛桂芳：《〈联合国海洋法公约〉与国家实践》，海洋出版社2011年版；高健军：《〈联合国海洋法公约〉争端解决机制研究》，中国政法大学出版社2014年版；张海文：《〈联合国海洋法公约〉与中国》（英文版），五洲传播出版社2014年版。

[②] 曾令良、冯洁菡主编：《中国促进国际法治报告（2014年）》，武汉大学出版社2015年版；曾令良、冯洁菡主编：《中国促进国际法治报告（2015年）》，社会科学文献出版社2016年版。

[③] 参见：许光建主编：《联合国宪章诠释》，山西教育出版社1999年版；黄瑶：《论禁止使用武力原则》，北京大学出版社2003年版；饶戈平：《全球化进程中的国际组织》，北京大学出版社2005年版；李伯军：《不干涉内政原则研究》，武汉大学博士学位论文，2005年；王伟：《联合国宪章宪法性研究》，湖南师范大学博士学位论文，2012年；陈一峰：《论当代国际法上不干涉原则》，北京大学出版社2013年版。

[④] Louis Henkins, *How Nations Behave: Law and Foreign Policy*, Columbia University Press, 1979, p. 47.

面，不难看出，保障条约实施的各种方法、手段和措施经历了一个由个体化到组织化的相对漫长的发展过程：在古代国际法和中古国际法时期，条约的实施大体上等同于是条约被遵守的保障手段散见于各条约之中，这些手段的有效性要么来源于对宗教的超自然力量的敬畏，要么来源于人质或财产的质押，要么来源于对他国武力的戒心，具有原始、简单的特点；到了近代，国际法（包括条约）的主要实施方法还是通过武力去迫使他国屈服，同时仲裁这种和平的争端解决方法也得到了较大发展，而国际组织的萌芽和雏形也是在此阶段出现和生长；到了一战之后，通过国际组织，以集体安全机制保护国际和平与安全的设想才第一次付诸实现；而在二战之后，各种保障条约实施的机制也得到了进一步的完善和扩充，同时，伴随着国际组织的快速发展，国际组织也越来越多的在国际层面上承担了组织、审查和监督条约实施的功能。①

可以看出，过去国际条约的实施者是国家自身，随着国际组织的出现和发展，国际组织在国际法实施方面发挥的作用越来越大。那么，作为安理会常任理事国的中国对待国际法治的态度是怎么样的，中国态度的变化又如何影响了国际法治的效率？没有军队、人口、土地和财富的国际组织，比如联合国，它在国际法的实施方面又有哪些优势、措施和贡献呢？下文拟从中国和联合国的双重视角分析加强国际法治的路径和措施。

二、联合国框架下的中国与国际法治

（一）中外关系的变化和中国对国际法治的认知

中国对国际法的认知是随着中外关系的互动逐渐变化的。据王铁崖考证，在 1662 年至 1690 年间，荷兰曾寻求与清帝谈判；当时为了使清政府给予其特使外交豁免权，荷兰代表援引了万国法，而清朝官员对此一无所知，对于荷兰人提出的所谓国家主权平等的说法也是闻所未闻。② 1840 年以鸦片战争为代表的一系列殖民战争把中国带入了亡国亡种的屈辱地位，在炮舰政策下中国被迫与列强签署了很多丧权辱国的条约，中国对国际法

---

① 谭家悦：《国际法实施机制的历史演进》，载饶戈平主编：《国际组织与国际法实施机制的发展》，北京大学出版社 2013 年版，第 49 页。

② T. Y. Wang, "International Law in China: Historical and Contemporary Perspectives". 转引自贾兵兵：《国际公法：和平时期的解释与适用》，清华大学出版社 2015 年版，第 9 页。

的接受是苦涩的，心理是矛盾的，这种心态一直延续很久，历经一战、二战、联合国成立初期，直到改革开放，中国重归国际体制并逐渐强大，国际法治观念发生根本性的变化。①

改革开放政策启动后，中国逐渐由国际体系外国家成为国际体系内国家，开始了国际法治观的再定义。徐崇利认为从新中国成立到改革开放初期，中国基本上处于国际法体系之外。这主要是由两大方面因素造成的：一方面，就国际法而言，历史上其为"西方文明"的产物。西方列强曾通过武力将诸多不平等条约强加于中国，成为束缚中国人的枷锁，以致国人对舶来之国际法深怀杯葛之意。另一方面，从意识形态因素来看，当时国人认为，法律是阶级统治的一个工具，传统国际法是西方资产阶级国家共同意志的体现，而中国是社会主义国家，不可能承认，更不可能融入这样的国际法统。②

中美建交后，国际组织在北京的办事处陆续建立，中国与联合国系统的专门机构间的关系日渐紧密。1978年，邓小平提出中国要大力加强对国际法的研究；1980年中国国际法学会成立，几个重点大学开始招收国际法专业的本科生。1996年12月9日，江泽民等党和国家领导人听取中共中央第四次法制讲座——关于国际法在国际关系中的作用。江泽民说："所有代表国家从事政治、经济、文化、司法等工作的同志，也都要学习国际法知识。有些地方和部门的干部，由于缺乏国际法知识，在实际工作中吃了不少亏。这种教训应该引以为戒。办法就是加强学习，加深了解国际法所确认的基本原则、通行惯例及发展趋势。"③

在十七大报告中，国际法也首次进入了全国党代会的文件。报告中提到：应该遵循联合国宪章宗旨和原则，恪守国际法和公认的国际关系准则，在国际关系中弘扬民主、和睦、协作、共赢精神。④

2014年6月，中国国家主席习近平在和平共处五项原则发表60周年纪念大会上说："我们应该共同推动国际关系法治化。推动各方在国际关系中遵守国际法和公认的国际关系基本原则，用统一适用的规则来明是

---

① 何志鹏、孙璐：《国际法的中国理论》，法律出版社2017年版，在"第二章当代中国国际法观念的形成"中作者对鸦片战争以来中国与国际法的关系进行了精彩的梳理和剖析。
② 徐崇利：《"体系外国家"心态与中国国际法理论的贫困》，《政法论坛》2006年第5期，第33页。
③ 引文载于《人民日报》1996年12月10日第1版。
④ 《胡锦涛在党的十七大上的报告》，http://news.sina.com.cn/c/2007-10-24/205814157381.shtml。

非、促和平、谋发展。"① 2015年，外交部成立了国际法咨询委员会；同年，中国国家主席习近平在中共中央政治局第二十七次集体学习时强调，要推动全球治理体制更加公正更加合理，为我国发展和世界和平创造有利条件。外交部条法司司长徐宏认为，大国外交必重国际法。纵观国际关系史，尊重国际法是有世界影响力的大国的"标配"，是大国领导力和软实力不可或缺的方面。在中国加深融入并逐渐引领国际法治发展的大背景下，中国国际法发展迎来新的光明前景，更好地运用国际法服务我国大国外交和国家利益，提升中国在国际法领域的影响力和话语权，是中国国际法实务工作者和学术界肩负的共同使命。②

王逸舟撰文呼吁中国人要特别尊重国际法；③ 有学者认为，2015年是中国的联合国外交转型年，从参与型向引领型转变。转型的表现包括中国首次设置议程；建立维和待命部队；成立国际发展知识中心和南南合作与发展学院；设立基金，提供捐助，提高话语权和影响力；重视国际法治。④ 这几点标志着中国开始出理念，具有了话语权，越来越多地出人、出钱，提供公共产品。蒲俜甚至认为2015年中国的联合国外交开始发生里程碑式的转折，之所以这样说，因为在中国对外战略六十年的演变中，联合国外交从来不是居于核心地位，而是一个重要的多边外交的渠道，服务于中国外交的整体战略。⑤

（二）新中国对国际法治原则的贡献

在漫长历史进程中，无论在国际立法、国际执法，还是国际司法方面，中国都为国际关系的法治化做出了巨大贡献。中国是联合国的创始会员国，为联合国的成立做出了极大的贡献。二战期间中国为恢复国际法治秩序付出了3500万人的伤亡和5000亿美元的物质损失的代价。中国参与创立了联合国，为联合国宪章的制定贡献了中国方案，即七条具体修正

---

① 《弘扬和平共处五项原则 建设合作共赢美好世界——在和平共处五项原则发表60周年纪念大会上的讲话》，http://www.gov.cn/xinwen/2014-06/29/content_2709613.htm。
② 《徐宏司长在中国国际法学会2017年学术年会上的报告》，http://www.csil.cn/News/Detail.aspx?AId=227。
③ 王逸舟：《中国人为什么特别需要尊重国际法》，《世界知识》2015年第21期。
④ 张贵洪：《联合国强大，世界更美好》，时事出版社2016年版，第32—33页。
⑤ 相关内容来自蒲俜教授于2017年6月14日在复旦大学联合国与国际组织研究中心成立十周年暨"全球治理与中国的联合国外交"学术研讨会的发言。

案。① 但是从1949年到1971年，由于美国为首的强权政治的阻挠，新中国长期被排斥在联合国体系之外。即便如此，新中国在言行两个方面，都为国际法治做出了突出的贡献。

新中国创造性地发展了《联合国宪章》的基本原则，从而完善了国际法治的基本内涵，比如先后提出和平共处五项原则、和平解决争端原则、万隆会议十项原则、"三个世界"理论、国际政治经济新秩序、"一国两制"、有核国家不首先使用核武器及全面和彻底销毁一切大规模杀伤性武器的原则、和谐世界秩序观、新型国际关系、人类命运共同体等等。

（三）新中国对强权政治的反对及其约束行动

中华人民共和国自成立之日起，就是反对霸权主义、维护世界和平的重要力量。中国11次带头裁军，从最多时的630万减到目前的200万；②中国坚定地实行不结盟的外交政策，反对集团政治、势力范围，反对各种形式的帝国主义、殖民主义和霸权主义；坚持对外援助不附加任何政治条件；在联合国投票中站在正义的一方。

首先，中国坚定支持非殖民化进程，支持亚非拉的民族解放运动，反对侵略战争。冷战后，中国在百废俱兴的条件下，曾经帮助邻国，援助阿拉伯人民的正义斗争，反对两个超级大国的霸权行径。

其次，在国际和平领域，带头提供公共产品，执行联合国的相关宣言和决议。60多年来，中国积极参与国际合作，共向166个国家和国际组织提供了近4000亿元人民币援助，派遣60多万援助人员。2015年习近平主席在联大宣布设立总额10亿美元的中国—联合国和平与发展基金，支持联合国和多边事业的发展。中国将为解决难民问题提供更多人道主义援助，同国际社会合力应对全球性挑战。中国缴纳的联合国正常预算会费比额上升到世界第三位，维和摊款上升到世界第二位，中国是联合国安理会"五常"国家中派出维和人员最多的国家，中国维和人员为维护冲突地区的和平与稳定献出了自己宝贵的生命。③

再次，在安理会事关国际和平与安全的投票中，坚持原则，仗义执

---

① 杨泽伟：《国际法史论》，高等教育出版社2011年版，第351页。
② 《人民解放军历史上的10次大裁军》，http://news.xinhuanet.com/mil/2015-11/18/c_128442756.htm。
③ 《国际政治研究》（2017年第4期）发表了四篇"中国与联合国维和行动"的专题研究文章，请参考何银、刘铁娃、孟文婷、马克·兰泰尼的相关研究成果。

言，反对一切形式的霸权和干涉内政行为。中国自恢复在联合国的合法席位以来，在安理会一共投了 11 次否决票，其中 6 次是自 2011 年以来涉及叙利亚问题的，[①] 中国坚持政治解决地区冲突，反对搞双重标准，反对以"保护的责任"为名，强行更迭别国政权，制造新的人道主义灾难。

三、联合国在促进国际法治中的优势、措施与贡献

从海牙会议、国际联盟、1928 年《非战公约》到 1945 年《联合国宪章》和 1970 年《国际法原则宣言》，联合国成为国际法的集大成者，它完成了国际法的体系化。而建立在二战基础上的联合国是国际秩序的基石和国际法治的象征。

促进国家和国际各级法治是联合国使命的核心。建立对法治的尊重是冲突后实现持久和平、有效保护人权以及持续的经济进步和发展的根本所在。所有个人乃至国家本身都有责任遵守公开发布、平等实行和独立裁决的法律，这一原则是推动联合国大部分工作的基本概念。[②] 战后 70 多年过去了，国际法治一直在进步中。联合国对国际法治的贡献，首先与国际社会对国际法治的巨大需求分不开。

（一）当今国际社会迫切需要国际法治的原因

一是核武器的扩散及战争长期存在的阴影。核武器的诞生带来了暴力的升级，使得战争的前景更加可怕，人类存在着被毁灭的危险。尤其是随着核武器等大规模杀伤性武器的扩散，暴力的合法垄断日益困难，这使得加强国际法治、强化国家的理性更加必要。二战结束时，只有一个核国家，而目前核国家有 10 个左右，进入核门槛的国家有近 40 个，一些非国家行为体也有拥核的冲动，因此联合国主导的军控和裁军有待进一步加强，对核武器的法治管理势在必行。

二是全球化在市场经济和信息技术的助力下持续发酵，使得人类的关系日渐紧密，跨界活动频频，需要规则治理。就像交通规则一刻不能缺失一样，人类各种互动如果无序就将趋于瘫痪，复杂的互动无法进行。交通

---

① 《安全理事会常任理事国在公开会议上所投的反对票》，http://www.un.org/zh/sc/meetings/veto/china.shtml.

② 《联合国与法治》，http://www.un.org/zh/ruleoflaw/.

规则的产生完善实际上伴随着大量的死伤，国际法的发展史也伴随着人类的战争史。战争也是一种全球化现象，格老秀斯的伟大之处在于强调打仗也要有规矩，不能滥杀无辜，不能不宣而战，历史已经证明国际法确实能降低战争的烈度。

反全球化现象也是全球化的一部分。全球化有好东西的全球化，也有坏东西的全球化；支持者建立全球化的网络，反对者也寻找全球的同志。当前的逆全球化现象引起了人们的普遍担忧，而逆全球化挑战的自由贸易和民主政治正是国际法治的核心内核，也是某些逆全球化国家国内政治秩序的基础，其逆全球化政策已经造成了国内政治的分裂，因此逆全球化现象不可能从根本上改变全球化的发展趋势，反会激发国际社会维护国际法治的热情和意志。法律的全球化既是全球化的一部分，也是加强国际法治的必然结果。

三是世界政治的行为体不断增多及其权利意识的日益觉醒，使得国际法治的实施更为必要。目前国家的数目不断增加，新增加的国家中以小国居多；全球非政府组织更是呈现大爆炸的局面，保守估计数量也达到了6万左右。它们追求自己的权利，而国际法治的本质是权利政治，历史上很多中小国家和非政府组织为国际法的发展做出了杰出的贡献，像瑞士的瓦特尔、南非的史末资将军、国际禁止地雷运动、绿色和平组织等都在国际法治史上留下了精彩的一页。

（二）联合国加强国际法治的优势

一是联合国是道义性与合法性的代表。联合国创始会员国是二战中反法西斯阵营的成员，安理会常任理事国为打败法西斯国家付出了巨大的牺牲。今天由193个成员组成的联合国是世界上最普世性的国际组织，在道义性与合法性方面，没有别的国际组织比联合国更有代表性。安理会决议对于会员国具有法律约束力，而联合国大会通过的宣言性决议可以创造某种预期，引导国家实践在与其相一致的方向上发展。当实践发展成熟时，该决议的内容就会成为习惯法规则。[①] 奥地利国际法学家阿·菲德罗斯也认为，《联合国宪章》作为国际法领域的最高权威，依赖的不是法律规则，而是道义的力量，尤其是所有大国的诚信，它们认可《联合国宪章》，扮演着和平的托管者和卫士。这证明了《联合国宪章》不是一个封闭的司法

---

① 贾兵兵：《国际公法：和平时期的解释与适用》，清华大学出版社2015年版，第51页。

条款体系，而是建立在道义基础上的主要规则。①

二是联合国是权力政治与权利政治的结合部，很好地平衡了大国与中小国家的利益。联合国创立与运行的过程，是权力政治与权利政治博弈的过程。没有权利政治，联合国将成为赤裸裸的强权政治俱乐部；没有权力政治，联合国将是乌托邦式的清谈馆。正是联合国这个多边主义的大舞台，获得了必要的权力资源和道义权威，成为了战后国际法治的有限度实施者。关于这一点，国际法学家阿尔瓦雷斯说，法律是政治的工具，偶尔也是它的主人。②

三是联合国的制度网络优势。联合国是历史上国际法组织的继承者，是国际法信息的集散地；联合国系统里世界顶级国际法人才云集，代表了国际法文化的多元主义；联合国多重司法机构交集，互为补充，成为理想的法治平台。联合国大会、安理会、国际法院、国际刑事法院及专门庭等40多个实体从事法治活动，构成了类似国内的立法、执法和司法的法律秩序。

（三）联合国加强国际法治的措施及贡献

在国际法治的实施机制方面，饶戈平分析认为，国际组织在各自职权范围内建立起各具特色的法律秩序，不但要求成员国严格履行自身承担的国际义务，而且通过组织自身的机制和措施，形成了对成员国实施国际法的监督执行机制、争端解决机制、制裁惩罚机制等一系列机制，有力地促进着国际法实施的发展。③

联合国在法治实施方面也不例外，尤其是冷战结束以后，国际法治的步伐迈得更大。1989年联合国大会宣布1900—2000年为联合国国际法十年，④ 1992年联合国大会开始讨论国际法治原则的重要性，21世纪初国际法治成为了联合国的基本价值观念和基本原则。《联合国千年宣言》《普拉希米报告》《世界首脑会议成果》以及安理会的专题辩论、秘书长的多次

---

① Alfred Verdross, "General International Law and the United Nation Charter", *International Affairs* (Royal Institute of International Affairs 1944), Vol. 30, July, 1954, p. 348.

② J. E. Alwarez, *International Organizations as Law-makers*, Oxford University Press, 2005, p. 199.

③ 饶戈平：《国际组织与国际法实施机制的发展》，载饶戈平主编：《国际组织与国际法实施机制的发展》，北京大学出版社2013年版，第13页。

④ 联合国国际法十年的落实细节参见仪名海：《国际年》，清华大学出版社2008年版，第235—238页。

报告共同组成了联合国和法治的一些关键文件。2015年联合国首脑会议审议通过了《2030年可持续发展议程》，其中"促进国家法治和国际法治，并确保所有人平等获得正义"被明文确定为2015年后发展议程的一项重要议程。2016年联大又通过决议重申在国家和国际两级全面遵守和实行法治的重要性。

归纳看来，联合国框架下的法治主要分为三个方面：国际层面的法治；推进争端、冲突中和冲突后地区的法治，尤其重视国际法治的能力建设；以发展作为长远框架的法治。而这些努力所创造的成果，分布在法治的理论基础与法律依据、国家治理与国家间关系、发展与问题治理这三个方面。

一是联合国以《联合国宪章》为准绳，竭力创造各种条件使正义、遵守条约和其他国际法原则得到遵循，并推动国际法的编撰、实施与发展，协助促进国际争端的司法解决。国际法委员会自1947年以来列入其工作计划的58个议题涉及到了国际法内容及落实的方方面面，包括国际法的渊源、国际法主体、国家继承、国家管辖与豁免、国际组织法、个人在国际法中的地位、专门性的国际法律等。对这些问题，国际法委员会起草了35项法律草案。[1] 联合国还向涉及大范围问题的国际法，如国际人权法、国际人道主义法以及国际环境法等，更集中地投入了精力。这使法治发展、深化为全球治理的核心价值和根本原则之一。[2]

二是联合国发动各国普遍缔结、参与多边条约或公约以处理国家间关系。60多年来，联合国最重大的成就之一是制定了包括500多部对于批准国具有法律约束力的一整套公约、条约和标准在内的国际法，其内容涉及国家间共同关注的问题。在以法治原则协调国际关系的同时，联合国还重视法治于国内层面的落实。目前，40多个联合国实体在全球110多个国家与地区从事法治相关活动，其中，在非洲投入最大，且多针对冲突中和冲突后的国家与地区。[3]

三是在许多具体的问题领域，联合国的法律工作都是创举，它识别具体问题、引领相关研究、建立处理原则，并建设以法治为组织、行动原则

---

[1] 余敏友：《联合国对战后国际秩序的发展与中国的贡献》，《国际问题研究》2015年第6期。

[2] 曾令良：《联合国在推动国际法治建设中的作用》，《法商研究》2011年第2期。

[3] 余敏友：《联合国对战后国际秩序的发展与中国的贡献》，《国际问题研究》2015年第6期。

的相关国际机构。联合国率先处理那些逐步具有国际性的问题，例如，它为管理海洋的使用、保护环境、管理移徙劳工、遏止贩毒和打击恐怖主义制定了法律框架。① 而在这些问题的解决方案中，法治作为一种具体的手段、方法也得到重视。比如，联合国大会自1992年以来便将法治列入其议事日程，联合国安理会则自2003年起多次专就法治问题做出决议，它们都强调法治对于妇女权益、和平与安全之维持、武装冲突中儿童与平民之保护等问题的重要性。

正是由于联合国的多重优势和不懈努力，战后70余年来，联合国在国际法治方面取得了举世公认的成就。联合国的主要机构、专门机构以及在联合国获得咨商地位组织的工作，都构成了国际法治的一部分。尽管国际法治的程度与国内法治有别，但随着日积月累，联合国法治将经历由软到硬的变化，而国内法治由硬到软、甚至到无的事情也时有发生。正如有学者指出，70年来，联合国在发展国际法、维护国际法、增强法治等方面做出重要贡献，其中，中国对联合国法治建设也做出了自己的努力。②

结语

可持续和平是全人类的希望，而国际法治是它的深层基础。国际法治虽然早已有之，但联合国成立后，国际法治进入一个新时代，它的密度、力度和高度与欧洲协调、国际联盟时期都有重大的不同。联合国诉诸总部的六大机构以及众多的专门机构，通过造法、立法、执法和释法的不同环节，结合运用规范的力量和物质的力量，动员国家和非国家行为体，推动了人类的和平、发展和人权事业，其中《联合国宪章》所内嵌的规范以及其联合国体系所具有的授予性权威、道德性权威以及知识和专业性权威是支撑联合国国际法治的深层要素。③

作为联合国的创始会员国、安理会常任理事国以及众多联合国专门机构的重要成员，中国与国际法治的关系走过了一个长期互构的历史进程。

---

① 李铁城、邓秀杰：《联合国简明教程》，北京大学出版社2015年版，第277页。
② 余敏友：《联合国国际法活动的成就与中国的贡献》，载中国联合国协会编：《联合国70年：成就与挑战》，世界知识出版社2015年版，第182—194页。
③ 申文：《冷战后联合国调停问题研究：一种组织社会学的视角》，复旦大学博士学位论文，2017年。

双方互构的舞台是以联合国为代表的国际社会。中国对国际法治的态度经历了否定、怀疑和排斥，到旁观、学习、消极参与、积极参与和深度建设性参与。① 随着中国改革开放的深入和综合国力的提升，中国对国际法治的态度日趋积极。

中国通过联合国的平台对国际法治产生了积极影响，但我们也不能忘记国际法治对中国改革开放的巨大推动作用。正是在中国与国际法治的互动中，中国的国家身份逐渐改变，国家声誉逐步提高，国内法治不断改善。改革开放以来的40多年，中国走出了一条中国特色发展道路，基本实现了千年发展目标，贫困人口减少了7.4亿，在教育、卫生、妇女等领域取得显著成就；中国迄今已同181个国家建立了不同形式的伙伴关系；自1971年第26届联大通过著名的第2758号决议恢复中华人民共和国在联合国及其所属一切机构的合法席位以来，中国加入了400多项多边条约，加入了所有联合国专门机构和绝大多数全球性政府间国际组织，按照"条约必须信守"原则，不折不扣地履行条约义务，承担国际责任。目前中国已缔结了25000多项双边条约，已经全面融入当代国际秩序。中国是国际法治的受益者，也是国际法治的建设者和贡献者。

同时，我们也不能忘记国际法治是政治性与法律性的统一，不能忽视国际法治的局限性。已故国际法院印度籍首席法官纳吉德拉·辛格早在20世纪就指出当代国际法的问题，包括原则之间的冲突、国际法中缺口与模糊之处、原则与实践之间的矛盾、执行和实施等，② 到今天也没有实质性的改善。威斯敏斯特大学讲师马可·罗西尼写道：联合国安理会确实不是一个法律执行者，而是一个基于政治立场的维持和平者。很多基于常任理事国利益的事情，和很多做或者不做的原因没有得到解释。安理会的政治本质导致了照章办事，一些事情得到解决，而另一些事情被人为忽视。③ 还有的外国学者分析了联合国维和的负面作用，比如片面强调法理主义的危险，认为在国际政治中法律自身不足以充当责任的仲裁者。2010年联合国在海地维和，却造成了一场意外的霍乱，导致百万人得病，在这场卫生

---

① 孙吉胜：《互构与变革：中国参与国际社会文化体系进程研究》，世界知识出版社2016年版，第1—45页。

② ［印］纳吉德拉·辛格：《联合国与国际法的发展》，载［英］亚当·罗伯茨、［新西兰］本尼迪克特·金斯伯里主编，吴志成等译：《全球治理：分裂世界中的联合国》，中央编译出版社2010年版，第391—393页。

③ Marco Roscini, "The United Nations Security Council and the Enforcement of International Humanitarian Law", *Israel Law Review*, Vol. 43, Iss. 2, January 2010, pp. 330–359.

危机中有的学者认为联合国应当承担赔偿责任。①

除国际法治外,维护国际秩序的其他模式和手段还有很多,比如均势、外交、战争等,当代大国的政治合作至关重要。很多情况下,诉诸仲裁等司法手段并不能有效地解决当事国争端。美国学者亨金所描述的国家间关系从武力到外交再到法律的演变运动的完全实现,还需要假以时日。

当然,国际社会的进化也是必然的,国际法向世界法的演进是未来世界的发展趋势。关于这一点,前国际法院院长希金斯女士指出,联合国成立时它本质上是一种国家间体系,《联合国宪章》居于它的核心;目前这种描述也基本上是正确的,但逐渐人们承认国际法不仅仅是作用于国家,它对个人、公司和非政府组织也产生影响。② 国际社会行为体的多元化、追求被承认的政治惯性、核武器的阴影和无政府的逻辑,将共同成为国际社会进化的驱动力,国际法治的强化是人类共同命运和可持续和平的希望所在。

---

① Mara Pillinger, Ian Hurd and Michael N. Barnett, "How to Get Away with Cholera, The UN, Haiti and International Law", *Perspective on Politics*, Vol. 14, No. 1, March 2016, pp. 70–86.
② Rosalyn Higgins, "The UN at 70 Years: The Impact upon International Laws", *International and Comparative Law Quarterly*, Vol. 65, Iss. 1, January 2016, p. 6.

全球公共卫生治理合作：以中非共建"健康丝绸之路"为视角*

当今世界正经历百年未有之大变局，新冠疫情全球大流行使这个大变局加速变化，全球治理面临着多极与单极、开放与封闭、合作与对抗的考验。在国际格局深刻演化的背景下，党的十九届五中全会于2020年10月26—29日在北京召开。会议审议通过了《中共中央关于制定国民经济和社会发展第十四个五年规划和二〇三五年远景目标的建议》，它将成为"十四五"规划纲要的初稿。会议公报着眼长远，谋篇布局，将"推动共建'一带一路'高质量发展"纳入其中。[①] 这就需要中国与世界其他国家在深化"一带一路"合作中赋能，其中，全球公共卫生治理合作十分紧迫。2020年初以来，百年难遇的新冠疫情让人类再次见证了疾病的无情和健康的宝贵。建设"健康丝绸之路"（简称"健康丝路"）在新冠疫情背景下更具迫切性与特殊意义。

目前，国内学术界对中非共建"健康丝路"的研究仍处于起步阶段，相关成果尚不多见。本文将在对中非共建"健康丝路"做出简单界定的基础上，论述和分析中非构建"健康丝路"的历史根基、现实挑战和未来推进路径，旨在抛砖引玉，为国内学界深入探讨该议题做些铺垫。

一、中非"健康丝路"的基本内涵

"健康丝路"的提法首次出现于习近平主席2016年6月22日在对乌兹别克斯坦进行国事访问的演讲中。他呼吁携手打造"健康丝绸之路"，深

---

* 曾爱平，中国国际问题研究院发展中国家研究所副所长、副研究员。本文原载于《西亚非洲》2021年第1期。

① 《中共中央关于制定国民经济和社会发展第十四个五年规划和二〇三五年远景目标的建议》，人民网，http://cpc.people.com.cn/n1/2020/1103/c419242-31917562.html。

化医疗卫生合作,加强在传染病疫情通报、疾病防控、医疗救援和传统医药领域的合作。① "健康丝路"由此成为"一带一路"建设的新概念。2020年3月21日,习近平主席在向法国总统马克龙致慰问电中,首次提出打造"人类卫生健康共同体"的理念,以完善全球公共卫生治理。② 同年6月17日,习近平在中非团结抗疫特别峰会上提出中非卫生健康共同体的新理念。这为中非共建"健康丝路"提供了新动力,注入了新内涵。

"健康丝路"概念的提出虽已有一段时间,但国内学界对此定义仍不清晰,关于中非共建"健康丝路"的研究成果更是缺乏。新冠疫情将中国参与非洲公共卫生治理提上了议事日程,因此,我们有必要先对中非共建"健康丝路"做简单界定。中非共建"健康丝路"应至少包含以下四个方面的内容。

第一,医疗卫生合作是中非"健康丝路"建设的基础与核心议程。应对疾病与各类疫情、确保健康首先依赖于各国医疗卫生系统。构建强大的公共卫生体系是满足人民群众健康需求的前提条件。医疗卫生基础设施、医药物资生产和流通、医学教育和人才培养、疾病应对和疫苗研发、医药知识技术积累、医药研发和制造能力、医疗保障和商业保险、口岸公共卫生等,都是一国医疗卫生系统的重要构件。中非在这些领域的合作,都是共建"健康丝路"的应有之义。

第二,"健康丝路"要超越医疗卫生合作,是一项更加系统和庞大的工程。"健康丝路"秉持"大卫生、大健康"理念,比传统的治病救人范畴更加广泛和丰富。2016年10月,中国政府相关部门颁发的《"健康中国2030"规划纲要》就体现了"大卫生、大健康"的理念。"大健康"理念不仅关乎医疗卫生体系的发展,还更加注重疾病预防,倡导健康的生活方式和良好的饮食习惯,也与国家经济社会发展、食品营养政策、计划生育和家庭发展政策、医疗卫生体制改革、国家治理体系和治理能力现代化、城乡环境治理、工业污染源排放治理、安全生产与职业健康、道路交通安全、人口健康信息服务体系建设、健康法治建设,以及国际交流合作等息息相关。③ 因此,中非构建"健康丝路"也应遵循"大卫生、大健康"的

---

① 习近平:《携手共创丝绸之路新辉煌——在乌兹别克斯坦最高会议立法院的演讲》,新华网,http://www.xinhuanet.com/world/2016-06/23/c_1119094900.htm。
② 刘恩东:《打造人类卫生健康共同体的时代价值》,《学习时报》2020年3月27日。
③ 《"健康中国"2030年规划纲要》,中国政府网,http://www.gov.cn/zhengce/2016-10/25/content_5124174.htm。

理念和原则，在上述各个领域加强合作。

第三，中非共建"健康丝路"应以人民为中心。世界卫生组织和联合国等机构对健康的界定是"疾病或羸弱之消除，且体格、精神与社会之完全健康"，"人人享有可以获得的最高标准的身体和心理健康的权利"。[①] 健康作为一项基本人权，与个人全面发展密切相关，是人的全面发展的基础和前提条件。因此，无论是中国和非洲国家的"健康战略"，还是非盟《2063年议程》和联合国《2030年可持续发展议程》等重要文件，都设定了卫生健康领域的发展目标。中非共建"健康丝路"，就是要实现各自在健康领域的战略目标，确保全民健康、人人享有。由于健康涉及每一个人，是最大的民生之一，中非"健康丝路"建设具有天然的"人本"或"民本"思想。中非"健康丝路"的成功最终也有赖于双方民众共同参与，实现"健康中国"和"健康非洲"的愿景。

第四，中非共建"健康丝路"要遵循"一带一路"建设的基本原则。具体来说，政策沟通、设施联通、贸易畅通、资金融通和民心相通的"五通"原则，也是指导中非构建"健康丝路"的重要准则。为此，中非应加强在公共卫生和健康领域治理方面的政策对接、医疗卫生基础设施的联通、医药健康产品的贸易畅通、医疗卫生产业的资金融通，以及共同与疾病作斗争中的民心相通。"健康丝路"是中非共建"一带一路"的重要组成部分，由此它也服务于中非命运共同体和中非卫生健康共同体等战略发展目标。

值得注意的是，2020年10月29日，党的第十九届五中全会高度重视"健康丝路"建设，会议公报专门论及"全面推进健康中国战略"、在高质量推动"一带一路"建设过程中深化公共卫生国际合作、推动构建人类卫生健康共同体等内容。比如，该公报第40条指出要坚持共商共建共享原则，推进战略、规划、机制对接，加强政策、规则、标准联通，深化公共卫生等领域的务实合作。[②] 这些内容和精神均可以用于指导中非"健康丝路"建设，使"健康中国"的愿景也成为"健康非洲"的愿景，加强两者之间的相互联通与融合。可以预见，中非"健康丝路"与中国"十四五"规划、"2035年远景目标"建设相互促进，相辅相成。与此同时，"健康丝路"也是中非共建高质量"一带一路"和卫生健康共同体的有机组成部分。

[①] 张清敏：《外交转型与全球卫生外交》，《国际政治研究》2015年第2期，第18—19页。
[②] 《中共中央关于制定国民经济和社会发展第十四个五年规划和二〇三五年远景目标的建议》，人民网，http://cpc.people.com.cn/n1/2020/1103/c419242-31917562.html。

二、中非共建"健康丝路"的历史基础

虽然"健康丝路"的概念于2016年提出,但早在20世纪60年代就开启了中非医疗卫生合作的实践。1963年,刚刚独立的阿尔及利亚瘟疫横行、缺衣少药,向国际社会发出紧急救援的呼吁。中国政府委托湖北省组建了24人医疗小分队前往阿尔及利亚,拉开了中国医疗援非的序幕。此后,中非医疗卫生合作持续深入以期更好、更长久地服务于非洲人民解除病痛、强身健体的需要。2000年中非合作论坛(简称论坛)成立以来,中非医疗卫生合作也步入机制化轨道。三年一届的论坛每次均会推出多项加强双方医疗卫生合作的举措,且得到积极落实。因此,论坛框架下的医疗卫生合作是新时期中非共建"健康丝路"的历史背景和基础。

表1 中非合作论坛框架下中非医疗卫生合作的相关举措

论坛届次	主要内容
第一届(2000年)	(1)中国向非洲派遣医疗队;(2)向非洲国家提供医疗器械、设备和药品;(3)加强对非洲医务人员的培训;(4)促进中非传统医药合作;(5)在降低婴儿、孕产妇死亡率,预防艾滋病,治疗疟疾、热带病及其他疾病方面开展合作
第二届(2003年)	(1)中国继续向非洲派遣医疗队,尽量满足非洲国家有关医疗队构成方面的要求;非洲国家承诺向中国医疗队员提供合适的工作及生活条件;(2)双方加强公共卫生应急机制方面的合作,应对艾滋病、疟疾、肺结核、埃博拉和非典型肺炎等传染病在世界的蔓延,大力开展卫生和医学交流;(3)继续向非洲国家无偿提供部分药品、医疗器械和医用材料;(4)培训非洲受援国医务人员
第三届(2006年)	(1)为非洲援建30所医院和30个抗疟中心,向非洲无偿捐赠3亿元人民币抗疟药品;(2)继续向非洲派遣医疗队,与非洲国家共同探索派遣医疗队的新方式;(3)继续向非洲提供所需药品和医疗物资;(4)帮助非洲国家建立和改善医疗设施,培训医疗人员

续表

论坛届次	主要内容
第四届（2009 年）	（1）加强双方在公共卫生应急机制方面的交流与合作，共同防治重大传染性疾病如艾滋病、疟疾、肺结核、禽流感和甲型H1N1流感等；（2）中国为援非30所医院和30个抗疟中心提供价值5亿元人民币的医疗设备和抗疫物资；（3）为援非疟疾防治中心的受援国专业技术人员提供培训，助力抗疟中心可持续发展；（4）三年内为非洲国家培训3000名医生、护士和管理人员
第五届（2012 年）	（1）扩大在艾滋病、疟疾、肺结核等重大传染性疾病防治领域的合作；（2）加强口岸防控、卫生人员培训、妇幼保健、卫生体系建设和公共卫生政策方面的交流；（3）为中国援建的医疗设施提供支持，提升援建医院和实验室的现代化水平，实现项目可持续发展；（4）继续培训非洲国家医生、护士、公共卫生人员和管理人员；（5）在非洲开展"光明行"活动，为非洲白内障患者提供免费治疗；（6）继续做好援非医疗队工作，三年内派遣1500名医疗队员
第六届（2015 年）	（1）支持非洲埃博拉疫区公共卫生重建；（2）援建非盟非洲疾控中心，支持非洲健全公共卫生体系和政策；（3）继续改善非洲卫生基础设施，支持中非各20所医院开展示范合作，加强非洲医院专业科室建设；（4）继续向非洲派遣医疗队和短期医疗专家组，继续在非洲开展"光明行"和妇幼保健活动；（5）鼓励中国药企赴非投资生产，鼓励中国医疗机构和企业赴非合作经营医院；（6）建立中非卫生领域高层对话机制
第七届（2018 年）	（1）中国优化升级50个医疗卫生援非项目，重点援建非洲疾控中心总部、中非友好医院等旗舰项目；（2）加强公共卫生交流和信息合作，实施中非新发再发传染病、血吸虫、艾滋病、疟疾等疾控合作项目；（3）为非洲培养更多专科医生；（4）继续派遣并优化援非医疗队；（5）在非洲开展"光明行""爱心行""微笑行"等医疗巡诊活动；（6）实施面向弱势群体的妇幼心连心工程

资料来源：历届论坛"重要文献"，详见中非合作论坛网站，http：//www.focac.org/chn/zy-wx/zywj。

由此可见，在中非合作论坛机制的引领下，中非医疗卫生合作举措越来越多，形式和内容愈加丰富，主要体现在以下几方面：第一，向非洲国家派遣医疗队和短期专家组。中国援非医疗队堪称双方医疗卫生合作的金字招牌，也将继续成为中非"健康丝路"建设的靓丽名片。如前所述，1963 年，应阿尔及利亚政府邀请，中国向非洲大陆派出第一支医疗队。截至 2021 年，中国累计向非洲 48 个国家和地区派遣 993 批次医疗队、约 2.2 万人次医疗队员，治疗至少 2.2 亿人次病患；目前，中国有 46 支医疗队、近千名医护人员在 45 个非洲国家的 100 个医疗点为当地民众提供无偿医疗服务。① 2012 年论坛在北京召开后，中国向非洲派出短期医疗专家组开展"光明行"，为非洲白内障患者提供免费治疗。其后，这一模式持续并扩大至妇幼保健等"爱心行""微笑行"短期医疗巡诊活动。为抗击新冠疫情，中国向多个非洲国家派出医疗专家组，也是这一短期援非模式的最新应用。

第二，为非洲国家援建各类医疗卫生基础设施。此类设施包括综合医院、专科医院、卫生诊所（中心）、疟疾防治中心等。中国较大规模为非洲国家援建医疗卫生设施始于 2006 年论坛北京峰会之后。《中非合作论坛北京行动计划（2007—2009 年）》决定为非洲国家援建 30 所医院和 30 所抗疟中心。2014 年西非暴发埃博拉疫情后，中国在塞拉利昂和利比里亚分别援建了生物安全实验室和埃博拉救治中心。2015 年论坛约翰内斯堡峰会承诺援建非洲疾控中心，支持中非各 20 所医院结对子，开展示范合作。2018 年论坛北京峰会规划重点援建非洲疾控中心总部和中非友好医院等旗舰项目。截至 2020 年 11 月，中国在非洲援建了至少 130 个医疗设施。② 在非洲医院专业科室建设方面，中方在非洲对口医院中援建了重症医学中心、心脏中心、中医中心（针灸科）、微创外科中心、眼科中心、泌尿科、创伤治疗和妇幼健康中心等。

第三，向非洲提供各类医疗物资。有关物资包括医疗器械、设备、仪器、药品和医用材料等。为保障中国在非援建医疗设施的可持续发展，中国日益注重向这些设施提供医疗物资和设备援助。例如，在 2006 年论坛北

---

① 王毅：《二十载命运与共，新时代再攀高峰——纪念中非合作论坛成立 20 周年》，《人民日报》2020 年 10 月 15 日；周翀、吕强：《非中友好故事一直在延续》，《人民日报》2020 年 7 月 6 日。

② 《波澜壮阔二十年，奋楫破浪创新篇——王毅国务委员兼外长在中非合作论坛成立 20 周年纪念招待会上的讲话》，外交部网站，https：//www.mfa.gov.cn/web/wjbzhd/t1831808.shtml。

京峰会上中国承诺向非洲抗疟中心无偿提供3亿元人民币抗疟药品。2009年论坛沙姆沙伊赫会议承诺为中国援非医院和抗疟中心提供5亿元人民币医疗设备和抗疟物资。2012年论坛规划提升了中国在非援建医院和实验室的现代化水平等。

第四，培养非洲医疗卫生人力资源。培训对象包括非洲国家卫生官员和管理人员、医生、护士和专业技术人员等。培训方式主要有：为非洲医科生来华留学提供中国政府奖学金；为非洲国家卫生官员和专业技术人员提供来华短期研修班；中国援非医疗队员在现场开展"传帮带"教学活动等。为确保中国在非援建医疗卫生基础设施的可持续发展，中国日益注重为这些援建医院、卫生中心和抗疟中心培养专门技术人才。

第五，帮助非洲加强公共卫生体系，应对传染病威胁。早在1977—1982年，中国就向毛里塔尼亚派出专家，深入调查该国疟疾、血吸虫病、脊髓灰质炎、痢疾等流行疾病，绘制出毛国血吸虫病和疟疾的流行区域图并提出预防建议，填补该国预防医学空白。[1] 论坛成立后，一直注重公共卫生应急机制合作，共同防治艾滋病、疟疾、肺结核、埃博拉、非典型肺炎、禽流感、甲型H1N1流感和血吸虫病等传染病。2014年，非洲埃博拉特大疫情发生后，中方愈加认识到加强非洲卫生体系的重要性，开始重点援建非洲疾控中心，向其派驻医疗专家等。近年来，中国分别在科摩罗和桑给巴尔开展疟疾和血吸虫病防控项目，将科摩罗疟疾死亡人数降至0，发病率下降98%，将桑给巴尔的血吸虫病达到消除标准，得到非洲国家和世界卫生组织的高度关注和充分肯定。[2] 2016—2018年，中国还协助安哥拉、马达加斯加、刚果（金）和乌干达等国应对黄热病、鼠疫和埃博拉等疫情。在塞拉利昂，中国依托塞中友好生物安全三级实验室加强该国公共卫生体系，创建发热腹泻病原学监测网络。

第六，促进中非传统医药合作。多年来，中医疗法在非洲推广和传播成绩最显著者当属针灸。援非医疗队和来华学习中医的非洲留学生为此贡献最大。中国医疗队通常配有懂针灸和推拿的中医师，其精湛技术使非洲病患认识到针灸的神奇功效；越来越多非洲国家成立针灸中心，培养针灸

---

[1] 王云屏等：《中国对外援助医疗卫生机构的历史、现状与发展趋势》，《中国卫生政策研究》2017年第10卷第8期，第61页。

[2] 崔丽：《深化中非健康卫生合作》，《中国投资》2018年第16期，第41页；杨坤：《中国公共卫生援非模式新探索》，《中国投资》2019年第8期，第68页。

人才，较早的有突尼斯马尔萨针灸培训中心。① 2020年9月25日，中国—津巴布韦中医针灸中心正式开业，为当地民众提供针灸、艾灸等中医药特色服务，培养津巴布韦中医师。② 中国政府奖学金也从来华留学的非洲学生中培养出一些擅长针灸的中医师。几内亚的卡马拉和马里的布巴卡尔是其中的突出代表。卡马拉回国后一直从事针灸治疗，还在科纳克里大学将针灸康复列为医学院的必修课。布巴卡尔则推动全球首个中医技术鲁班工坊落户马里，旨在促进中医与非洲传统医药之间的融合。中医疗法还促使非洲国家更加重视本国传统医药，拓展了本国卫生服务的新思路。

第七，鼓励中国药企赴非投资生产，促进中非医药产能合作。20世纪90年代中期以来，中国药企开始赴非投资，但目前仍处于探索阶段，尚未掀起投资热潮。③ 2015年论坛约翰内斯堡峰会后，中非医药投资和产能合作日益受到重视。比如，近年来，粤澳中医药科技产业园在莫桑比克的成功投资案例，推动中莫在传统医药领域开展投资合作。④

中非医疗卫生合作领域不断拓展，越来越全面，日益涉及到中非共建"健康丝路"的各个领域，内涵丰富、全面和立体，这为中非深入推进"健康丝路"建设奠定了较为深厚的历史根基。特别是2017年以来，中非在医疗卫生领域的合作项目均可以视为"健康丝路"建设的组成部分。2021年，论坛第八届部长级会议在塞内加尔首都达喀尔召开。医疗和公共卫生领域的合作新举措成为会议的重要内容，并为中非"健康丝路"建设增添新的动力。

三、中非团结抗疫对"健康丝路"理念的践行

2020年对于世界各国而言都注定不平凡，新冠疫情席卷全球，给世界各国人民的生命安全带来严重威胁。面对此次史无前例的全球重大公共卫

---

① 李安山：《中国援外医疗队的历史、规模及其影响》，《外交评论》2009年第1期，第33—35页。
② 段涵敏：《津巴布韦首个中医针灸中心成立》，湖南省人民政府网，http://www.hunan.gov.cn/topic/fkxxgzbd/kjyqmtbd/202009/t20200927_13760897.html。
③ 迟建新：《中国参与非洲公共卫生治理：基于医药投资合作的视角》，《西亚非洲》2017年第1期，第93—94页。
④ 《粤澳中医药科技产业园在莫桑比克投资案例》，粤澳中医药科技产业园网站，http://www.gmtcmpark.com/guanyu-18.html。

生突发事件，中国和非洲相互声援、并肩战斗、团结合作，践行了中非共建"健康丝路"的理念。

2020年1—2月，在中国经受第一波新冠疫情冲击时，非盟和非洲国家领导人第一时间向中国表达了同情和声援，称"中国必胜"。非洲48位国家元首、12位政府总理、11位议长向中国领导人发来慰问函电；30余位外长、非盟委员会和东南非共同市场等6个区域组织负责人通过各种方式向中国表示团结和支持。① 埃及、南非、摩洛哥、阿尔及利亚、赤道几内亚、加纳、吉布提和科摩罗等非洲多国向中国捐资捐物。非洲广大民众、在华留学生和侨民为中国抗疫奔走呼号，通过标语、横幅和视频等形式为中国鼓劲、加油。非洲国家众多在华留学医科生和医生投身中国抗疫前线，并积极向其母国宣介中国抗疫成功经验。另有很多非洲侨民和留学生在中国多个城市和大学充当志愿者，在社交媒体上讲述中国抗疫故事，反对美国等西方国家部分官员和媒体对中国抗疫的抹黑和不实之词。2020年9月8日，在北京举行的"全国抗击新冠肺炎疫情表彰大会"上，来自毛里求斯、南非等非洲国家的医生作为非洲在华抗疫人士代表参会并受到表彰。这从侧面反映出非洲民众在中国控制国内疫情中的积极贡献得到了中国政府和人民的认可。面对疫情，非洲国家和人民以各种方式支持中方抗疫努力，生动诠释了中非患难与共、守望相助的兄弟情谊，以及健康命运共同体的意蕴。

同样，非洲自2020年2月14日出现首个确诊病例以来，中国第一时间驰援，采用"全政府、全社会"参与的路径全力支持非洲各国抗疫。第一，捐赠抗疫医疗物资，或为非洲国家采购相关物资提供便利。中国党政军、中央政府和地方省市、中资企业、公益基金会、在非侨团，以及各行各业向非洲捐赠了大量口罩、防护服、检测试剂、呼吸机、护目镜、额温枪、红外测温仪和其他诊断设备与仪器。截至2020年9月初，中国政府累计向非洲53国和非盟运送400多吨抗疫医疗物资，21个非洲国家来华采购抗疫物资合同金额超过5400万美元。② 在中国支持下，非盟于2020年7月启动"非洲医疗物资平台"。非洲各国政府可通过该平台在线采购来自全球的抗疫物资以及未来投产后的新冠疫苗。

第二，向非洲派遣抗疫医疗专家组，分享诊疗方案和救治经验。截至

---

① 张斐晔：《患难与共的中非友谊历久弥坚》，《光明日报》2020年7月13日。
② 来自中国外交部非洲司长吴鹏于2020年9月9日在中国与非盟举行视频磋商会议时提出的数据。

2020年10月，中国政府已向15个非洲国家派出抗疫医疗专家组。① 中国专家组走访各国卫生部、新冠病毒感染定点诊疗医院及其他医疗机构，在病例筛查和追踪、传染病防控、病例管理、临床诊疗、社区健康管理、实验室工作等方面与当地医护人员分享经验，协助各国政府评估疫情形势并提交详细的国别防疫建议书。这些建议书一般包括指挥体系、社会动员、社会隔离、社区排查、核酸检测、疫情监控、诊疗救治、院感防护、统筹发展等方面的详细建议和针对性举措。② 中国国家卫健委用多语种公开发布7版新冠病毒感染诊疗方案和6版防控方案，供包括非洲在内的世界各国使用参考。③ 中国外交部和卫健委连续举办5场"中非连线、携手抗疫"专家视频交流会，来自42个非洲国家和非盟的数百名卫生官员和专家参加，就疫情防控策略、临床诊疗、检测方法、抗疫科研进展、方舱医院使用、边境检疫和疫情风险评估等进行深入交流。④

第三，帮助非洲国家改善医院等医疗卫生基础设施。其一，全方位支持非洲国家新冠病毒感染治疗定点医院建设，如布基纳法索唐加多戈医院和雅尔加多医院、肯尼亚肯雅塔大学教学科研和转诊医院、加纳大阿克拉省医院、津巴布韦威尔金斯医院和塞内加尔妇幼儿童医院等。其二，帮助非洲国家建设方舱医院。尼日利亚、乌干达、佛得角、埃塞俄比亚、圣多美和普林西比等众多非洲国家的方舱医院均由中资企业援建。其中，中国在部分非洲国家援建的体育场被改作方舱医院。中方技术人员还为方舱医院的顺利运行提供保障。其三，援建新冠病毒检测实验室。中国华大基因集团在加蓬、多哥、贝宁和安哥拉等国建设"火眼"实验室，通过高通量自动化病毒核酸提取设备，大幅提高这些国家疫情检测能力。其四，落实中非对口医院合作机制。截至2020年9月，42个非洲国家的46所医院初步确认加入中非对口医院合作。

第四，中国承诺为新冠疫苗在非洲发展中国家的可及性做出贡献。中

---

① 15个非洲国家为：布基纳法索、埃塞俄比亚、吉布提、科特迪瓦、津巴布韦、赤道几内亚、阿尔及利亚、苏丹、刚果（布）、刚果（金）、圣多美和普林西比、南苏丹、几内亚、莱索托和安哥拉。
② 详见湖南医疗专家组向津巴布韦政府提交的《新冠肺炎疫情防控国家建议书》，https：//baijiahao.baidu.com/s? id =1667499685904083136&wfr =spider&for =pc。
③ 张清敏：《新冠肺炎疫情大流行重塑中国外交议程》，《国际政治研究》2020年第3期，第88页。
④ 《"中非连线、携手抗疫"系列专家视频交流会举行第五次会议》，外交部网站，https：//www.fmprc.gov.cn/web/wjb_673085/zzjg_673183/fzs_673445/xwlb_673447/t1792054.shtml。

国与埃及、摩洛哥等非洲国家进行疫苗研发合作,并将在尊重非洲国家意愿基础上,进一步深化和加强疫苗合作。2020年10月8日,中国同全球疫苗免疫联盟签署协议,正式加入新冠疫苗实施计划。这是中国秉持人类卫生健康共同体理念,履行承诺、推动疫苗成为全球公共产品的一个重要举措。[1] 非洲作为发展中国家最集中的大陆,将从中受益。10月15日,51位非洲国家驻华使节和高级外交官集体赴中国国药集团北京生物制品研究所参观考察,就中国疫苗技术、新冠疫苗研发等进行交流;中方表示,愿意进一步与非方加强包括新冠疫苗在内的抗疫合作,共同战胜疫情。[2] 中国多次承诺,新冠疫苗研发完成并投入使用后,将作为全球公共产品,优先向发展中国家提供。美国评论人士因此声称,"健康丝路"令中国赢得更多声望和影响力,将进一步吸引全世界的目光。[3]

"山川异域,风月同天","岂曰无衣,与子同裳"。无论是中非通过视频特别峰会共商团结抗疫大事,各尽所能地施以援手、提升抗疫能力,还是共享抗疫经验、新冠疫苗研发成果,均彰显"健康丝路"中"共商共建共享"之理念,成为构建中非卫生健康共同体的真实写照,践行了党的十九届五中全会《中共中央关于制定国民经济和社会发展第十四个五年规划和二〇三五年远景目标的建议》提到的"积极参与重大传染病防控国际合作,推动构建人类卫生健康共同体"[4]。

四、中非共建"健康丝路"面临的挑战

中非团结抗疫和60余载医疗卫生合作的成就举世瞩目,是中非共建"健康丝路"和卫生健康共同体的基础和有机组成部分。它们充实了中非全面战略合作伙伴关系的内涵,为构建更加紧密的中非命运共同体做出了独特贡献。尽管如此,中非进一步深化"健康丝路"合作还存在不少困难和挑战。

---

[1] 《外交部发言人华春莹就加入"新冠肺炎疫苗实施计划"答记者问》,外交部网站,https://www.mfa.gov.cn/web/fyrbt_673021/t1822630.shtml。
[2] 《非洲国家驻华使节参观国药集团新冠肺炎疫苗生产车间》,外交部网站,https://www.mfa.gov.cn/web/wjbxw_673019/t1824492.shtml。
[3] 《美媒:"健康丝路"令中国赢得声望》,环球网,https://oversea.huanqiu.com/article/40b9WD2rP3K。
[4] 《中共中央关于制定国民经济和社会发展第十四个五年规划和二〇三五年远景目标的建议》,人民网,http://cpc.people.com.cn/n1/2020/1103/c419242-31917562.html。

（一）非洲层面

中非共建"健康丝路"和卫生健康共同体的最大挑战应来自于非洲本身脆弱的公共卫生体系。随着非洲人口的爆炸性增长和贫困饥饿现象的加剧，非洲公共卫生方面的需求面临巨大缺口。然而，非洲公共卫生产品的供给能力相对有限。帮助非洲国家解决公共卫生方面的诸多困境，是中非共建"健康丝路"的一项艰巨任务。

第一，非洲的疾病负担沉重。长期以来，非洲承受着传染病和慢性病（非传染病）的双重压力。艾滋病、疟疾和肺结核是非洲最常见的三大传染病，每年有约160万人死于上述疾病。[1] 全球艾滋病患者最集中的区域是非洲。截至2019年底，全球约有3800万名艾滋病病毒感染者，其中有至少2570万名生活在非洲[2]，占比超过2/3[3]。全球疟疾和肺结核的感染率和死亡率也属非洲最高。2018年，全球约有2.28亿人次疟疾病例，其中非洲疟疾病例达2.13亿人次，占比93%，仅尼日利亚、刚果（金）、乌干达、科特迪瓦、莫桑比克和尼日尔6国疟疾病例占比就超过全球总数的50%以上。[4] 2018年，全球因疟疾死亡的病例达40.5万人，其中94%发生在非洲，以尼日利亚、刚果（金）、坦桑尼亚、安哥拉、莫桑比克和尼日尔居多。[5] 2019年，全球约有1000万名结核病患者，非洲约占25%，尼日利亚和南非是非洲结核病患者人数最多的国家。[6] 结核病和艾滋病叠加给非洲民众带来的危害尤为严重。2019年，全球总共有20.8万死亡病例同时患有结核病和艾滋病，结核病已成为艾滋病患者的头号杀手。[7] 由于非洲是全球艾滋病疫情最严重的地区，全球前30个结核病和艾滋病疫情负

---

[1] 冯勇：《卫生健康是合作发展的重要目标》，《中国投资》2018年第22期，第54页。
[2] 世界卫生组织统计的非洲区域只包括47个非洲国家，不含摩洛哥、突尼斯、利比亚、埃及、苏丹、索马里和吉布提7国，下同。
[3] "HIV/AIDS: Key Facts", November 30, 2020, https://www.who.int/news-room/fact-sheets/detail/hiv-aids.
[4] World Health Organization, *The World Malaria Report 2019 at a Glance*, December 4, 2019, https://www.who.int/news-room/feature-stories/detail/world-malaria-report-2019.
[5] World Health Organization, *The World Malaria Report 2019 at a Glance*, December 4, 2019, https://www.who.int/news-room/feature-stories/detail/world-malaria-report-2019.
[6] World Health Organization, *Global Tuberculosis Report 2020*, United Nations, Geneva, 2020, pp. Xiii-XiV.
[7] World Health Organization, Global Solidarity to End TB and HIV, United Nations, Geneva, December 1, 2020, https://www.who.int/news/item/01-12-2020-global-solidarity-to-end-tb-and-hiv.

担最重的国家中有 23 国位居非洲。① 此外，非洲还存在诸多其他热带传染病，如拉沙热、登革热、河盲症（盘尾丝虫病）、血吸虫病、锥虫病和麻风病等。② 由于这些传染病在发达国家基本上已被消灭，发达国家对帮助非洲国家解决这些疾病的动力和意愿不足。中国如能填补其中的空缺，无疑将提升中国在非洲的软实力和影响力，但其中的困难和挑战是不言而喻的。

除传染病以外，癌症、冠心病、糖尿病、高血压、肿瘤和呼吸系统疾病等慢性病种在非洲的发展趋势也不容乐观。快速的城市化进程、不健康的饮食习惯（如摄入过多高糖、高脂、高油和高盐食物）是非洲慢性病患者数量快速增长的重要原因。非洲慢性病的死亡率在全球最高，慢性病占所有疾病发病率的 60% 和死亡率的 65%，预计到 2030 年，非洲慢性病死亡人数将超过传染病。③ 非洲人口的平均寿命，无论是男性还是女性，均居全球最低水平。④

第二，非洲医疗设施和服务水平落后。据世界卫生组织统计，2010 年至 2018 年间，在全球每万人所配置的卫生人力资源密度方面，非洲地区是最少的，每 1 万人口中医生、护士及助产士人数分别为 3 人和 10.1 人，为全球最低水平。⑤ 其中，在贝宁、布基纳法索、布隆迪、喀麦隆、中非共和国、乍得、刚果（金）、吉布提、厄立特里亚、埃塞俄比亚、冈比亚、莱索托、马拉维、莫桑比克、尼日尔、几内亚、塞拉利昂等国，每 1 万人口中不足 1 名医生。在此次新冠疫情中累计确诊病例数最多（截至 2020 年 12 月 3 日）的南非，每 1 万人口中内科医生 9.1 人（2010—2018 年）、护士及助产士 13.1 人（2010—2018 年）、牙医 1.1 人（2010—2019 年）、药

---

① 它们分别是安哥拉、喀麦隆、刚果（金）、埃塞俄比亚、肯尼亚、莱索托、马拉维、莫桑比克、尼日利亚、南非、乌干达、坦桑尼亚、赞比亚、津巴布韦、博茨瓦纳、中非共和国、乍得、刚果（布）、斯威士兰、加纳、几内亚比绍、利比里亚和纳米比亚。World Health Organization, *Global Tuberculosis Report 2020*, United Nations, https://www.who.int/data/gho/publications.

② World Health Organization, *Investing to Overcome the Global Impact of Neglected Tropical Disease: Third WHO Report on Neglected Tropical Diseases 2015*, United Nations, Geneva, 2015.

③ 富晓星、程峰等:《非洲疾病谱变迁与中国参与非洲卫生治理的再思考》,《中国卫生政策研究》2020 年第 4 期, 第 53 页。

④ World Health Organization, *World Health Statistics 2020: Monitoring Health for the Sustainable Development Goals*, United Nations, Geneva, 2020, pp. 28, 48.

⑤ World Health Organization, *World Health Statistics 2020: Monitoring Health for the Sustainable Development Goals*, United Nations, Geneva, 2020, pp. 3, 64.

剂师 2.7 人（2010—2018 年）。① 由此可见，非洲国家的医护人员短缺现象极为严重。2019 年，非洲医疗系统在执行《国际卫生条例》13 项关键条款方面的能力得分平均为 44 分，为全球最低分（全球平均得分为 63 分）。② 此外，安全饮用水、卫生服务和洗手设施也是衡量医疗服务水平的重要内容。非洲能够用上安全饮用水、安全卫生服务和洗手设施的人口比例也为全球最低水平。2017 年，这三项数据分别为 29%、20% 和 28%，低于全球平均水平（分别为 71%、45% 和 60%）。③

第三，非洲医疗物资生产能力低下。目前，全非洲只有不到 1000 家医药生产厂商，一半以上集中在南非、尼日利亚、阿尔及利亚、摩洛哥、埃及、加纳和肯尼亚 7 国，其余 47 个非洲国家的制药厂较少，有的国家甚至没有制药厂；非洲本土药厂大多为小规模私企，所产药品只能满足当地 20%—30% 的需求。④ 这导致大部分非洲国家缺医少药，医院实验和检测设备稀缺，且得不到良好维护。由于医药产能落后，在应对本轮新冠疫情中，非洲国家口罩、防护服、检测试剂、测温计、呼吸机等防护物资普遍紧缺。

第四，非洲医疗卫生融资困难。贫穷导致绝大部分非洲国家无法对本国公共卫生体系进行有效投入。世界卫生组织呼吁所有国家将至少 9% 的公共财政支出用于医疗领域，非盟 2001 年《阿布贾宣言》承诺将非洲国家政府预算的 15% 用于卫生，但绝大多数由于财政赤字紧张性平衡，不得不依赖外部预算援助来实现上述目标。2017 年，非洲国家政府在卫生方面的支出占政府总支出的 7.2%，为全球最低，而全球平均水平为 10.2%。⑤ 非洲承受了全球 25% 的疾病负担，但卫生支出在全球总量中占比低于 1%，非洲大陆消费的医疗卫生产品总值不到全球总量的 2%。⑥ 贫穷使非洲国家

---

① World Health Organization, *World Health Statistics 2020*: *Monitoring Health for the Sustainable Development Goals*, United Nations, Geneva, 2020, pp. 58 – 63.

② World Health Organization, *World Health Statistics 2020*: *Monitoring Health for the Sustainable Development Goals*, United Nations, Geneva, 2020, p. 65.

③ World Health Organization, *World Health Statistics 2020*: *Monitoring Health for the Sustainable Development Goals*, United Nations, Geneva, 2020, p. 72.

④ 迟建新：《中国参与非洲公共卫生治理：基于医药投资合作的视角》，《西亚非洲》2017 年第 1 期，第 90—91 页。

⑤ World Health Statistics, *World Health Statistics 2020*: *Monitoring Health for the Sustainable Development Goals*, United Nations, Geneva, 2020, p. 65.

⑥ 王耀辉：《发挥中非合作潜力，开拓未来发展新机遇》，《北京青年报》2020 年 9 月 13 日。

无法建立健全完善的医疗卫生体系。非洲是全球贫困人口最集中的大陆，其贫困现象还在进一步恶化。非洲开发银行的数据显示，新冠疫情暴发前，非洲极端贫困人口数量预计为 4.25 亿，约占非洲人口总数的 1/3。如果新冠疫情导致 2020 年非洲经济下降 1.7%，非洲将新增 2800 万贫困人口；如果非洲经济萎缩 3.4%，新增贫困人口将达 3750 万。[1] 非洲在家庭卫生消费支出方面也位居全球最低水平。据世界卫生组织统计，2015 年，非洲只有 7.3% 的人口在家庭卫生方面的支出超过其家庭总支出的 10%，1.8% 的人口在家庭卫生方面的支出超过其家庭总支出的 25%，而全球平均水平则分别为 12.7% 和 2.9%。[2] 由于非洲在医疗卫生领域的自主融资能力存在较大赤字，其依赖外部医疗捐助的程度居全球最高水平。2018 年，非洲人均接受医疗研究和基本卫生服务的官方发展援助净额为 4.42 美元，全球平均水平是 1.2 美元。[3]

（二）中国层面

中非共建"健康丝路"也面临来自中国方面的障碍，主要体现在中方的合作形式、合作主体和合作机制三个层面。

第一，合作形式重援助、轻贸易和投资。从论坛 20 年来在医疗卫生领域出台的各项举措和取得成绩来看，中非"健康丝路"建设主要是中国向非洲国家提供各种类型的医疗援助，中非在医疗卫生领域的贸易和投资合作远远滞后。中国派遣医疗队和短期专家组、援建医疗基础设施、捐赠医疗物资、培训医疗卫生人才、加强非洲公共卫生体系和应对传染病威胁的能力等均属中国对非援助范畴。中非传统医药合作多限于培养学习中医的非洲留学生、在非洲开设针灸中心，以及部分中医师或中医机构在非洲经营中医诊所和药房等。中国医药企业赴非投资刚处于起步阶段，且未涉足非洲主流医药市场。2017 年，中非医药产品贸易额为 24.32 亿美元，仅占当年中非贸易总额（1700 亿美元）的 1.4%。[4] 2019 年，中非医药产品贸易额增至 29.31 亿美元，同年中非贸易总额也升至 2087 亿美

---

[1] AFDB, "African Economic Outlook 2020 - Supplement Amid Covid - 19", https://www.afdb.org/en/documents/african-economic-outlook-2020-supplement.

[2] World Health Organization, *World Health Statistics 2020: Monitoring Health for the Sustainable Development Goals*, United Nations, Geneva, 2020, p. 57.

[3] World Health Organization, *World Health Statistics 2020: Monitoring Health for the Sustainable Development Goals*, United Nations, Geneva, 2020, p. 64.

[4] 崔丽：《深化中非健康卫生合作》，《中国投资》2018 年第 16 期，第 41 页。

元，占比仍为1.4%。① 中非医疗卫生在贸易和投资合作方面存在诸多瓶颈，主要体现在②：就中方而言，医药企业对非洲医药市场渗透能力弱，资金规模和技术实力逊于欧美发达国家。中国医药监管体系庞杂，医药企业"走出去"缺乏强有力的部门推动和政策扶持。中国医药企业在生产方面有优势，但在研发、物流、销售等环节投入不足，影响其开拓国际市场的能力。中国国内医药市场庞大，医药企业"走出去"动力不足。就非方而言，非洲当地市场对中国医药产品的认可度不高。中国药品通过世界卫生组织预认证（PQ）的产品数量极少；中国医疗器械产品在非洲售后服务体系缺失，影响其市场准入。非洲医药市场高度割裂和碎片化，不同国家间的医药监管体系和标准存在差异，难以形成规模化投资与生产。非洲医药行业的基础设施落后，人力资源不足，医药贸易和流通市场不健全。大多数非洲国家医药市场存在低价恶性竞争现象，新药市场开拓难度大。就中非在此领域合作的国际竞争而言，西方发达国家的药企垄断了非洲近70%的市场份额；印度和巴西等新兴经济体对非洲市场开拓迅猛，特别是印度药品凭借其价格和销售渠道等优势，在非洲中低端医药市场占据较大份额。此外，非洲国家也日益注重发展本土制药业。上述情况限制了中非医药贸易与投资的快速发展。

第二，合作主体重政府、轻市场和社会。由于中非医疗卫生合作重援助、轻贸易和投资的特征，双方政府自然在合作中占据主导地位，市场和社会组织的角色和力量相对薄弱。长期以来，中国对非医疗援助一直服务于中国政府的全球外交战略。虽然它有助于改善非洲国家医疗卫生体系，提高非洲民众的健康福祉，促进中非民心相通，但仍然主要扮演了一个工具性的角色。2014—2016年的西非埃博拉疫情和2020年的新冠疫情已经或正在改变各国卫生外交的视野和格局，民众健康越来越成为一国外交的目标而非手段。这时，主要依靠政府一方之力，显然难以满足广大民众对医疗卫生产品和健康的巨大需求，市场和社会的力量日益不可或缺。在抗击西非埃博拉疫情和新冠疫情的斗争中，中国的企业和社会组织逐渐加大了参与和贡献的力度。尽管如此，中非双方在应对重大公共卫生突发事件时，除政府之外，市场和社会力量仍有潜力可挖。中非共建"健康丝路"

---

① 赵英希：《世界卫生组织预认证：提高医药制品质量和安全的重要标准》，搜狐网，https://www.sohu.com/a/393254930_120022585。
② 迟建新：《中国参与非洲公共卫生治理：基于医药投资合作的视角》，《西亚非洲》2017年第1期，第98—104页。

和打造卫生健康共同体，仍需要政府、市场和社会三方加强合作与协同。

第三，在合作机制上，中国对非医疗卫生援助条块割裂现象犹存。中国对非医疗卫生援助迄今没有形成统一的决策和执行机制。[①] 例如，向非洲派遣医疗队和对非洲公共卫生援助项目在经历复杂的历史演变之后，目前由国家卫生健康委归口管理和部署。在非洲当地，援非医疗队一般由中国驻非洲国家大使馆的经商参处负责管理。由于各种原因，中国驻非洲国家使馆内尚未配置来自卫生部门的外交官。在非洲卫生人力资源培养方面，教育部负责管理来华非洲留学生学历学位教育，包括医科留学生，商务部负责对非洲国家卫生官员和专业人员开展各类培训研修项目。此外，商务部还归口管理援建非洲医疗设施、捐赠成套医疗设备和医疗物资、帮助非洲加强公共卫生体系、应对重大传染病威胁等。外交部和财政部则分别从卫生外交和预算支持方面参与相关工作。虽然各部委之间在决策和实施对非医疗卫生援助项目上设有工作协调机制，但彼此间各自为政等现象仍或多或少存在，这不利于各类对非医疗援助项目的统筹、资源整合及效益最大化。如何将援建非洲医疗设施、派遣援非医疗队、捐赠成套医疗设备和医药物资、培养非洲医科留学生、培训非洲卫生官员和专业技术人员、帮助非洲应对公共卫生危机等项目统筹协调起来，合力推进非洲公共卫生体系和能力建设，对中方而言仍是一项艰巨的任务。

（三）第三方层面

中非共建"健康丝路"在非洲还面临多方或第三方在场的情境。由于历史和语言方面的联系，西方国家对非洲公共卫生治理的参与和介入程度较深，对非洲医疗法律法规、制度、技术和产品标准的影响较大。诸多与医疗卫生有关的全球性机构和国际非政府组织由西方国家主导，在非洲国家的卫生体系里掌握着重要话语权。[②] 这些组织包括国际红十字会、全球基金（抗击艾滋病、结核病和疟疾）、无国界医生组织、全球疫苗与免疫联盟、流行病防范创新联盟等。如前所述，西方跨国药企占据着非洲医药市场70%左右的份额；即便在医疗援助领域，西方国家也占据着主导性地位。长期以来，美国等西方国家是全球卫生发展援助的最大捐款方。2018

[①] 王昱、刘培龙：《中国对外卫生援助的历程、挑战和对策》，《中国国际战略评论2017》，第99—100页。

[②] 高良敏、程峰：《多方在场：中非公共卫生合作新视角》，《中国投资》2019年第10期，第54—55页。

年，美国和英国提供的国际卫生发展援助分别为132亿美元和33亿美元，居世界前两位。① 美国是世界卫生组织及大多数联合国机构的最大捐款国。美国会费约占世界卫生组织正规预算的22%，如果美国不缴纳会费和自愿捐款，将影响世界卫生组织资金来源的稳定性。在非洲，美国也长期是提供最多医疗援助的国家。比如，在艾滋病援助领域，美国主要通过"总统防治艾滋病紧急援助计划"来实施，向发展中国家的此项援助资金主要流向非洲。西方国家具有较强的卫生议题设置能力，美国通过"总统防治艾滋病紧急援助计划"和"总统防治疟疾援助计划"在非洲艾滋病和疟疾防治领域发挥重大影响，英国则通过牵头"全球疫苗与免疫联盟"在疫苗议题上发挥显著作用。西方国家在非洲热带传染病研究方面也处于领先地位。法国巴斯德研究院、比利时安特卫普热带疾病研究所、英国牛津大学热带病与全球卫生研究中心，以及美国海军医学研究中心等，均在非洲长期开展多方面研究合作。即便在非洲慢性病领域，西方国家也走在前列。2018年，英国利物浦热带医学院在坦桑尼亚达累斯萨拉姆四家医疗机构开展慢性病试点项目，探索非洲慢性病有效防治策略，而非洲慢性病尚未得到中国对非医疗援助的充分关注。② 第三方因素还包括新兴经济体在非洲医疗卫生领域的强大影响力，其中尤以印度为代表。例如，印度阿迦汗发展网络及其阿迦汗健康服务机构扎根东部非洲已有100多年的历史，其医疗服务网络、健康外展组织、医学教育与实践平台等遍及东非各国，与当地社会和文化深度融合。③ 中国医药企业和相关社会组织在非洲大陆的国际化和本土化之路可谓任重道远。

五、未来中非深化"健康丝路"建设的路径

直面问题，解决上述挑战，是中非未来共建"健康丝路"、深化卫生健康共同体的必由之路。问题或挑战也蕴含着合作机遇和发展潜力。中非医疗卫生合作的新增长点往往就存在于解决前述问题与挑战的过程之中。

---

① 韩钦如：《世界卫生组织全球卫生治理的挑战》，《国际政治研究》2020年第3期，第116页。
② 富晓星、程峰等：《非洲疾病谱变迁与中国参与非洲卫生治理的再思考》，《中国卫生政策研究》2020年第4期，第52—55页。
③ 高良敏、程峰：《多方在场：中非公共卫生合作新视角》，《中国投资》2019年第10期，第55页。

为此，中非双方应在大卫生和大健康理念的指导下，遵循"共商共建共享"原则，致力于实现"健康中国"和"健康非洲"的战略目标。

第一，加强顶层设计和政策对接，提升卫生健康在中非合作中的战略地位。新冠疫情使各国元首前所未有地重视卫生健康议题。2020年6月17日，中国和13个非洲国家元首以及非盟委员会主席通过视频连线召开中非团结抗疫特别峰会。这是中非关系史上双方领导人首次就疾病防控议题专门举行的首脑会议，显著提升医疗卫生合作在中非关系中的地位。元首外交在中非联合抗疫过程中发挥着引领作用。自疫情暴发以来，中国国家主席习近平一直通过电话或信函等方式与非洲国家领导人保持密切沟通与协调，就双边抗疫合作达成共识。未来，中非共建"健康丝路"和打造卫生健康共同体，依然离不开元首外交及其顶层设计的支持。中非双方加强政策沟通，应继续确保民众健康福祉本身成为各自外交政策的优先议程和战略目标。降低医疗卫生在各国外交中的工具性地位，使其上升为国家发展和安全战略的关键一环。中方应以中非团结抗疫为契机，深入研究和评估非洲各国公共卫生的基础设施现状、体制机制和法律政策，全面梳理和总结60年中非医疗卫生合作的经验与不足，不断健全完善中非共建"健康丝路"的顶层设计，夯实中非卫生健康共同体的根基。

未来一段时期，中非在卫生健康领域的政策沟通，要尤其重视如下议题：其一，谋划"健康中国2030规划"与非洲各国健康发展战略之间的相互嵌合与对接；与非盟及非洲疾控中心保持政策磋商，寻求政策共识与合力；如条件成熟，可联合制定《中非健康丝路发展规划》等政策文件。其二，在尊重非洲所有权和坚持互利共赢原则的前提下，探索中国在非援建医疗基础设施后续运营和管理的新路径，确保其可持续发展。其三，做好中非医疗卫生产品和服务在法规、标准、监管政策方面的互认和对接，提高中国医药产品经世界卫生组织预认证的数量，释放中非卫生健康领域的贸易和投资潜力。其四，交流公共卫生体系建设经验，共享在农村和城市社区发展多元、多层次医疗卫生事业的最佳实践，探索建设适合各自国情的全民医保体系，重点保障弱势群体的健康权益。

第二，加强医学教育和传统医药合作。一个国家要建设强大而有韧性的医疗卫生体系，必须拥有充足的医疗卫生人力资源，需要发达的医疗教育体系。大多数非洲国家医学教育比较落后。中国应积极支持非洲国家发展医学教育，援助其医学院和护校，在非洲当地培养更多医疗卫生人力资源，支持非洲医疗卫生体系自主可持续发展。采用全政府和全社会路径，鼓励中非双方政府、企业和社会力量联合办学，促进中国医学教育走进非洲，加强双方医学教育的相互融合。进一步加强双方传统医药合作。传统医药因其实用、廉价和高效等特点，更有利于保障普通群众的健康福祉。在非洲广大农村和城市基层社区，传统医药在治疗疾病方面仍然发挥着重要作用，且与当地宗教信仰和社会习俗紧密融合。中国医学走进非洲应注重与其本土医药相结合，因地制宜，通过适应和改造，促进中非传统医药之间的融合。即便在非洲慢性病治疗方面，中非传统医学合作也有望做出更大贡献，以降低非洲慢性病治疗的高昂成本，丰富中国参与非洲慢性病防治的路径。

第三，推进中非医药产能合作。非洲卫生健康产业经济落后和贫困是非洲公共卫生体系不发达的直接原因。非洲在发展经济和摆脱贫困方面面临巨大挑战，主要是因为非洲在世界经济体系中处于结构性不利地位。由于殖民主义遗产和生产技术落后，非洲在世界经济中主要扮演原材料供应者的角色，在全球生产链和价值链中居于末端。因此，非洲国家要改变公共卫生治理的困境，必须从根本上消除非洲大规模传染病疫情产生的经济社会条件，而这有赖于构建对非洲更加公平合理的国际政治经济新秩序。非洲大陆自贸区建设可能是非洲国家摆脱不利经济处境为数不多的选项之一。中国应积极支持非洲大陆自贸区建设，在此框架下，帮助非洲发展卫生健康产业，促进中非卫生健康产业投资合作。为此，中方应积极推动中国医药企业投资非洲，将医药产业作为中非产能合作重点，提升中非医药投资合作层次，探索在非洲国家建立医药工业园或大型医药生产基地，缓解乃至扭转非洲缺医少药的困境。积极打造中国的跨国制药巨头，使中国医药行业出现高度国际化的领军企业。目前，中国新冠疫苗研发走在世界前列，是一个好的开端和兆头。

第四，官民并举，充分发挥社会力量的作用。公共卫生涉及千家万户，关系到每一个人。任何行为体均不可能以一己之力独自应对重大传染病疫情和突发公共卫生事件。民间社会组织可有效弥补政府和市场失灵，在医疗卫生领域促进民生改善和民心相通，为建设"健康丝路"和卫生健康共同体奠定坚实的民意基础。联合国和世界卫生组织长期以来支持和鼓励市民社会组织和非国家行为体为全球公共卫生治理做出更大贡献。事实上，此前也有中国民间机构参与对非医疗卫生机构援建项目的成功案例。2010年以来，中国扶贫基金会在苏丹南部采用综合的一体化援助方案实施阿布欧舍友谊医院项目，包括援建医院大楼、参与医院管理、搭建母婴保健网络、培训医护人员等，取得良好效果。① 因此，中方应在政策上扶持和培养中国的非国家行为体，鼓励它们参与非洲公共卫生治理，与国际非政府组织在非洲结成各种伙伴关系，以中国智慧丰富全球公共卫生治理方案。中国社会蕴藏着丰富的动员潜力。

第五，加强国际合作，积极参与全球卫生治理。长期以来，非洲在医疗卫生领域存在诸多能力赤字，是全球公共卫生治理重点关注对象之一。全球卫生治理结构多元复杂，一方面存在联合国系统的专门卫生机构，如世界卫生组织和联合国艾滋病规划署等，另一方面包括诸多重要的国际非政府组织，如国际红十字会、无国界医生、全球基金、全球疫苗与免疫联盟、流行病防范创新联盟等。它们之间结成多种多样的卫生伙伴关系，在非洲健康治理问题上发挥了非常重要的作用。发达国家、实力雄厚的跨国医药企业，以及有国际影响力的技术机构在大多数全球卫生合作伙伴关系中捐资较多，拥有很大话语权。② 中国应积极参与全球机构在非洲的公共卫生治理，通过增加资金和技术支持，与相关国际机构和非国家行为体结成更紧密的合作伙伴关系。2020年10月8日，中国正式加入新冠疫苗实施计划，这是积极作为之举。该计划由全球疫苗与免疫联盟、世界卫生组织和流行病防范创新联盟共同实施，旨在提高疫苗研制效率，为疫苗快速生产和在发展中国家公平普及奠定基础。中国的加入有力支持了该计划顺利实施，会带动更多利益攸关方对此投入资金支持，有利于非洲和全球尽早克服新冠疫情的威胁。

总之，中非"健康丝路"建设是一项复杂的系统工程，涉及到众多利益攸关方，不可能一蹴而就。它涉及林林总总的疾病种类，需要帮助非洲构建健康完善的公共卫生体系和培养多层次、全方位的医疗卫生人才。健康不单是一个医疗卫生问题，也与经济社会发展水平密切相关。对于非洲而言，健康还意味着要改变非洲在全球不公正政治经济体系中的弱势和边缘地位。全球治理体系特别是经济治理体系对非洲的结构性不公平，还导致非洲结构性的贫困现象。非洲的贫困人口非常庞大，而且还呈增加趋势。非洲拥有非常丰富的人力资源和自然资源，但资源开发的财富分配极不公平，主要流向国际资本和非洲的少数富人囊中。这种结构性贫困不仅

---

① 王云屏等：《中国对外援助医疗卫生机构的历史、现状与发展趋势》，《中国卫生政策研究》2017年第8期，第61—62页。

② 韩铁如：《世界卫生组织全球卫生治理的挑战》，《国际政治研究》2020年第3期，第121页。

无助于非洲医疗卫生体系的改进，也给中非共建"健康丝路"带来结构性压力。除非非洲大陆加强内部团结和统一，促进非洲内政治经济一体化进程，否则，非洲要改变自身在全球政治经济体系中的不利地位将非常艰难、任重道远。因此，中非"健康丝路"建设不能仅限于医疗卫生合作，而要把健康因素融入和整合至中非合作的所有领域和政策之中，帮助非洲根本扭转在全球政治经济体系中的结构性不利地位，才能最终实现"健康非洲"和"健康中国"的愿景。中非"健康丝路"建设也不能仅限于中非双方之间的合作，而是开放性的合作，坚持多边主义，维护以联合国和世界卫生组织为核心的全球卫生治理体系。中非共建"健康丝路"将是一个漫长的过程，因为人类社会发展过程中，总会出现新的未知病毒和流行性疾病。护佑健康是直抵人心的事业，"健康丝路"建设需要一代又一代人接续奋斗。中非共建"健康丝路"的过程，也是促进和加深双方民心相通相知的过程。民心相通是"一带一路"成功的关键性支柱之一。通过打造"健康中国"和"健康非洲"，中非"健康丝路"会推动中非共建"一带一路"的高质量发展，深化中非民心相通。

国际安全与发展合作篇

新冠疫情下非洲的抗疫和中非合作*

尽管大大小小规模的瘟疫一直是当代非洲国家面临的危机，但真正引起全球关注的是2014年西非大面积爆发的埃博拉病毒，原因在于此疫情产生了向美国和欧洲的个案传染，从而引发恐慌，多个国际行为体为此纷纷从全球治理高度进行干预。随着2020年2月15日埃及确诊一例外籍病患，以及赴欧美地区开会的官员或旅游者"纷纷中招"陆续回到非洲国家，截至2020年5月13日，莱索托作为一段时间来唯一无感染者"净土"也宣布发现1个病例，流行病学专家早已否定的黑色素天生有其抗体而自动免疫的"神话"被现实击破。[①]

根据世界卫生组织的计算，非洲达到10万确诊病例用了98天时间，但此后的18天内却达到20万确诊病例（截至2020年6月12日已经突破22万），令人忧心地出现了快速增长。好消息是，人均完成检测量全球排名第16位的毛里求斯已经实现病患者清零，成为完成抗疫任务的榜样国家；而人均完成检测量全球排名第23位的南非还在鏖战，并且埃及、尼日利亚、阿尔及利亚、加纳、喀麦隆、摩洛哥等国仍然高居确诊案例最多非洲国家行列；国力较好的塞舌尔和并不富裕的乌干达、纳米比亚、厄立特里亚、莱索托5个国家都抗疫有方，没有出现任何死亡病例。总之，如果对全球各国的抗疫表现进行对比，很多非洲国家排名亮眼，与各种"脆弱国家""政府治理"指数大相径庭——那些被评价为"贪腐""低效"的非洲国家往往是抗疫表现很不错的国家——这无疑震荡，甚至颠覆了以往对非洲国家的很多成见。总体而言，非洲大陆的绝对感染人数、人均感染率、死亡率等指标都是相对低的。

---

* 刘海方，北京大学国际关系学院副教授。本文原名为《新冠肺炎全球大流行下非洲的抗疫和中非合作》，原载于《国际政治研究》2020年第3期。

① "No Study Shows 'Melanin Is a Protective Factor' against COVID-19 - Epidemiologist Brewley", Virgin Islands News Online, http: //www.virginislandsnewsonline.com/en/news/no - study - shows - melanin - is - a - protective - factor - against - covid - 19 - epidemiologist - brewley, 2020 - 05 - 01.

晚至2020年4月初，在美国无可争辩地成为疫情的"震中"之际，一些媒体开始引用比尔·盖茨2月的一次演讲来关注疫情在非洲的发展，提出"非洲才是新冠疫情的黑洞"，即担心美国将无暇顾及"落后的非洲"，非洲拖累这个世界走出新冠疫情的路途将会遥远漫长。[①]把非洲等同于一团混乱、毫无秩序的"黑洞"形象的负面认知并不只存在于媒体文章，一些学者也简单地拥抱这种非洲观。

在笔者看来，类似观点与将非洲视为毫无希望的"黑暗大陆"论调并无二致，折射出在现实主义权力政治视角下对非洲和非洲人惯常的偏见和无视。不相信非洲大陆自身有应对疫情的能力，更不会看到非洲人应对疫情的努力甚至有很多创新性的独到举措与对全球抗击新冠疫情的贡献。与此同时，这种认知也反映出，当全球化时代跨国界问题日渐突出、传统国际关系以民族国家为分析单元的范式面临挑战，国际关系理论中发达/发展中国家抑或中心/边缘二元对立模式的南北关系分析范式开始调整，"边缘国家终于被纳入了国际关系的视域，但是在中心国家看来，这仍是从大国竞争和操纵的视角看第三世界国家的事件"。[②]

一、从非盟到非洲国家：迅捷的二级预警响应

由于从2020年2月中旬第一例病例输入以后的100天没有发生大规模暴发，很多观察家认为，气候炎热、人口年轻化、基础设施落后导致人口流动少是非洲疫情相对于发达国家较弱的原因，而常年遭受各种疾病侵扰的非洲人抵抗力更强，也使"坏事变好事"。中国派驻非洲疾控中心疾病

[①] 一些网站广泛刊载所谓比尔·盖茨"非洲才是新冠疫情的黑洞"的讲话（参见《确诊人数倍数增长，迅速破万，比尔盖茨：非洲才是新冠黑洞》，https：//www.sohu.com/a/386410805_716280），实际上，比尔·盖茨并没有说过"非洲才是新冠疫情的黑洞"这句话。在2020年2月14日美国科学促进会会议的演讲中，他只是对刚暴发的新冠疫情可能扩散到医疗条件脆弱的撒哈拉以南非洲表示担忧。参见比尔与梅琳达·盖茨基金会网站，https：//www.gatesfoundation.org/Media-Center/Speeches/2020/02/Bill-Gates-American-Association-for-the-Advancement-of-Science。位于西雅图的技术新闻网记录的演讲现场报道也表明，比尔·盖茨没有使用"黑洞"这一词汇，参见"Bill Gates Warns That Coronavirus Impact Could Be 'Very, Very Dramatic,' Outlines Long-term Solutions", *Geek Wire*, https：//www.geekwire.com/2020/bill-gates-warns-coronavirus-impact-dramatic-globally/。

[②] Amitav Acharya and Barry Buzan, *The Making of Global International Relations: Origins and Evolution of IR at Its Centenary*, Cambridge: Cambridge University Press, 2019, p.5.

控制高级顾问王晓春对比了欧洲和非洲的表现，指出从第一例开始后两者的轨迹很相像，分别用了36天和37天增长到1000个病例，用42天和46天增长到5000个病例；可是此后欧洲病例数量突然快速增长，到第70天已经超过50万例，而非洲同期只达到了2.6万例，其中重要原因在于非洲采取了比欧洲更为严格的措施。①

笔者非常认同这个判断，客观条件固然重要，但新冠病毒目前无所不在的趋势证明，除了不同社会人群在长期历史过程中形成的免疫能力外，评价任何国家在此次新冠疫情中的表现最重要的是政府综合治理能力和长期的官民关系。非洲大陆对于此次疫情的应对准备，特别是非盟和非洲国家形成的二级预警响应系统快速发挥效力，值得从全球、地区和国家治理视角深入研究。

2014—2015年埃博拉疫情暴发后，作为非洲大陆层面应对公共卫生事件的协调机构——非洲疾控中心成立，并建立东非、西非、南非、北非、中非5个次地区中心。2020年1月27日，新冠病毒刚刚被发现，非洲疾控中心立即启动应对新冠疫情的紧急行动中心及事件管理系统，每周与会员国的国家公共卫生机构进行交流。2020年2月3日，在世界卫生组织、中国疾控中心和其他相关组织的支持下，新冠病毒工作组成立，负责监测、实验室诊断、感染的预控、临床护理和风险沟通几项工作。塞内加尔和南非两个医学研究所首先具备了检测新冠病毒的能力。2020年2月初，非洲疾控中心开始分别与它们合作，为来自43个非洲国家的43个实验室进行培训。到2020年3月，新冠病毒感染病例相继在很多非洲国家被发现时，52国都可以进行检测并拥有了隔离基础设施，一些国家开辟了专门的治疗中心、设立应急基金，或者已经派专业人士在入境点和边境口岸进行检疫。针对医院收治能力有限的问题，无国界医生组织等专业机构也提前介入，提供搭建治疗中心所需的技术帮助。

根据非洲疾控中心主任约翰·肯格松博士发表的报告，非盟作为覆盖大陆各国的组织，迅速协调各个部门，制定预警响应战略，通过疾控中心为核心的技术工作组指导各个次地区的疾控中心分部，进而实现对每个成员国在新冠疫情中的预警响应能力方面的指导和协助其提升诊治能力。在建立各国检测病毒能力的同时，非盟成立专门的新冠疫情响应基金，直接

---

① 《〈新闻"1+1"〉，白岩松视频连线中国派驻非洲疾控中心疾病控制高级顾问王晓春》，2020年4月24日，http://tv.cctv.com/2020/04/24/VIDE8eCBoiUzKZXr1RPgzKy3200424.shtml。

应用于监控、治疗和控制传染等项目。值得称道的是,随着防疫任务从外防输入转到内防扩散,该基金采取针对城市非正式居住区/贫民区的预防社区传播、风险提示的方式。在这些较难进行社交距离控制的社区,除通过唤醒民众意识自觉增强防护能力以外,非洲疾控中心还强化社区诊所的能力,并且形成4000多个诊所的网络,每周进行联席讨论。

从国别应对举措来看,在输入性案例零星发生之际,大部分非洲国家已开始陆续停止国际飞行、关闭边境,启动了相应预警、诊断与隔离系统,并且为阻断病毒在本土进一步的传播扩散,相继采取了世界卫生组织推荐的教育公众做好群防群控举措,禁止大型集会活动、停产、停学和居家封城成为大部分国家的选择。2020年5月25日,非盟轮值主席南非总统拉马福萨在庆祝非洲第57个独立日演讲时谈到,"非洲与世界各国一道全力抗击疫情,通过制定明确战略、筹集资源等,以牢牢掌控自身命运。非洲应对疫情的举措得到广泛赞誉。尽管面临资源短缺挑战,非洲国家为共同目标团结一致,令人印象深刻"。52个非洲国家共出台220项措施,支持本国公民与企业缓解新冠疫情给非洲经济转型和人员流动带来的不便与影响。截至5月末,非洲国家拨出总额为530亿美元的具体预算来提供支持措施(包括医疗投入),南非一国已经从国家紧急基金和卫生财政预算中拨付300亿美元来应对新冠疫情,议会还通过了追加更多财政拨款的议案。值得一提的是,非洲国家已经使用的"战役资金"是以非洲各国预算为主,只有32%的资金是由国际货币基金组织为主的外部机构提供的。[①] 非洲绝大多数国家都采取了一些创新性的应对举措。塞内加尔增加投入,研发出低于1.5美元成本的试剂盒,可以在几分钟内检测出结果,还用3D打印技术制造呼吸机。加纳、肯尼亚、埃塞俄比亚、莫桑比克、乌干达等国都利用现有工厂转型生产抗疫物资。马里颁布细致的社会经济举措,制定了具体惠及企业(特别是中小型企业)及非正式就业者渡过难关的措施。[②] 博茨瓦纳虽然未向不能工作的民众发放现金生活补贴,但调低了燃油价格。采取同样举措的还有安哥拉、莱索托、毛里求斯、阿尔及利亚。

---

① 根据国际货币基金组织对于各国别的统计相加得出,https://www.imf.org/en/Topics/imf-and-covid19/Policy-Responses-to-COVID-19,更新数据来源于经合组织政策追踪,https://oecd.github.io/OECD-covid-action-map。
② 根据世界劳工组织2018年统计报告,非正式就业者占非洲人口总就业比例高达85.8%,International Labour Office, "Women and Men in the Informal Economy: A Statistical Picture", United Nations, Geneva, 2018, https://www.ilo.org/wcmsp5/groups/public/---dgreports/---dcomm/documents/publication/wcms_626831.pdf。

肯尼亚和摩洛哥设计了符合"社交距离"法律的安全、开放的市场（每两个商贩之间间距1.5米，同时在市场出入口准备洗手设施等），摩洛哥还特别重点针对非正式就业者和中小业主开放安全的露天市场，等等。①

如前所述，第一阶段的封锁在很大程度上防止了疫情在非洲蔓延。目前，大部分国家经济在重启过程中，非盟还在继续指导各国因地制宜，学习与病毒共存。2020年5月，非洲疾控中心宣布"加速新冠病毒检测伙伴"倡议，制定了在接下来四个月中检测1000万人的目标；在大陆范围内建立统一采购及部署医务工作者、追踪密切接触者等任务；根据不同的预测大陆感染速度的曲线，疾控中心也预算出了防护用品的不同需求量，以便统一行动、采取更加有效的防控措施。可见，非洲国家并非人们想当然认为的"失败国家"，相比世界其他地区，作为区域组织非盟的贡献和非洲各国的团结合作值得作为全球公共卫生治理案例进行研究。

二、非洲国家抗疫的必由之路：下沉到社区

对大多数非洲国家而言，最大挑战在于原本羸弱的公共卫生系统。国家需要尽早发现病例、诊断与隔离，以便防止未来一段时间内更大规模疫情的暴发，而极为匮乏的卫生设备和医护团队成为制约"拉平感染曲线"的物质制约。另外，城市中大量存在的棚户区或者贫民区成为防控的难点。一方面，政府缺乏有经验的社区工作者特别是有防控流行传染病知识与经验的人士进入这些社区进行防护知识传播（缺乏网络设施的社区主要依赖广播来获得日常资讯），以及缺乏财力支持向民众分发基本防控物资；另一方面，民众因自然环境的脆弱性（甚至没有自来水和足够的饮用水源）和普遍的非正式就业形态而面临"饿死还是病死"的"浮士德式选择"。在大多数非洲国家，"居家隔离"是有钱人的"奢侈"选择，更多人不能在家办公，而是每日需为生活奔波。②

正因为如此，以诺奖得主渥雷·索因卡为首的100位非洲知识分子就

---

① Hannah Wanjie Ryder and Angela Benefo, "COVID-19: Impacts on African Economies: Economic Challenges and Social Safety Net Responses", *Policy Brief*, https://www.pegnet.ifw-kiel.de/fileadmin/Dateiverwaltung/PEGNet/PEGNet_Policy_Briefs/PEGNet_Policy_Brief-20_06.05.20.pdf.

② Caroline Wanjiku Kihato and Loren B Landau, "Coercion or the Social Contract? COVID 19 and Spatial (in) Justice in African Cities", *City & Society*, Vol. 32, No. 1, 2020, https://anthrosource.onlinelibrary.wiley.com/toc/1548744x/2020/32/1.

疫情治理向非洲领导人发出一封公开信，认为最为紧迫的是需要为底层大众的生存考量，人们需要的不是警察和士兵的暴力执法，而是走进社区传授抵御病毒的卫生知识、给予他们防护设备及物资救助。① 这些知识分子呼吁非洲领导人超越"紧急状态"思维，探索适应自己模式的抗疫道路，培养非洲各国在财政支持和救灾能力上的韧性，特别是推动非洲走向更加包容、人人共享的健康。② 在公众的质疑声中，大多数非洲国家已经开始逐渐放松"一刀切"的封城令，而是制定细则，让民生相关部门逐步申报放开，突尼斯、塞舌尔等国已经宣布近期恢复国际航班的日期。与此同时，30个非洲国家要求公共场合必须佩戴口罩以适应与病毒共存。坦桑尼亚等国则一开始就拒绝追随封城和禁足令，而是努力在探索与本国国情相适应的方式。

在抗击2014年埃博拉病毒发挥巨大作用的无国界医生组织，将防疫、抗疫工作下沉到社区层面作为最重要的经验提出来。该组织主席廖满嫦女士在北京大学非洲研究中心所做的题为"从埃博拉危机看公共卫生治理"的演讲中指出，回顾这场疫情，虽然中国和美国、英国、法国及世界卫生组织和其他国际行为体的参与都发挥了重大作用，但没有证据显示任何一方的干预直接停止了疫情的扩散。疫情出现拐点、感染率"神奇地下降"与社区的认知改变，并加入到共同的抗疫任务中紧密相关。"埃博拉将与其他传染病一样，始于社区，终于社区。除非你的建议得到社区的认同，否则，你不可能结束那里的疫情。"③ 无国界医生组织的忠告适用于非洲本国政府的抗疫行动，也适用于所有外来干预者，任何举措都需要落地，获得当地社区民众的信任、接受、支持与合作。

与此同时，在尊重非洲地区文化的同时，也要了解各国应对灾难和解决问题的努力，支持非洲人在其社会文化机制下的自主努力效果更可持续。随着民众对新冠疫情的了解，非洲社会本身特有的应对灾难的韧性和创造力已经在各处显现出来：传统上一直大量使用草药的马达加斯加，在

---

① Andries du Toit, "COVID-19 Responses in Africa: Ok, One Size Doesn't Fit All. Now What?", https://africanarguments.org/2020/04/28/covid-19-responses-in-africa-ok-one-size-doesnt-fit-all-now-what/.

② "COVID-19: An Open Letter from African Intellectuals to Africa's Leaders", *African Arguments*, https://africanarguments.org/2020/04/16/coronavirus-open-letter-african-intellectuals-africa-leaders/.

③ ［加］廖满嫦、［科摩罗］达乌德：《从埃博拉危机反思公共卫生治理》，载李安山主编：《中国非洲研究评论（2015）》，社会科学文献出版社2017年版，第46—52页。

病毒进入非洲不久就宣布使用青蒿类原料研制出了抗新冠病毒的药品CVO草药——总统身体力行，在非盟网络会议上"带货直播"，几内亚比绍派专机到马达加斯加取货，并分配给西非经济共同体的15国使用。虽然世界卫生组织以没有大范围临床验证疗效为由尚未承认该产品的效力，但是非洲国家没有坐等国际大公司的疫苗，而是在本土知识基础上探索可行的抗疫方法是值得肯定的。随着居家办公和禁足令，几乎在每一个非洲国家都看到物流快递业务的快速增长，食品业生意人快速提供有针对性的小型数字订餐服务，电商平台业务得到了快速增长，包括之前对于数字支付存在信任鸿沟问题的国家地区也有了改进机制。创造性方面，乌干达少年设计了无需用手打开的自动开关装置来避免公共场合的洗手桶交叉传染问题，同时还节省了用水量；纳米比亚社区志愿者为无水无电的贫民窟发明了脚踏式洗手器并推广到大型非正式定居点；坦桑尼亚、肯尼亚的纺织服装生意人用各种边角布料制作了大量便宜的口罩，免费提供或者低价售卖给买不到专业护理口罩的民众；南非在家禁足的军人组成志愿队伍，将有余粮农场的食品运送到全国各地的贫困社区，等等。

三、从民间到国家：中非团结互助抗新冠疫情

中非卫生合作涉及中国在非洲卫生基础设施建设、传染病防控、妇幼卫生等方面，历史最悠久的形式是中国援外医疗队。援外医疗队始于1963年外派到几内亚的援非医疗队，2/3以上分布在非洲，从未间断过，目前仍分布在46个非洲国家，以其项目时间最长、最接近于非洲民众而一直被认为"是中国的援外工作，甚至是外交工作的一块金字招牌"。[1] 新冠疫情在中国暴发之际，国际舆论环境对中国很不利，却得到非洲人民最广泛的支持和帮助。非盟及非洲多国政府发表声明支持中国阻止疫情蔓延所做的努力；埃及、南非等能够生产医疗用品和设备的国家第一时间向中国提供了物资援助；赤道几内亚向中国捐款200万美元；非洲民间也纷纷行动，制作了横幅、手写卡片等，表达对中国的支持；很多在武汉和其他城市成为抗疫志愿者的非洲学生说"我是外国人，但不是外人"，真正体现了中

---

[1] 裴安迪：《卫生援外55年的非洲情谊——专访国家卫生健康委员会国际合作司副司长冯勇》，《中国投资》2018年第18期。

非之间的守望相助。[1]

2020年3月，非洲国家开始进入抗击新冠疫情阶段，中国捐赠的诊断工具帮助这些国家及时进行病例确诊，中国疾控中心还组织了核酸检测培训项目。针对非洲令人堪忧的医疗体系，2020年5月18日，中国国家主席习近平向第73届世界卫生大会视频会议致辞中，特别承诺通过建立30个中非对口医院合作机制、加快建设非洲疾控中心总部等举措，助力非洲提升疾病防控的能力。5月底，中国多批次向50多个非洲国家提供急缺的抗疫援助物资，[2] 外交部长王毅说，中国政府"把抗疫物资援助尽量向非洲等发展中国家倾斜"，且多次呼吁国际组织和富裕国家向非洲国家提供更多物资、技术和人力支援，也积极参与并落实《二十国集团缓债倡议后续债务处理共同框架》，已宣布77个有关发展中国家暂停债务偿还。在非洲常驻的中国公司、民营企业、公益组织和热心的普通华人都尽己所能，捐助财物或者加入到当地社区非洲民众的抗疫行动中。如马云和阿里巴巴基金会对所有非洲国家提供三批物资，先后有序到达埃塞俄比亚并由此转送到非洲各国，获得非洲人民很高的积极评价。

在技术支援方面，外交部非洲司等中国政府部门、中国驻非洲国家使馆、援非医疗队、缔结友好省、友好城市的地方政府等，组织了近400场与非洲医务人员的视频经验技术交流会。更体现中国担当的是，应非洲国家邀请，中国政府向位于东南西北中五个区域的非洲11国派出了抗疫专家医疗队。不同于以往治病为主的医疗队人员构成，此次六省（含澳门特别行政区）组建的五支医疗队是特别针对在全球肆虐的新冠疫情，虽然涉及到很多科室，包括中西医结合科室等，但主要目的是与东道国公共卫生和医疗部门同行分享经验、协助抗疫，其中很多医疗工作者刚刚从支援武汉抗疫的一线撤回，又向非洲出发，成为全球公共卫生危机时刻的最美"国际逆行者"。

---

[1] 戴兵：《二十载耕耘结硕果 新时代扬帆启新程——纪念中非合作论坛成立20周年》，《中国投资》2020年第Z2期。

[2] 中华人民共和国国务院新闻办公室：《抗击新冠肺炎疫情的中国行动》白皮书，2020年6月。

表2 中国抗疫医疗队情况统计

派出省份	派往国家1	派往国家2	派往国家3	行程时间
河北（12人）	刚果（金）	刚果（布）	圣多美普林西比	5月11日—6月9日
四川（12人）	埃塞俄比亚	吉布提		4月16日—5月11日
重庆（15人）+澳门（5人）	阿尔及利亚	苏丹		5月14日—6月11日
湖南（12人）	津巴布韦	赤道几内亚		5月11日—5月25日
天津（12人）	布基纳法索	科特迪瓦		4月16日—5月13日

资料来源：根据相关新闻报道整理。

以往，中国医疗队尽管客观上不折不扣地对全球公共卫生做出了贡献，但经常因其派出机制是基于双边关系而被外界曲解为"外交工具"。[①] 在此次全球普遍经历新冠病毒感染大流行之际，中国抗疫专家队伍因勇担国际责任而赢得国际社会的尊敬。截至2020年6月中旬，五支医疗队已经全部圆满完成任务回国。综合它们在11国的活动可以看到，中国向受疫情威胁严重的非洲国家派出抗疫专家，意义不仅仅在提供经验技术和人力支持方面，对东道国而言，首要的是传递了"疫情可控"的信心。东道国与中国医疗队医务工作者经常交流讨论一些问题，例如，中国的"群防群治"方式中社区管理是怎么做的，密切接触者是如何追踪的，治疗是怎么开展的，如何尽量降低病死率，等等。中国专家也不时为这些国家的各种抗疫准备和病人救治等实际工作提出改进建议，真正做到平等交流、互学互鉴。密集的沟通加深了互相了解。科特迪瓦健康与公共卫生部长阿卡说："我们向中方学到的一条十分重要的经验就是遵守纪律。"

与此同时，对于中国专家而言也是一次学习之旅，是深入了解疫情在非洲表现形态、非洲的社会公共管理体系及其背后的深层文化内涵的重要机会。中国专家深切了解到非洲国家公共卫生和医学专家扎实的专业精神，从而增强了对非洲国家尽快取得抗击疫情胜利的信心。正如赴苏丹的一位主任医师坦言，此次疫情对医生而言不再是单纯的诊疗行为，更多承担起了社会责任，面对疫情我们始终在边接触、边了解、边进步。此次在抗疫医疗队构成上还有一个新现象，即澳门特区在"一国两制"方针下参与国家援非国际抗疫合作，这是对外事务的崭新实践，既增强了中国的国

---

① 邱泽奇：《朋友在先：中国对乌干达卫生发展援助案例研究》，社会科学文献出版社2017年版。

家凝聚力，也是中国整体对外合作能力的提升，对提升中国参与全球公共卫生治理能力非常有益。

客观而言，在此次疫情发展过程中（2020年4—5月），相对全球其他地区，非洲国家感染人数和速度还是较低的。中国尽己所能在向非洲50多个国家提供防疫物资的同时，还派出防疫专家组传授相关的防疫知识和经验。考虑到中非间从文化到医疗卫生领域制度的巨大差异，这一应对全球突发公共卫生灾难的方式是恰当的，既发挥了中国的优势也适应了非洲国家需求，同时对非洲国家抗疫帮助则更加直接、更有针对性，也更有实效。相比之下，其他大国在此间以承诺资金援助为主，但往往受制于抗疫物资国际市场缺乏的现状而不能采购到位。另外，由于各国实行的防疫政策，对非洲社区提供服务的国际非政府组织也往往难以发挥有效作用。

结语

非洲各国在全球抗击新冠疫情中的不俗表现，令世界刮目相看，为国际问题研究学者重新认识非洲提供了契机。过去，一些人受到欧洲殖民非洲以来的种种关于非洲的诱导，在国际关系研究中无视非洲的能动性，甚至将非洲简单化为外来者的表演场、角逐地。类似认知也难免直接或间接地影响中国与非洲的合作，特别从长远来看，对于今天"前所未有地靠近世界舞台中央"的中国参与全球治理的影响更大。一些全球问题研究学者指出，今天全球治理成功的关键就是"本土化"，既是指当地伙伴的合作参与，也是指以对当地的尊重和了解作为基本前提。正如派出的防疫专家所言，赴非的过程是"边了解、边进步"，中非专业人士学习适应彼此、共同"战役"也是需要时间的。中非下一步将更深一步团结合作，中方显然要学习的更多，特别是各国之间的差异性。

近年来，一些学者曾多次呼吁，全球公共卫生风险加大的趋势意味着中国原来以医疗队为主、医疗基础设施为辅的对非卫生合作有必要适应当地情况、创新合作形式和机制。与此同时，中国近年来在与非洲通过中非合作论坛加速的经贸合作及推进"一带一路"倡议的过程中，相伴相生的是很多在中国已经消失的传染性疾病伴随着人员流动而重新输入中国，中国亟待通过与更多国家在公共卫生领域的合作，在帮助非洲解决初级卫生保健体系的迫切需求的同时，尽快熟悉全球各种传染性疾病，提升研究能力，增加中国自身抵抗全球公共卫生风险的能力。这需要中国的医疗人员扎根非洲社区，加大对妇幼卫生保健、慢性病防治、流行病防控等卫生知识宣讲推广工作，与非洲的卫生信息系统建设结合起来。

在此次全球公共卫生危机中，除继续通过各种援助方式支援其他国家更好抗击新冠疫情外，中国需进一步明确全球公共卫生合作的方向和目标，进行长期规划，特别是在双边互信基础坚实的非洲地区，构筑好抵御重大灾害的医疗卫生体系，进而探索建立中非卫生健康共同体，以应对越来越多的灾难级别的全球公共卫生挑战。

非洲政治治理 60 年：多重长期困境与潜在创新出路[*]

进入 21 世纪第二个十年之后，西方国家一改对非洲发展的悲观预期，欢呼"非洲的崛起"。[①] 从历史演进的角度看，非洲的经济发展与政治治理改善之间的良性循环正在形成，为其未来发展奠定了有利基础。自 20 世纪 60 年代大多数非洲国家赢得独立以来，作为整体的非洲不仅克服了殖民主义的历史遗产，更实现了内部社会经济的跨越式转型，推动自身政治治理取得重大进展。尽管存在明显的国别性差异，但就非洲大陆整体而言，其政治治理大致经历了四个阶段的演变，即独立后头十年的继承性治理，此后近二十年的本土化治理，冷战结束后的西式民主化治理，和进入 21 世纪第二个十年后的自主化治理。塑造非洲政治治理演变的核心力量来自于四个方面，即内部自上而下的国家政府和自下而上的草根力量，外部的非洲地区/次地区力量和其他国际力量。一方面，这四个要素的持续互动使非洲政治治理长期处于一个类似十字路口的困境，即在传统与现代、本土与外来的治理理念、模式与实践之间的合理平衡始终未能有效实现。另一方面，非洲政治治理的钟摆振幅正逐渐缩小，传统与现代、本土与外来的理念、模式与实践的融合正催生非洲自主治理的创新模式。这一自主治理模式的探索，也因非洲整体自主性的上升和新兴大国群体性崛起两大发展而得以强化，并正为非洲政治治理的未来发展奠定了较为有利的基础。

---

[*] 张春，云南大学国际关系研究院研究员。本文原载于《西亚非洲》2020 年第 2 期。
[①] "Africa Rising", *Economist*, December 3, 2011, http://www.economist.com/node/21541015.

一、非洲政治治理的历史演进

民族自决原则尽管是一战期间由美国总统伍德罗·威尔逊提出的[①]，但大规模民族自决的实现则是在二战之后，最为典型地体现为大量非洲国家相继独立。1960年被称为"非洲独立年"，因为该年有17个非洲国家获得独立。尽管绝大多数非洲国家在20世纪60年代获得独立，非洲国家总体自强、自立，政治形势趋于稳定，但作为整体的非洲政治治理很大程度上并未取得预期进展。直到今天，与其他地区相比，政治动荡与冲突仍然是影响非洲国家政治治理的突出问题。根据美国系统和平中心的统计，在1960年至2018年间，非洲国家共计发生成功政变85次，失败政变155次，官方揭示的政变密谋84次，未经官方证实的政变传言72次。即便进入21世纪后，非洲国家仍发生9次成功的政变，上述四类涉政变事件共计有95次。尽管如此，如果将视野放得更为长远，毋庸置疑的是，非洲的政治治理在独立后的60年里取得了重要进展。总体而言，非洲国家的政治治理大致经历了以下几个发展阶段。

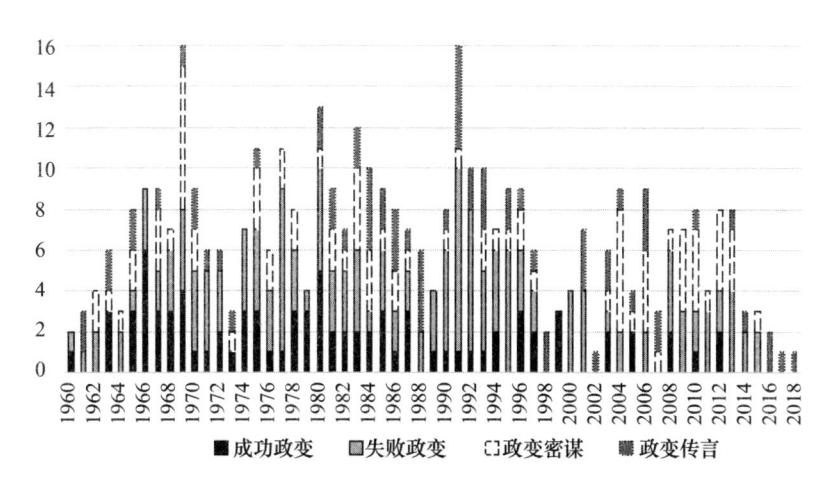

图1　1960年至2018年非洲政变类型及数量（单位：次）

资料来源：根据美国系统和平中心数据库（http：//www.systemicpeace.org/inscrdata.html）数据统计自制。

[①] Hurst Hannum, "Rethinking Self – Determination", *Virginia Journal of International Law*, Vol. 34, 1993, pp. 7–8.

在独立后第一个十年里，非洲政治治理的基本特征是继承性治理。非洲新生国家领导人承认殖民统治者留下的"主观"边界，接管原殖民国家并由自己去统治，继承原殖民国家人为设计的国家结构。① 换句话说，大多数非洲国家在独立之初并未采纳新中国建立之初"打扫干净屋子再请客"的做法。其主要原因在于：一是争取民族解放运动的领导人或新生政权当政者，大多在英国、法国等前殖民宗主国接受教育，这赋予继承性治理以知识上的合法性；二是当时的主权国家合法性很大程度上仍来自于对特定领土的有效统治，这赋予继承性治理以有效治理的合法性；三是大多数非洲国家短时间内迅速获得政治独立，年轻的新生国家领导人远未做好政治治理的理论准备，这赋予继承性治理以时间上的合法性。由此而来的政治治理结果是：一方面，非洲各国追求独立过程中所运用的知识，根本上是由前殖民宗主国所提供或教导的；另一方面，由于采用继承性治理，新独立的非洲国家深受西方国家政治治理理念的影响，在很大程度上并未改变殖民时期的治理结构。尽管如此，政治独立使非洲民族国家获得了巨大的发展红利，政治治理稳步推进，经济保持高速增长，进一步强化了继承性治理的合法性。

到20世纪七八十年代，继承性治理的弊端日益显现。一方面，在相对快速的去殖民化过程中，尽管政权转移到非洲本土精英手中，但殖民时期的种种矛盾继续存在，同时本土精英的崛起又催生了新的矛盾，非洲国家的合法性只是被移交了，而非得到重塑；② 另一方面，受外部国际经济环境不利因素的影响，大多数非洲国家的经济增长开始放缓，国内政治与社会矛盾迅速显现，清除殖民主义遗产、寻求独立自主的本土化治理迅速走上前台。这一时期，非洲政治治理的基本特征大致包括三方面：一是诸多非洲国家政党政治发生变化，一党制和强人治国渐成主流。事实上，除博茨瓦纳、冈比亚和毛里求斯之外，绝大多数非洲国家均采取一党制政治制度。③ 二是在政治体制迈向本土化的同时，非洲各国也开始追求具有明显

---

① [英]阿莱克斯·汤普森著，周玉渊、马正义译：《非洲政治导论》，民主与建设出版社2015年版，第58页。

② Benjamin Neuberger, *National Self-Determination in Postcolonial Africa*, Boulder, CO: Lynne Rienner, 1986, p. 64.

③ Robert Jackson and Carl Rosberg, *Personal Rule in Black Africa*, Berkeley, CA: University of California Press, 1982, p. 85; David Gonzalez, "Who Leads to Where? African Leadership into the 21st Century", in Haroub Othman, ed., *Reflections on Leadership in Africa: Forty Years after Independence*, Brussels, Belgium: VUB University Press, 2000, p. 140.

本土色彩的经济发展战略。例如，加纳的恩克鲁玛、坦桑尼亚的尼雷尔和马里的凯塔等选择了社会主义经济体系；而如肯尼亚的肯雅塔和科特迪瓦的乌弗埃－博瓦尼则奉行资本主义经济体系。[1] 三是两极对立的国际格局使非洲国家有较大的政治治理模式选择。因此，这一时期，尽管非洲国家在探索本土性政治与经济治理方面不断努力，在内外因素的制约下，其实际效果未彰，反而陷入政治经济困境。到1989年，很多非洲国家存在一党专制现象，有32个非洲国家反对党被宣布为非法组织，国内各类政治力量政治参与度较低，未实现政治生活的民主化。据统计，从1960年至1989年，在这29年非洲国家举行的150场大选中，反对派政党未获得一个席位。[2] 与此同时，在20世纪70年代中后期国际石油危机及自然灾害的重创下，非洲经济急剧恶化，陷入严重的经济困境之中，使非洲国家社会矛盾突出。非洲各国当政者的长期执政能力虽并未受到重大影响，但严峻的经济形势削弱了非洲国家领导人的执政合法性。

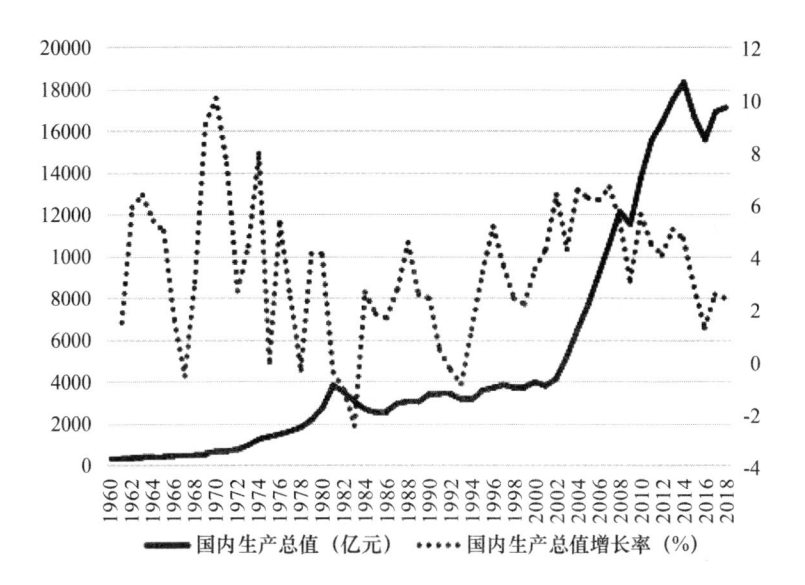

图2　1960年至2018年撒哈拉以南非经济增长情况

资料来源：根据世界银行（https：//data.worldbank.org）数据自制。

---

[1] John R. Cartwright, *Political Leadership in Africa*, New York: St. Martin's Press, 1983, pp. 98 - 99; A. B. Assensoh, *African Political Leadership: Jomo Kenyatta, Kwame Nkrumah, and Julius K. Nyerere*, Malabar, FL: Krieger Publishing, 1998, p. 4.

[2] ［英］马丁·梅雷迪思著，亚明译：《非洲国：五十年独立史》，世界知识出版社2011年版，第348页。

正是在此背景下，20世纪90年代初，随着冷战结束，在西方国家的强力推动下，民主化浪潮迅速席卷非洲大陆，非洲政治治理进入"西式民主化治理"时期。到1999年，非洲大陆推行多党民主选举制的国家已多达45个。对于非洲国家而言，这种"西式民主"制度并非基于非洲国家历史、国情、政治文化的产物，而更多是执政者对于当时国际压力所做出的反应。由于先天不足和"水土不服"，"西式民主化治理"对不少非洲国家产生了复杂影响。一方面，与民主化席卷整个非洲相伴随的是，传统权威在国家政治治理和发展等领域逐渐复苏；另一方面，冷战结束导致体系性限制力量不复存在，长期积累下来的各类矛盾纷纷爆发。在冷战结束后的第一个十年里，一些非洲国家陷入相互冲突乃至内战中。上述情况引起了非洲国家对民主政治转型的反思。尽管"西式民主化治理"给非洲国家政治发展带来诸多困扰，但不容否认的是，非洲的多党民主政治变迁使非洲国家的人民获得了一定的公民权利和民主意识，现已成为非洲国家主流政治形态。当然，大多数非洲国家的多党民主政体与欧美不同，有一定非洲特色，往往被称为"混合政体"或"有竞争力的权威主义"。[1]

2011年西亚北非局势动荡，这一冲击波也从北非传导至撒哈拉以南非洲地区，使非洲"混合政体"的弊端得以集中暴露出来，特别是凸显了外部推动的民主化治理与本土传统的结合困难。随着西亚北非局势动荡最初的激情逐渐消退，非洲国家开始思考更为长期的政治转型，自主化治理思潮逐渐浮现，并最为明显地表现在两方面：其一，随着2008年全球金融危机的影响持续扩散，非洲各国开始有意识地结合联合国发展议程的更新、非洲大陆对自身长期发展的规划等努力，制定自身的中长期发展规划，如肯尼亚《2030年愿景》、尼日利亚《2030年愿景》等国家性中长期发展战略纷纷出台。其二，在政治领域，非洲各国的政治转型进程明显加快，尤其明显地体现在非洲"输家政治"的转型方面。传统上，在政治大选中失败的一方，往往采取不合宪的手段——从非暴力不合作的游行、抗议，到求助外部介入，再到选举前和选举后的冲突乃至内战，甚至发动军事政变等，以试图改变选举结果；[2] 近年来特别是自2016年来，选举中的输家更多采取合宪、非暴力手段抗议选举结果，同时往往拒绝外部介入。在对自

---

[1] Steven Levitsky and Lucan Way, "The Rise of Competitive Authoritarianism", *Journal of Democracy*, Vol. 13, No. 2, 2002, pp. 51–64.

[2] 有关非洲"输家政治"的传统形式的论述，参见张春、蔺陆洲：《输家政治：非洲选举与族群冲突研究》，《国际安全研究》2016年第1期，第117—145页。

主化治理的追求过程中,非洲政治治理大致呈现三种形态:一是大多数已实现民主化的国家治理效率有所提高,特别是埃塞俄比亚、肯尼亚等国;二是在部分领导人长期执政的非洲国家实现了和平、平稳的政治权力交接,国家进入政治治理的转型过渡期,如津巴布韦、阿尔及利亚、苏丹等;三是还有一些国家通过宪法修订,改变了民主化治理下对总统或国家领导人的任期限制,从而为政策延续性提升和领导人长期执政创造了条件,尽管这未必意味着"第三任期危机"[①]。

如果说从继承性治理到本土化治理很大程度上是非洲独立之后在政治治理光谱的两个极端之间的急剧摇摆的话,那么从本土化治理到民主化治理再到自主化治理的振幅相对较小,且呈现出更高水平的本土传统与外来知识的融合。由此可以看出,非洲政治治理60年来的发展,很大程度上是由四大因素所塑造的,即自上而下的政府治理、自下而上的草根治理、悬浮的地区治理和强加的外部治理。这四大因素的交织使非洲政治治理好似始终处于一个十字路口——尽管这个十字路口始终处于位移状态,对上述四大因素的不同平衡方式决定着非洲政治治理在相应时期的具体形态、特征及其发展方向,而这也正是未来非洲政治治理实现突破性进展的根本所在。

二、自上而下的政府治理

就大多数国家而言,自上而下的政府治理是最根本的政治治理决定力量,但在非洲则存在问题,尽管不同国家情况并不相同。如前所述,非洲国家政治治理具有继承性特点,由此使非洲国家政府的治理努力面临一个根本性困难:由于民族国家建构滞后,非洲各国政府尽管继承了前殖民宗主国遗留的多数政治制度,却缺乏内在的制度合法性或法理型权威。因此,非洲国家领导人只能利用传统型权威和魅力型权威,而这又在某种程度上被各种内外因素所扭曲。由此而来的普遍性结果是,将传统型权威和魅力型权威嵌入继承而来的政治制度,且以法理型权威的形式表现出来;这一混合型治理需要实现传统、魅力与法理三类权威的高度平衡。这恰好

---

① 沈晓雷:《透视非洲民主化进程中的"第三任期"现象》,《西亚非洲》2018年第2期,第124—146页。

是非洲国家政府治理的困难所在，其核心体现为一种国内分而治之模式下的庇护政治，严重阻碍了非洲的民族国家建构、国民忠诚培育及有效政治治理的实现。

非洲自上而下的政治治理尽管在过去60年里已经有了明显提高，但现存的首要问题是制度性治理能力仍然较弱。例如，非洲联盟（AU，简称非盟）负责能力建设的特别机构——非洲能力建设基金会自2011年起持续发布的《非洲能力报告》中相关数据表明，非洲各国的治理能力总体在提高。以2019年为例，有10个非洲国家（22%）表现很好（得分在60分至80分之间），5个国家（11%）表现较差（得分在20分至40分之间），31个国家（67%）得分在40分至60分之间。总体来看，非洲国家在政策规划、政策环境等顶层设计环节能力持续获得改善，在政策执行能力、能力发展等方面表现不佳。例如，就政策环境而言，非洲国家中有93%的得分超过60分；但在政策执行能力方面，非洲国家中有超过60%的得分低于60分。[1] 世界银行对世界各国的治理情况长期跟踪，发布全球治理指数，其中涉及政治治理的指标包括问责、政治稳定、政府有效性、管理质量、法治、反腐等，非洲国家相关政治治理指标不及全球平均水平。仅以政府有效性为例，全球平均得分长期保持在50分至51分之间，整个非洲得分超过全球平均水平的国家往往不足10个；2018年仅7个超过全球平均水平，低于10分的国家却多达13个。[2] 因此，尽管非洲国家治理能力不断改善，但提升空间仍很大，尤其是在国际体系转型、全球发展议程升级的背景下。例如，联合国《2030年可持续发展议程》的落实，要求各国改善自身的国内资源动员能力，但对大多数非洲国家而言，无论是提升储蓄率和税收，还是增加资源收入，抑或改善财政收支状况等方面，都有很长的路要走。[3]

基于不充分的法理型权威，更由于非洲传统政治文化的持续性影响，

---

[1] African Capacity Building Foundation, *Africa Capacity Report* 2019: *Fostering Transformative Leadership for Africa's Development*; The African Capacity Building Foundation, Harare, Zimbabwe, 2019, pp. 2 – 3.

[2] 2018年，非洲各国的政府有效性得分超过全球平均水平的国家为：毛里求斯、塞舌尔、南非、博茨瓦纳、佛得角、卢旺达和纳米比亚；得分不足10分的国家包括：赤道几内亚、利比里亚、布隆迪、几内亚比绍、乍得、刚果（金）、苏丹、科摩罗、中非共和国、厄立特里亚、利比亚、索马里和南苏丹。

[3] African Capacity Building Foundation, *Africa Capacity Report* 2015: *Capacity Imperatives for Domestic Resource Mobilization in Africa*; The African Capacity Building Foundation, Harare, Zimbabwe, 2015, p. 5.

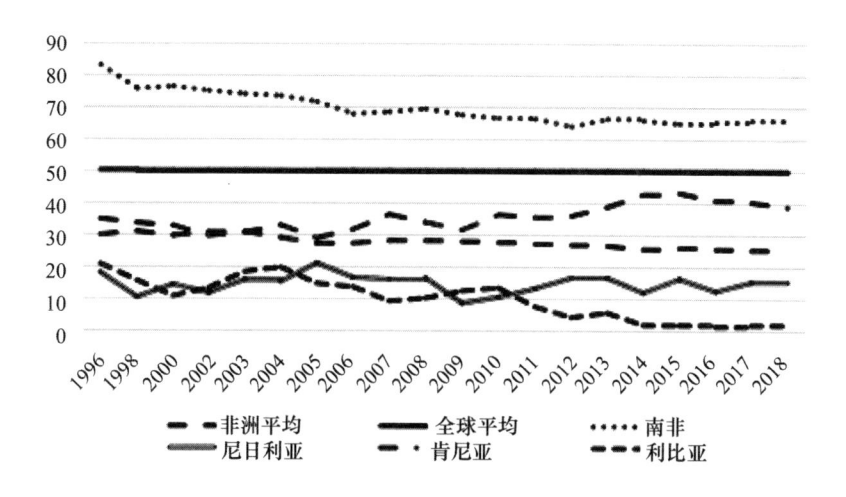

图 3　1996 年至 2018 年非洲主要国家的政府有效性得分

资料来源：根据世界银行全球治理指数（Worldwide Governance Indicator, http://info.worldbank.org/governance/wgi）制作。

非洲国家政治治理出现魅力型权威和传统型权威支撑的现象。但殖民经历很大程度上破坏了非洲传统型权威，因此魅力型权威在非洲政治治理中发挥的作用更为突出，其典型体现可称为"国父政治"或"老人政治"，这是非洲自上而下政府治理的第二大特征。对于从殖民统治中获得解放的非洲国家而言，开国领袖因其领导反殖民主义斗争而获得公众合法性和对其长期统治的尊重。[1] 例如，肯尼亚国父肯雅塔被称作"元老"，加纳国父恩克鲁玛被称作"解放者"，坦桑尼亚国父尼雷尔被称作"导师"。[2] 更重要的是，这些开国领袖大都在前殖民宗主国接受教育，有的甚至在前殖民宗主国的政府部门有过工作经历，因此他们往往不仅为前殖民宗主国所认可，而且对改变自身国家的政治和经济体系抱有很大理想。[3] 正是由于他们能够赢得本国人民的普遍尊重，开国领袖从原来领导民族解放运动转向新生政权长期执政。据统计，非洲各国执政时间超过 40 年的总统（以下

---

[1] Henry Bienen and Van De Walle, "Time and Power in Africa", *American Political Science Review*, Vol. 83, No. 1, 1989, p. 31.

[2] A. B. Assensoh, *African Political Leadership: Jomo Kenyatta, Kwame Nkrumah, and Julius K. Nyerere*, Malabar, FL: Krieger Publishing, 1998, p. 3.

[3] Jo-Ansie Van Wyk, "Political Leaders in Africa: Presidents, Patrons or Profiteers?", *ACCORD Occasional Paper Series*, Vol. 2, No. 1, p. 27; Jean Blondel, *World Leaders: Heads of Government in the Postwar Period*, London: Sage Publications, 1980, p. 232.

均包括在任和卸任）有 2 位，在 30 年至 40 年之间的有 11 位，在 20 年至 30 年之间的更是达到 25 位之多。值得注意的是，非洲民主化进程具有复杂性与长期性，其魅力型权威政治治理特点折射出非洲国家普遍面临的民主政治及现代化进程相伴而出现的社会稳定难题。

大多非洲国家领导人长期执政这一特殊政治安排有其优势，但也面临如何实现持续执政之困境，由此带来"庇护政治"这一政治治理问题。所谓"庇护政治"是指统治者与被统治者之间基于财富、地位或影响力不平等的一种交换方式，前者以资源换取后者的忠诚；前者获得政治支持，而后者则获得物质利益。① 正是庇护者与被庇护者的不平等地位，导致庇护者在决定资源分配给多元的被庇护者时拥有较大的自由裁量权，由此产生了国内分而治之的可能。鉴于非洲国家政治治理很难覆及全国，长期执政的当政者往往利用他们手中的权力，将资源和财富提供给被庇护者，以获取他们的忠诚与支持。因此，基于传统而来的政治庇护便成为众多非洲国家执政者的政治行为，例如一些非洲国家出现选择性税收和不规律重组内阁等情况。纵观非洲独立 60 年来的历史，非洲国家领导人不定期、非规律性地重组内阁情况并不鲜见，以期确保政治精英集团对领导人执政的坚定支持。②

尽管法理型权威、魅力型权威与传统型权威的合理平衡始终是非洲自上而下的政府治理的核心困难，但在过去 60 年里，这一困境正逐渐得到改善。首先，非洲各国均采取了大量举措，如政党国家化、选举代表性、真相与和解委员会等，以推进民族国家建构进程，通过构建国民忠诚和爱国主义来破除传统的部落主义及由此而来的庇护政治与分而治之政治治理方式。其次，现代民主化治理的相关理念正日渐深入，大选带来的安全风险整体趋于减少，"输家政治"现象明显下降。再次，军人干政现象也呈明显下降态势，军民关系普遍朝向更为合理的方向发展。最后，尽管进入 21 世纪以来的"非洲崛起"仍存在明显的不确定性，但的确为非洲各国自上

---

① 有关非洲庇护政治的讨论相当丰富，参见：Abente Brun and Larry Diamond, eds., *Clientelism, Social Policy, and the Quality of Democracy*, Washington, D. C.: Johns Hopkins University Press, 2014; Shmuel Noah Eisenstadt and Renè Lemarchand, *Political Clientelism: Patronage and Development*, London: Sage Publications, 1981; René Lemarchand, "Political Clientelism and Ethnicity in Tropical Africa: Competing Solidarities in Nation-Building", *American Political Science Review*, Vol. 66, No. 1, pp. 68-90 等。

② Nicolas van de Walle, *African Economies and the Politics of Permanent Crisis, 1979-1999*, Cambridge: Cambridge University Press, 2001, p. 105.

而下的政府治理提供了更多可用资源，可有效缓解因资源不足而带来的利益竞争及相应的庇护政治。当然，非洲自上而下的政府治理的困难仍将长期存在，其中不仅有其自身的内在平衡困难，更有来自社会层次及非洲大陆和外部世界的影响。因此，如何看待非洲国家政治治理难题，需将其置于非洲历史发展进程中来考察，从动态发展的视角加以审视。

三、自下而上的草根治理

尽管仍存在明显不足，但非洲各国自上而下的政府治理的确对草根阶层的政治意识觉醒有明显的促进作用。但也正是其明显不足，使得逐渐觉醒的草根阶层更加积极地寻求替代性的政治治理方法，特别是对于曾长期生活在殖民统治下、国家独立后并未及时感知独立红利的非洲各国人民而言，其对政治治理的理解更加个性化，追求政治治理改善的途径也相对有限：他们在传统或新兴权威的组织下，或者干脆无组织地寻求参与政治治理，为非洲政治治理发展带来新的积极因素，但也不乏消极影响。

经过独立后60年的发展，非洲普通公众对多党民主治理的支持已经相对广泛，对独裁、军政府等治理方式都高度拒斥。总体看，非洲各国自上而下的政府治理未能充分满足草根阶层对合法性和政治治理的渴求或心理预期。根据"非洲晴雨表"的连续调查，尽管有超过半数（51%）的非洲人认为其国家是民主国家，但只有43%的人对其国家的民主治理运行状况感到满意。[①] 非洲普通公众对参与政治治理始终有较高积极性，催生了非洲草根阶层参与政治治理的三个途径。

第一，传统治理机制往往是自下而上的草根治理的首选。非洲传统治理机制充满多样性，且随着非洲大陆遭受殖民统治和独立后发展而不断演变。在治理需求难以得到满足的情况下，非洲的草根治理往往首先"回归传统"。如前所述，随着冷战结束后的新一波民主化浪潮席卷非洲，"回归传统"的呼声和努力也明显增强；传统治理机制在地方治理、发展甚至在全国政治生活中的角色逐渐上升，而这又为治理需求与治理供应间的缺口所强化。在许多人看来，将殖民时期被严重破坏的传统治理机制重新纳入

[①] Robert Mattes, "Democracy in Africa: Demand, Supply, and the 'Dissatisfied Democrat'", *Afrobarometer Policy Paper*, No. 54, 2019, p. 13.

国家治理进程，能为非洲国家治理带来重大助益，因其不仅能够带来稳定和发展，还能促进降低政治治理中的交易成本，提高集体行动效率。传统治理机制被认为是表达真正的本土政治诉求的重要载体，有助于推动真正符合非洲各国自身国情的民主化和发展。① 更有人认为，传统治理机制代表着"偏好非暴力方法的共识决策模式"，它与现代的、输入性的强制性国家机构形成鲜明对比。因此，非洲国家应当重新引入双重政治体制，传统治理机制可被赋予现代民主的"看门者"角色，从而为政治家和政府官员提供另一种形式的权力制衡。②

联合国非洲经济委员会在 2007 年的一份报告中强调，应当实现传统与现代治理机制在非洲的整合。该报告指出，尽管国际社会一般将非洲传统治理机制分为去中心化的共识机制和中心化的酋长制两类③，但仍应依据这些机制的历史发展和当前状态进一步去细分。在去中心化的共识机制中，共识可能是基于年龄层次达成的，也可能是基于村庄或亲戚关系而达成的。而中心化的酋长制至少可识别出三种类型，即：权力高度集中的酋长制，如斯威士兰；权力较为集中、制衡有限的酋长制，如尼日利亚努佩族、豪萨族、约鲁巴族及伊加拉族，乌干达巴干达族，南非祖鲁族等；有着明确权力制衡的酋长制，如乌干达巴索加王国、博茨瓦纳茨瓦纳族等。④ 这样，传统治理机制可在现代治理体系中发挥更具"发展主义"的角色，尤其是在民族国家构建、领导人问责、强化公共服务、冲突管理等领域。也正是在反思民主治理与追求草根治理的过程中，一批传统权威、传统治理机制逐渐被纳入非洲民族国家构建、民主化等主流政治进程中，在有的地方甚至成为官方认可的自下而上的治理方式。

第二，非政府组织治理正成为自下而上的草根治理的新宠。以非政府组织为代表的非国家行为体的有组织治理已经成为国际、国内治理中的重要行

---

① Donald I. Ray and E. Adriaan B. van Rouveroy van Nieuwaal, "Introduction: The New Relevance of Traditional Authorities in Africa", *Journal of Legal Pluralism*, Vols. 37 – 38, p. 7.

② Peter Skalník, "Chiefdom: A Universal Political Formation?", *Focaal European Journal of Anthropology*, Vol. 43, No. 3, 2004, pp. 76 – 98.

③ See Asmerom Legesse, *Gada: Three Approaches to the Study of African*, New York: Free Press, 1973; David Jones, "Traditional Authority and State Administration in Botswana", *The Journal of Modern African Studies*, Vol. 21, No. 1, 1983, pp. 133 – 139; David B. Coplan and Tim Quinlan, "A Chief by the People: Nation Versus State in Lesotho", *Journal of the International African Institute*, Vol. 67, No. 1, 1997, pp. 27 – 60.

④ UNECA, "Relevance of African Traditional Institutions of Governance", *Concept Paper*, January 2007, http://repository.uneca.org/bitstream/handle/10855/3086/bib.%2025702_I.pdf?sequence=1.

为体。自殖民时期开始，非洲就有非政府组织存在，但当时更多参与卫生和教育等领域事务，特别是在殖民宗主国所忽视的地区，且具有高度的宗教慈善色彩。①在非洲国家独立后，某种程度上由于自上而下的政府治理不充分，草根阶层的自身能力发展不足，为非政府组织的蓬勃发展和治理参与留下了相当大的空间。冷战结束后，非洲国家的非政府组织数量增长迅猛。例如，仅南非目前就有超过10万个注册的非营利组织；1997年至2006年的10年间，肯尼亚非政府组织的数量增长了400%以上。②而在联合国经社理事会注册过的公民社会组织中，非洲多达6856家，在各地区中高居榜首。③

尽管非政府组织数量增长迅猛，但围绕非政府组织治理对非洲政治治理的影响问题仍有着激烈的争议。由于非洲的特殊发展史，非政府组织往往声称自身至少发挥了两大作用，一是有助于改善由于政府治理不当、腐败等导致的社会不公现象，二是充当传统援助国对非援助的载体而促进当地发展。但这恰好也是非政府组织参与国家治理中广受批评的两个方面：一则，非政府组织并未如其所声称的那样，有效改善非洲国家的治理状况，特别是它与政府的关系始终处于相互猜疑甚至冲突之中；另则，这些非政府组织由于大多由西方支持并提供主要财力，它们往往被认为更多服务于援助国而非维护当地的利益。④客观来看，非洲的非政府组织的参与对非洲政治治理总体上仍是积极的，尽管也必须对其消极影响保持警惕。非洲的非政府组织主要通过以下方式发挥其独特作用：在发展领域，主要是发挥积极影响的发展促进者，也有较少从事发展实践而只充当援助国"二传手"的发展掮客；在安全领域，主要是发挥积极影响的危机管理者，还有一些对政府持怀疑态度甚或与政府对立的麻烦制造者。从数量结构看，发展促进者是四类非政府组织中最多的，其次是发展掮客，再次是麻烦制造者，最后才是危机管理者。

第三，个人化治理正成为普通公众参与政治治理的重要手段。在前两类有组织的草根治理方式之外，大量的普通公众由于缺乏有效的政治参与渠

---

① Firoze Manji and Carl O'Coill, "The Missionary Position: NGO's and Development in Africa", *International Affairs*, Vol. 78, No. 3, 2012, pp. 567-583.

② Sally Matthews, "Are NGOs in Africa a Force for Good?", *Democracy in Africa*, May 6, 2019, http://democracyinafrica.org/ngos-in-africa.

③ "Integrated Civil Society Organizations System", NGO Branch, UNDESA, https://esango.un.org/civilsociety/login.do.

④ Sally Matthews, "Are NGOs in Africa a Force for Good?", *Democracy in Africa*, May 6, 2019, http://democracyinafrica.org/ngos-in-africa.

道，其影响治理的方式更多是无组织、非系统的个人化治理，最为明显地体现为他们通过非系统性的努力表达自身对现状不满的各类游行、示威。据"武装冲突地点与事件数据项目"的统计数据显示，1997年至2018年间，明显直接由草根阶层发起的无组织、无派系的影响治理的活动——其所称的暴动和抗议①活动数量有了明显增长，且在5类暴力总量中所占比重上升相当快速。例如，1997年，非洲大陆暴动和抗议两类活动仅占所有政治暴力行为总量的14.2%；2010年底北非政动荡对个人化治理有着重要的刺激作用，当年暴动和抗议所占比重从2010年的25%增到42.5%，创下迄今为止的最高纪录；2018年，这两类活动所占比重回落到35%，也是1997年的2倍多。换句话说，在自上而下的政府治理无法满足草根阶层的治理需求，同时传统和现代的草根治理方式也难以获得时，广大的普通公众就采用暴力或非暴力的个人"抗争政治"行为，旨在影响与其命运息息相关的政治治理。

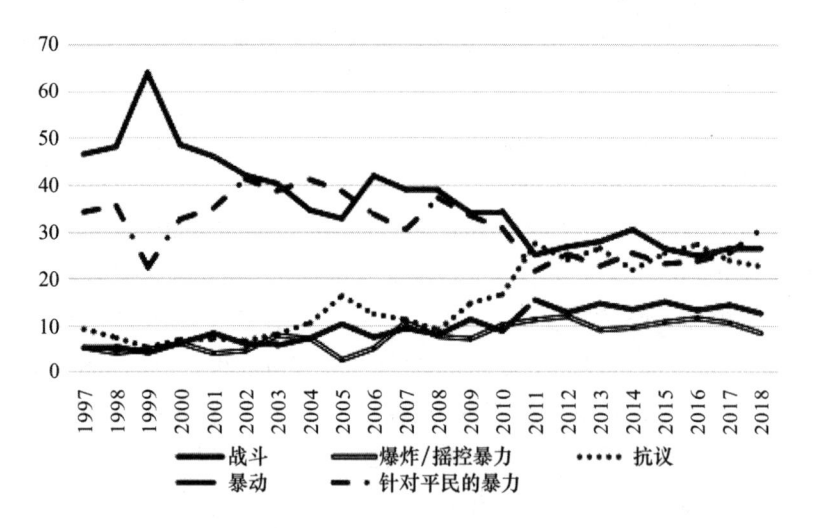

图4　1997年至2018年非洲的政治暴力结构（单位:%）

资料来源：根据"武装冲突地点与事件数据项目"（https://www.acleddata.com/data/）数据自制。

---

① 根据"武装冲突地点与事件数据项目"的分类，共有5种冲突或暴力事件：战斗，指至少两个武装团体间的暴力冲突；爆炸/摇控暴力，指在冲突中使用爆炸物或爆炸装置；针对平民的暴力，指对非武装的平民的暴力攻击；暴动，往往是由无组织、无派系的社会成员自发的暴力示威；抗议，往往是由社会成员的无组织性非暴力示威。ACLED,"ACLED Definitions of Political Violence and Protest", https://www.acleddata.com/resources/general-guides.

对民族国家构建尚未完成的多数非洲国家而言，草根阶层推动的传统治理机制的回归、非政府组织治理的崛起及个人化治理的发展，意味着非洲自下而上的政治治理本身的积极发展。与此同时，自下而上的草根治理也能"倒逼"非洲各国自上而下地优化政府治理。但我们也应看到，由于草根阶层普遍受教育程度、政治觉悟等不高，因此也存在被外部力量特别是前殖民宗主国及其他别有用心的西方大国利用的风险。

四、悬浮的地区治理

如果说非洲各国的自上而下与自下而上两个方向的治理努力某种程度上配合不力的话，那么来自非洲地区或次地区层次的治理努力对非洲各国的政治治理既有促进作用，同时不乏干扰性影响。在很大程度上，由于非洲大多数国家国力较小、政治治理能力有待提高，因此它们团结起来或许更能促进自身治理能力的提升，缓解外部对自身治理的干涉。在独立后的60年里，非洲地区和次地区组织持续参与治理并付出相当努力，但其效果总是差强人意。究其核心，很大程度上在于非洲地区或次地区的治理努力更多是"悬浮"性的，它未能真正深入非洲各国的治理机制与治理努力之中，更难言对草根层次治理努力的影响。随着非盟成立特别是非盟《2063年议程》的制定和实施，悬浮性的地区治理努力正通过各种方式逐渐向下渗透。

第一，非洲地区治理的悬浮性首先体现为地区治理主导权的竞争。整合非洲自身力量、提升自身治理能力，是非洲人民一贯的理念，集中体现在争取民族独立时期所提出的泛非主义思想。但在强调力量整合的泛非主义思想与强调主权独立的民族国家理念之间，始终存在分歧，并由此导致了地区治理的竞争及其难以真正落实的情况。

围绕地区治理的第一轮竞争实际上体现为激进与渐进的非洲统一争论上，即卡萨布兰卡集团与蒙罗维亚集团之间的对立。以恩克鲁玛为代表的卡萨布兰卡集团试图以各殖民地的独立为基础直接推动非洲统一，并认为建立单一的主权国家是对这一理想的背叛。但以尼雷尔为代表的主张渐进主义的蒙罗维亚集团则认为国家建设是迈向统一的必要步骤。[1] 最终于1963年成立的非洲统一组织（简称非统）事实上反映了两大集团的脆弱妥协。正如一位学者所指出的，非统成了国家权利的保护者，而其代价恰恰是非洲统一的目标。[2]

随着冷战结束，非洲争取政治独立的使命趋于尾声，而发展问题变得更为重要，有关非洲地区治理的争论再次凸显。在这一过程中，非洲大陆出现三个宏大的地区治理计划，分别为利比亚、尼日利亚和南非所主导。其结果是，在以卡扎菲为代表的"新卡萨布兰卡集团"和由奥巴桑乔、姆贝基代表的"新蒙罗维亚集团"之间展开博弈与协调，最终铺平了创建非盟的道路。尽管非盟对非洲大陆统一的承诺相当含糊和宽泛，但其官方宣言和条约仍可被解释为朝向联邦的发展。非盟2006年《迈向非洲合众国的非洲联盟政府》报告明确了渐进主义的主导，并预设了非洲统一的三步走方案。[3]

需要指出的是，尽管上述两轮论争结果都是渐进主义思想占优势，但它们更多是由非洲地区大国主导的。随着利比亚卡扎菲政权被推翻，而南非和尼日利亚对地区治理的政策渐趋现实，非洲地区治理的主导权正逐渐从大国转向中小国家，体现为2017年《卡加梅报告》启动的非盟改革进程。《卡加梅报告》是由卢旺达总统卡加梅所递交的，提出了19项非盟改革举措（后来增加为21项），覆盖六大领域，即聚焦优先领域、明确非盟机构间分工、提升非盟委员会效率、强化现有强制机制、改善非盟峰会后的决策与决议执行以及提升非盟内部地区与性别的平等代表权。[4] 尽管这一轮努力标志着非洲地区治理的重要进展，但随着南非、尼日利亚等大国再次发表出不同意见，以中小国家推动的地区治理努力到底能够走多远，仍有待进一步观察。[5]

---

[1] Julius K. Nyerere, "A United States of Africa", *Journal of Modern African Studies*, 1963, Vol. 1, No. 1, p. 4.

[2] U. O. Umozurike, "The Domestic Jurisdiction Clause in the OAU Charter", *African Affairs*, 1977, Vol. 78, No. 311, pp. 197 – 209.

[3] African Union, *An African Union Government towards the United States of Africa*, June 2006, http: //www. africa – union. org/Doc/study_on_AUGovernment_june2006. pdf.

[4] Paul Kagame, *The Imperative to Strengthen our Union: Report on the Proposed Recommendations for the Institutional Reform of the African Union*, African Union, Assembly/AU/Dec. 606 (XXVII), January 29, 2017.

[5] Yarik Turianskyi and Steven Gruzd, "The 'Kagame Reforms' of the AU: Will They Stick?", *SAIIA Occasional Paper*, No. 299, July 2019.

第二，非洲地区治理的悬浮性也体现为重叠与竞争的地区主义。独立60年来，非洲地区治理或更具体的地区一体化努力的最鲜明特征是地区治理机制的重叠与竞争。迄今为止，非洲已经有大量地区、次地区和跨国性组织，但得到联合国非经委承认的地区经济共同体仅有8个。几乎每个得到联合国非经委承认的地区经济共同体都有与其地理覆盖范围、功能、成员等大致相当的竞争对手，如与西非国家经济共同体相对应的西非经济与货币联盟、与中部非洲国家经济共同体相对应的中部非洲经济与货币共同体、与南部非洲发展共同体相对应的南部非洲关税同盟等。

从各国参与非洲地区治理的角度看，非洲国家普遍同时参与多个地区经济共同体。据统计，在除南苏丹之外的53个非洲国家中，仅有6个国家只参加了1个地区经济共同体，有26个国家同时是2个地区经济共同体的成员，20个国家同时参加3个地区经济共同体，刚果（金）甚至同时参加了4个地区经济共同体。[1] 由此导致的一个奇特现象是，不少地区经济共同体的成员相互重叠，如东非共同体的成员几乎全是东南非共同市场的成员，南部非洲关税同盟的所有成员也都是南部非洲发展共同体的成员，西非经济与货币联盟的所有成员都是西非国家经济共同体的成员。非洲国家对重叠和竞争的地区治理努力争论相当激烈，尽管这可能是弱国最大化地从地区治理获益并分散风险的重要手段。[2] 非洲领导人对那些强调主权、帮助确保领导人安全且不求回报的地区合作相当热衷，但这"不应被理解为地区合作的失败"。[3]

重叠和竞争的地区治理机制很大程度上使非洲地区治理无法真正深入。根据联合国非经委的评估，8个被承认的地区经济共同体在地区一体化方面的平均得分为0.47分（指标为0分至1分），意味着非洲地区一体化的水平仍相对较低。[4] 为降低重叠与竞争、提升地区一体化水平，非盟《2063年议程》提出建构非洲大陆自贸区的构想。[5] 随着非洲大陆自贸区建设于2019年7月正式启动，非洲地区治理的"悬浮"状态可能得到较

---

[1] UNECA, *Assessing Regional Integration in Africa*, 2004, pp. 39 - 40.

[2] UNECA, *Assessing Regional Integration in Africa*, 2004, p. 41.

[3] Jeffrey Herbst, "Crafting Regional Cooperation in Africa", in Amitav Acharya and Alastair Johnston, eds., *Crafting Cooperation: Regional International Institutions in Comparative Perspective*, Oxford: Oxford University Press, 2007, p. 144.

[4] UNECA, *Africa Regional Integration Index Report 2016*, pp. 14 - 16.

[5] 有关非洲大陆自贸区的概念方法的讨论，参见 UNECA, *Assessing Regional Integration in Africa VIII*, 2017, Chap. 3, pp. 51 - 59。

明显改善，由此推动非洲整个政治治理的改善。

第三，非洲地区治理的悬浮性还体现为安全治理的效果不彰。在安全合作方面，很大程度上效仿欧洲的辅助分工体系，非洲大陆建构了全球（联合国）、地区（非盟）与次地区（各地区经济共同体）的分工合作，特别是非洲国家于2008年签署了非盟与地区共同体在和平安全方面的合作备忘录。尽管如此，非洲和平安全架构仍设计不佳、目的不明；非洲有大量原则性和规范性的协议，但在实践中则存在重大偏差，特别是在尊重基本人权和自由、及时的冲突预防、尊重民主规范、法制等方面。① 的确，尽管非盟已明确从非统时期的不干涉内政原则转向支持在"战争罪、种族屠杀、反人类罪及对合法秩序的严重威胁"等情况下有权干涉，但围绕安全问题的地区治理存在三个错配，即目标—手段错配、意愿—能力错配及需求—支持错配。②

由于上述错配，非洲的地区安全治理很多时候难有明显成效，特别是面临来自外部和内部两个方向的压力时。进入21世纪第二个十年后，越来越多的次地区组织在实施跨国行动时，对非盟和平安全治理努力构成了挑战。例如，在南苏丹和平问题上，尽管自2013年爆发的南苏丹内战的调解始终难有明显成效，但伊加特并不愿意将调解主导权移交非盟。③ 又如，随着"博科圣地"的兴起，1994年创建的"多边联合安全力量"于2012年被授权打击"博科圣地"，并于2014年更名为"打击'博科圣地'多国联合部队"，2016年正式开始军事行动。④ 再如，随着萨赫勒地区不安全因素增加，萨赫勒五国联盟于2014年创建，并设有联合部队，且于2017年开始军事行动。"打击'博科圣地'多国联合部队"和萨赫勒五国联盟开展的行动，事实上为非盟和平安全架构的发展增添了变数：一方面，这

---

① African Capacity Building Foundation, *Assessment of Internal and External Risks Associated with the Implementation of the African Union's Agenda 2063*; The African Capacity Building Foundation, Harare, Zimbabwe, 2015, p. 5.

② 相关讨论参见张春：《非洲安全治理困境与中非和平安全合作》，《阿拉伯世界研究》2017年第5期，第102—117页。

③ 张春：《伊加特与非洲之角的安全治理》，《西亚非洲》2016年第4期，第85—86页。

④ Fumnanya Agbugah－Ezeana, "Challenges before the Multinational Joint Task Force", *The Nerve Africa*, March 12, 2018, https：//thenerveafrica.com/15452/challenges－before－the－multinational－joint－task－force/.

可能导致明显的安全行动不畅[1]；另一方面，这可能与迟缓的非洲常备军建设形成竞争。

第四，导致非洲地区治理"悬浮"的一个重要原因是可用资源严重不足。资金短缺是长期困扰非洲地区和国家治理的核心难题，无论是安全治理还是发展问题均如此。例如，前述萨赫勒五国联合部队第一年的运转费用大约为5亿美元，但事实上只有1/3得到保障：萨赫勒五国只能提供5000万美元，而欧盟承诺提供7000万美元，美国承诺提供6000万美元。[2]尽管国际社会此后承诺提供更多援助，但特朗普领导下的美国政府表示强烈反对。又如，在发展领域，非洲面临更大的资金缺口，仅基础设施建设一项，到2020年非洲的优先建设项目就需要680亿美元，到2040年总计约需要3000亿美元。[3]

为更大程度地实现自身的财政自主性、更为有力地推进地区治理，非盟于2016年推出"基加利融资决定"，其核心是要求每个成员国每年将所有进口税收的0.2%缴纳给非盟，以支持非盟的日常运转、项目推进和安全支持行动。[4]自2017年开始实施至2018年底，该决定的落实情况并不乐观，仅有16个成员开始征收0.2%的新增进口税，其中又只有60%真正缴纳给非盟；有9个国家启动了立法和行政准备，另有近30个成员尚未启动这一努力，其中部分国家甚至尚未承诺将会采取行动。[5]因此，尽管这一努力有可能缓解非洲地区治理面临的财政困难，但其前景仍不得而知。例如，2019年非盟成员国缴纳费用占总预算的66%，外部支持降至34%；但与2018年相比，2019年非盟预算总额下降了12%，因此这一财政自主

---

[1] Signe M. Cold-Ravnkilde, "Providing Security in the Sahel: A 'Traffic Jam' of Military Interventions", *ISIP Commentary*, September 9, 2019, https://www.ispionline.it/en/pubblicazione/providing-security-sahel-traffic-jam-military-interventions-23852.

[2] Jennifer G. Cook, "Understanding the G5 Sahel Joint Force: Fighting Terror, Building Regional Security?", *CSIS Commentary*, November 15, 2017, https://www.csis.org/analysis/understanding-g5-sahel-joint-force-fighting-terror-building-regional-security.

[3] African Capacity Building Foundation, *Assessment of Internal and External Risks Associated with the Implementation of the African Union's Agenda 2063*; The African Capacity Building Foundation, Harare, Zimbabwe, 2015, p. 5.

[4] African Union, *Decision on the Outcome of the Retreat of the Assembly of the African Union*, Assembly/AU/Dec. 605 (XXVII), 27th Ordinary Session, July 17-18, 2016, Kigali, Rwanda.

[5] Philomena Apiko and Luckystar Miyandazi, "Self-financing the African Union: One Levy, Multiple Reforms", *ECDPM Discussion Paper*, No. 258, September 2019, p. 1.

性的提升的象征意义明显大于实质意义。①

五、强加的外部治理

尽管相当一部分非洲国家已走过60年独立发展之路，但它们的政治治理无时无刻不受外部影响，既有殖民时期的历史遗产，也有体系强国的现实压力。总体而言，决定非洲政治治理成效的因素，不仅有其内部自上而下的政府治理和自下而上的草根治理，也有外部的悬浮的地区治理，更有基于殖民历史和体系现实的外部治理。尽管以和平、安全、发展等为名，但这些外部治理努力主要是前殖民宗主国和美国等西方国家强加于非洲的，且对非洲的政治治理努力产生了扭曲性影响。当然，随着时代的发展，西方国家在强加治理努力于非洲身上时，其包装远较殖民时期更为精致，其手段也远比殖民时期更加隐蔽。具体而言，强加的外部治理主要表现为三种方式，即对抗性治理、安全化治理和嫁祸式治理。

第一，延续殖民时期分而治之的做法，西方继续通过对抗性治理影响非洲政治治理。一方面，由于自身人力资源欠缺，另一方面则由于当地的强烈抵制，对抗性治理成为殖民宗主国的惯用手段。无论是在殖民时期还是在独立时期，对抗性治理的一个重要特征是族群政治的对抗性动员，其核心是族群身份的政治化。尽管早在前殖民时期，族群便已存在于整个非洲大陆，但它根本上是种文化身份，即基于共享的文化、历史、语言、宗教、规范与价值观的身份。但随着殖民宗主国将民族国家的理念强加于非洲身上，一种"双重身份"得以出现：一方面，每个人都是其族群的成员，进而有参与并履行对集体的义务；另一方面，每个人又都是现代国家的个体性公民，而这又植根于地位和权利的自由主义或个人主义观念而非义务。② 由此而来的是，独立后的非洲各国往往陷于族群身份与公民身份的对立，因为"以自治个体为假设的自由主义和少数服从多数的制度，根

---

① African Union, "'This Is a Watershed Moment for Africa': Deputy Chairperson Shares Insights on the Ongoing Financial Reforms of the Union", November 12, 2018, https://au.int/en/pressreleases/20181112/watershed-moment-africa-deputy-chairperson-shares-insights-ongoing-financial.

② Lahra Smith, "Voting for an Ethnic Identity: Procedural and Institutional Responses to Ethnic Conflict in Ethiopia", *Journal of Modern Africa Studies*, Vol. 45, No. 4, 2007, pp. 565-594.

本上与个人履行对次国家社区的共和性义务的现实是矛盾的"①。这样,通过外部强加的西式治理特别是当政治权威和法律强化了族群性的身份,并在其中搞歧视,那么族群就会演变为一种法律和政治的身份。作为文化身份的族群是共识性的,但当其成为政治身份,它就需要通过法律和行政机构来加以执行。这些机制在族群团体间寻找差异,在那些被认为是土著与非土著之间寻找差异,前者被赋予获得被认为是"传统"或"习惯"的权利,如使用土地的权利,而后者则没有。② 族群身份政治化的严重后果直到今天仍清晰可见,卢旺达1994年种族大屠杀、肯尼亚2007年选后动乱、埃塞俄比亚当前的族群政治都是典型。

如果说族群身份政治化更多是延续殖民统治时期的策略,那么西方国家在对非援助中的分而治之或对抗性治理也相当明显。一方面,西方国家主要通过经合组织发展援助委员会(简称经合组织发援会)向非洲国家提供了大量援助;但另一方面,以援助有效性等为借口,西方国家也同时向大量非政府组织提供援助,以促进非洲和平、安全与发展。为强化对抗性治理,西方国家更多是动员自身国内的非政府组织和其他国际非政府组织到非洲国家参与政治治理。如图5所示,援助国通过本国非政府组织给予非洲的援助金额,始终占经合组织发援会成员国给予在非洲活动的非政府组织援助金额的60%以上。2017年,经合组织发援会成员为非洲的非政府组织共提供了21.9亿美元的援助,其中通过本国非政府组织为非洲提供的援助达17亿美元。③ 这些援助很大程度上为非洲自下而上的草根治理中的非政府组织治理提供了资源,并动员了其政治参与热情。由此,西方援助国通常采用具有道德内涵的口号,但对非洲国家/非政府组织、外部非政府组织/非洲当地非政府组织的平行但不平等的援助策略,产生的更多后果不是援助有效性或发展有效性,而是产生了分而治之或对抗的有效性。

第二,通过安全化治理使非洲陷入欠发达与欠安全的恶性循环,确保"西式民主治理"得以强加。一个非常简单的客观事实是:在非洲国家独立后的十年里,非洲经济发展相对快速,不少非洲国家的情况甚至远远好于中国;但在半个多世纪后,中国与非洲国家的发展态势发生逆转,中国

---

① Georges Nzongola-Ntalaja, "Citizenship, Political Violence, and Democratization in Africa", *Global Governance*, Vol. 10, No. 4, 2004, pp. 403–409.

② Mahmood Mamdani, "Making Sense of Political Violence in Post-Colonial Africa", *Identity, Culture and Politics*, Vol. 3, No. 2, 2002, pp. 1–24.

③ OECD, *Aid for Civil Society Organisations: Statistics Based on DAC Members' Reporting to the Creditor Reporting System Database (CRS)*, 2016–2017, Paris: OECD-DAC, January 2019, pp. 4–5.

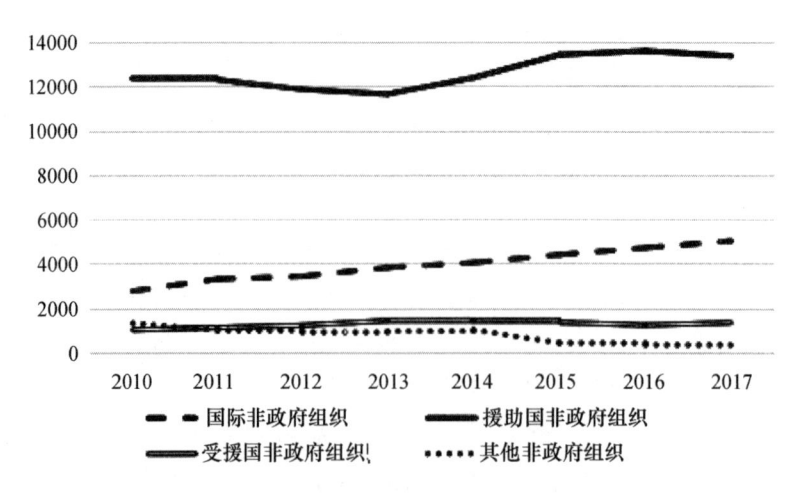

图5 2010年至2017年经合组织发援会援助非政府组织的类型分布（单位：百万美元）

资料来源：根据经合组织相关资料自制。OECD, *Aid for Civil Society Organisations: Statistics Based on DAC Members' Reporting to the Creditor Reporting System Database (CRS)*, 2016-2017, Paris: OECD-DAC, January 2019, pp. 6-7.

的发展速度与成效已远远领先于非洲国家。[①] 什么原因导致这一历史性的"大逆转"？其根本原因或许在于非洲国家更多采纳的是西方国家提出的安全化治理方案，而中国则在改革开放后及时从革命性或安全化治理转向了发展化治理。但正是安全化治理，可为西方国家提供影响甚或误导非洲政治治理的重要手段，从而出现了非洲国家的长期欠发达、欠安全态势。

需要指出的是，西方国家给出的安全化治理方案之所以能够为非洲国家所接受，很大程度上与非洲大陆自独立以来特别是冷战结束之后的长期持续且严峻的安全挑战有关：首先是冷战结束后头十年里，由于结构性压力消失而释放的各类矛盾迅速使非洲陷入混乱状态，尽管此后十年左右由于美国的"全球反恐战争"而逐渐缓解，但进入21世纪第二个十年后由于西亚北非局势动荡而触发的公民政治觉醒及此后迅速上升的非结构性暴力，使非洲大陆同期持续的经济增长也难以彻底扭转非洲各国的政治治理思维。恰好相反，随着经济增长而来的可支配资源增加，更强化了不少非洲国家的安全化治理逻辑。而西方的民主化、安全化治理逻辑更是强化了这一倾向，因为发展需要安全的环境，而安全的环境则需要民主的治理或更具道德意义的所谓"良治"。正是在这一安全化治理思想的影响下，非洲国家更多采纳

[①] 张春：《非洲可以借鉴中国的治国理政经验》，《现代国际关系》2018年第8期，第5页。

的是西方的"自由和平"理念,而非中国的"发展和平"理念。①

第三,嫁祸式治理是转移对强加的外部治理的关注的重要手法。如前所述,通过在非洲推行对抗性治理和安全化治理,西方很大程度上使非洲处于一种"欠发达"和"欠安全"的状态。但无论从道德还是权势的角度,西方国家都不能让非洲及其他国家理解这一逻辑,因此必须将非洲的欠发达与欠安全归因于西方之外的其他原因,这便是嫁祸式治理的由来。西方的嫁祸式治理包括两大战略。

一是嫁祸于非洲自身。在非洲独立后的相当长时期,能够对非洲政治治理产生影响的外部行为体——如果不将非洲自身的地区和次地区力量考虑在内,就只有西方强国。因此,非洲的欠发达与欠安全的可嫁祸对象也就只有非洲自身。从欠发达的角度看,西方国家特别是美国在冷战结束后"马歇尔计划"大获成功的背景下,在全球范围内特别是非洲大力推行发展援助,但其效果始终不够理想。为寻找根源,西方一开始归罪于非洲欠缺发展资源,此后逐渐拓展为非洲欠缺相应环境特别是制度环境、治理环境等,随之而来的是诸如《经济结构调整计划》、政治与社会附加条件及至当前"数据革命"甚至"问责革命"等,因应"非洲根源"的解决办法,并发展出进一步衡量的援助有效性、发展有效性等举措。② 从欠安全的角度看,西方往往指责非洲在独立后没有建立完善的民主制度并实现民主治理;与之相反,非洲民族国家构建从一开始就是国家推动的,往往依赖自上而下的方法,导致了相当深远的集权效应。随着时间推移,有些国家采取单一方法,有时基于狭隘的族群基础,一套庇护网络得以建立并将其他团体及其精英联系起来。③ 正是通过嫁祸式归因,西方国家可正当地进一步强化既有的对抗性治理和安全化治理,诸如由非政府组织施以援助、鼓动非国家行为体参与治理等也日益理所当然。

二是嫁祸于新兴大国特别是中国。随着新兴大国在冷战结束后特别是

---

① 有关"自由和平"与"发展和平"的讨论,参见何银:《发展和平:联合国维和建和中的中国方案》,《国际政治研究》2017年第4期,第12—34页;Zhang Chun, "Emerging Alternative? China's Developmental Peace Approach in South Sudan", in Christof Harmann and Nele Neossell, eds., China's New Role in African Politics: From Non-Intervention towards Stabilization?, London and New York: Routledge, 2019, pp. 148–163。

② 有关西方对非援助的归因逻辑、应对举措和衡量方法等讨论,参见潘亚玲:《中国特色对外援助理论建构初探》,《当代亚太》2013年第5期,第102—104页;张春:《新型全球发展伙伴关系研究》,上海人民出版社2019年版,第44—60页。

③ Catherine Boone, "Property and Constitutional Order: Land Tenure Reform and the Future of the African State", African Affairs, Vol. 106, 2007, pp. 557–586.

2008年全球金融危机之后的快速崛起，西方国家有了非洲之外的替代性嫁祸对象。从欠发达的角度看，西方国家指责新兴大国一方面正在"破坏"西方既有的援助努力，另一方面没有恰当地"贡献"国际公共产品。从欠安全的角度看，西方国家则指责新兴大国在"破坏"西方既有的"良治"努力的同时，推行替代性的模式如"北京共识"，从而试图动摇既有的自由主义国际秩序。需要指出的是，西方的嫁祸对象很大程度上聚焦于中国[1]，尽管其他新兴大国如印度、巴西、土耳其甚至韩国、俄罗斯等与中国的政策方法有着高度的相似性。例如，特朗普政府的首份美国《国家安全战略》报告就声称，"中国正在非洲拓展经济与军事存在，从20年前非洲的小型投资者发展成为今天非洲最大的贸易伙伴。通过'贿赂'非洲精英、'控制'采掘业、使非洲国家'陷于'不可持续的债务等手段，'动摇'了非洲的长期发展"。[2] 这些不实言论并非事实，却体现了一些西方大国的嫁祸式治理思维。

结语

非洲国家独立60年来政治治理方式的左右摇摆及其振幅变化，充分说明非洲政治治理已取得重大进展。但无论与其他地区相比，还是与非洲自身经济发展相比，非洲政治治理的成效均存在诸多问题。总结非洲政治治理的发展史，可初步识别四个基本特征：一是继承性治理与西式民主化治理时期更多由外部力量主导，而本土化治理和自主性治理时期则更多为内部力量主导；二是经过殖民时期和后殖民时期的发展，西式政治治理理念、机制和模式早已渗透到非洲内部治理结构，不仅在自上而下的政府治理中有大量的统治精英盟友，而且在自下而上的草根治理中也有大量拥趸；三是本土、传统的治理理念也不只是在自上而下的政府治理层次存在，它同样在草根层次中有深厚基础，更难能可贵的是，地区层次始终在做重大努力推进；四是非洲政治治理的演进很大程度上取决上述四大因素、两大理念在不同背景下的竞合结果，进而在本土化/自主性与西化/继承性之间做钟摆运动，但其振幅有缩小趋势，进而推动非洲政治治理模式

---

[1] 相关讨论参见张春：《中非关系国际贡献论》，上海人民出版社2013年版，第16—25页。
[2] The White House, *National Security Strategy of the United States of America*, December 2017, p. 52.

的融合性发展。

展望未来，两大新兴力量或要素正推动非洲政治治理朝向融合式创新方向快速发展：一是非洲整体自主性上升，这不仅与21世纪初以来的"非洲崛起"密切相关，更与非洲在反思基础上对自身未来发展的宏伟规划即非盟《2063年议程》密切相关，还与全球性发展努力即联合国《2030年可持续发展议程》对各国政治意识的强化密切相关，它将为非洲平衡上述因素提供新的思维甚或思辨性哲学思考。二是新兴大国群体性崛起，这既标志着全球性的权势转移进入新阶段，也意味着人类发展的替代性道路的出现并走向成熟，将为非洲平衡上述因素提供新的助力。可以预期的是，在非洲整体自主性上升、新兴大国群体性崛起的干预下，非洲政治治理有望进入一个良性循环：其一，自上而下的政府治理将有机会获得更大的治理自主性——得益于非洲整体自主性上升，以及更多的治理资源——得益于新兴大国群体性崛起，不仅有助于提升其治理能力，也有助于改善其治理表现；其二，非洲各国自上而下的政府治理的改善，会赢得更多的自下而上的草根治理的配合，从而促进非洲政治治理的国内要素或资源的更好配置；其三，非洲各国政治治理的内部配合的改善，也有利于以非洲整体自主性为基础的地区治理更加深入，从而进一步夯实非洲政治治理的自主性；其四，非洲政治治理的改善有利于其抵制外部特别是西方强加的治理理念、模式和实践；其五，新兴大国的群体性崛起及其与非洲关系的发展，可为非洲治理自主性的提升创造有利条件，而新兴大国对非洲的帮助也可倒逼西方大国改变其影响非洲政治治理的理念、模式和实践，并形成一种有益于非洲政治治理发展的外部良性竞争。如果这一良性循环得以形成，非洲政治治理将走出此前60年所经历的徘徊与摇摆，突破"永远的十字路口"，而真正确立适合非洲的政治治理道路。

需要看到的是，非洲政治治理未来的发展道路仍将是曲折的。其中尤其重要的是，非洲整体自主性上升和新兴大国群体性崛起这两大因素，如何帮助非洲打破既有的循环从而实现非洲政治治理的突破性发展，可能是一个相当复杂和长期的过程，需要非洲在新兴大国的帮助下精心管理，特别应对这一过程中的风险、威胁和危机加以有效管控。同时，这一过程也要求学术研究更为透彻地理解非洲政治治理的历史轨迹，尤其是上述四大因素的历史性互动模式与规律，并深入研究非洲整体自主性上升和新兴大国群体性崛起这两大因素的介入或干预如何改变既有互动模式与规律，并建构创新性互动模式与规律。

美国对非洲安全援助的演变与前景*

美国自二战后就开始为其盟国和伙伴国提供安全援助，以实现一系列的国家安全利益。随着国际形势发展，美国对安全援助的依赖程度不断上升。① 特朗普政府的第一份国防战略《2018年国防战略》强调，美国将从三个方面进一步强化与盟国和伙伴国的网络建设，即夯实相互尊重、责任、优先和问责的基础；拓展地区咨询机制和协调规划，强化地区联盟和安全合作；深化互通性。② 安全援助事实上已成为美国对外军事和防务合作的第二大支柱。在美国安全援助中，非洲因其特有的战略地位、脆弱性和不稳定性而具有重要地位。美国对非安全援助的演变与美国整体的安全援助大体一致，但也有其独特性，即冷战时期更多服务于美苏两极对抗的大战略要求，冷战结束后随之而来的更大行动自由使美国对非军事援助更多成了"麻烦制造者"，并让美国"好天气朋友"的名声留传下来：美国只会在符合其国家利益时才采取行动，但往往会惹出麻烦；一旦惹出麻烦，美国人转身就走，等事态好转了才又回来。③ 不仅如此，更大行动自由也导致美国国内在安全援助中的部门冲突，对其对非安全援助的实施也产生了重大不利影响。特朗普政府上台后，基于"美国优先"而要求对非安全援助更加注重国防贸易和投资回报，从长期看并不利于其对非安全援助的发展。鉴于出现的各类问题，美国内部正围绕对非安全援助的绩效管理提出各种改进措施，可能推进对非安全援助乃至整个美国安全援助的系

---

* 张春，云南大学非洲研究中心研究员。本文原载于《云大地区研究》2020年第1期。

① Joseph Votel, Eero R. Keravuori, "The By, With, and Through Operational Approach", *Joint Forces Quarterly*, No. 89, April 2018, pp. 40–41.

② U. S. The Department of Defense, *Summary of the 2018 National Defense Strategy of The United States of America：Sharpening the American Military's Competitive Edge*, January 2018, https：//www.defense.gov/Portals/1/Documents/pubs/2018 – National – Defense – Strategy – Summary.pdf.

③ Bello Olusayo, "Here's What America's Next President Needs to Know About Africa", *National Interest*, October 31, 2016, https：//nationalinterest.org/feature/what – americas – next – president – needs – know – about – africa – 17739.

统性改革。

一、美国安全援助的演变

随着全球化的深入发展，各国国家安全的相互关联日益凸显，这对在二战后充当"世界警察"的美国来说尤其重要，因为其他治理不良之地的挑战可能变异并外溢，甚至蔓延至美国本土。[1] 正是基于其国家安全可通过为其他国家提供安全帮助而得到加强的理念，美国自二战结束以来一直为其盟国和伙伴国提供装备、训练、财政援助及其他国防服务，即所谓"安全援助"。美国安全援助的发展主要经历了冷战和后冷战两个时期。这两个时期的重大差异很大程度上倒逼着美国安全援助的概念更新。

（一）美国"安全援助"的意涵

事实上，在2013年4月奥巴马总统发布第23号总统政策指令并提出用"安全部门援助"指代美国与外国军队及其他安全机构的合作前，[2] 这一类活动的称谓往往有两个，即安全援助和安全合作。安全援助指美国向外国提供武器及其他国防物资、军事训练、防务机构建设及其他与国防相关的服务项目。根据美国1961年《对外援助法》，国务院拥有包括安全援助在内的所有对外援助项目的全面管辖权，其中有不少项目由国防部具体执行。安全合作是指国防部与外国军队和防务机构的所有互动，以建立可促进美国安全利益、发展盟军和友好军队的自卫和联合作战能力，包括联合转型、改善信息交换、情报共享以统一安全挑战认知，并为美军提供平时和有突发事件发生时进入和通过的基础设施。[3]

为进一步统一协调主要由国务院和国防部实施的对外安全合作，奥巴马政府提出"安全部门援助"概念，以整合此前某种程度上因部门割裂而来的安全援助和安全合作概念。根据奥巴马政府第23号总统政策指令，安

---

[1] John Norris, "Is American Training Too Many Foreign Armies?", *Foreign Policy*, January 28, 2013, https://foreignpolicy.com/2013/01/28/is-america-training-too-many-foreign-armies.

[2] The White House, "Fact Sheet: US Security Sector Assistance Policy", April 5, 2013, https://obamawhitehouse.archives.gov/the-press-office/2013/04/05/fact-sheet-us-security-sector-assistance-policy.

[3] Chairman, U.S. Joint Chiefs of Staff, *Joint Publication 3-0: Joint Operations*, Washington D.C.: Joint Staff, 2006, pp.1-8.

全部门援助指所有美国用以影响、介入和支持伙伴国和盟国安全机构的物质和项目性努力。安全部门援助涵盖了所有相关术语，如安全力量援助、安全合作、伙伴国能力培养、安全部门改革、防务机构建设、外国国内防务等。安全部门援助包括与伙伴国的所有安全部门行为体的接触，包括军队、警察、司法以及相关的政府和公民社会利益攸关方。① 美国所提供的安全部门援助主要由美国国防部和国务院负责，其他部门如能源部、司法部、财政部及国土安全部也参与和支持安全部门援助，但与国防部和国务院相比其参与程度要低得多。②

为避免论及不同时期的美国安全援助行为时因术语差异而导致的混淆甚至误解，本文将美国的所有此类行为均称作"安全援助"。

(二) 冷战时期的美国安全援助

从杜鲁门政府时期直到冷战结束，安全援助是历届美国政府对外援助的组成要素，并被整合到遏制共产主义的整体战略之中。美国将对其他国家的发展援助和对如世界银行、联合国等国际组织的援助，归为对外经济援助；将为其他国家或国际维和组织提供军事装备、训练等援助称作军事援助或更宽泛的安全援助。整个冷战时期，美国安全援助的合理性在于以下四个方面，但历届政府强调的重点并不完全相同。第一，帮助友好国家保卫自身免遭内外威胁；第二，通过减少脆弱经济体的国防开支压力，强化友好国家的经济并促进自身经济利益；第三，促进地区安全和维持盟友团结；第四，确保进入海外军事基地和动用设施，并提高华盛顿对接受国的政治影响力。③

美国安全援助直接起源于1947年的希腊—土耳其危机，由此而来的对苏联遏制战略成为美国安全援助的战略理由，而《希腊—土耳其援助法案》则是其法理基础和首次尝试。1961年美国《对外援助法》为所有安全援助项目提供了新的综合性法律载体，此后所有安全援助项目的设立都以此为基础。事实上，美国安全援助始终沿两个方向发展，但又在不停整

---

① The White House, "Fact Sheet: US Security Sector Assistance Policy", April 5, 2013, https://obamawhitehouse.archives.gov/the-press-office/2013/04/05/fact-sheet-us-security-sector-assistance-policy.

② Nina M. Serafino, "Security Assistance and Cooperation: Shared Responsibility of the Departments of State and Defense", *CRS Report*, April 4, 2016, p. 3.

③ Duncan L. Clarke and Steven Woehrel, "Reforming United States Security Assistance", *American University International Law Review*, Vol. 6, No. 2, 1991, pp. 217-249.

合。1949 年美国《共同防务援助法案》通过，设立了两类项目，即赠款类的军事援助项目和现金类的对外军售项目。在军事援助项目方面，1976 年的《国际安全援助和武器出口控制法案》取代了 1968 年的《对外军售法》，并设立国际军事教育和训练计划，将其从 MAP 中单列出来。1978 年的《国际安全援助法》正式建立经济支持基金，将从 1951 年起的安全支持援助、支持援助及国防支持等经济性配套措施整合到一起；该法也设立了维和行动以支持国际军事行动。[1] 在对外军售项目方面，1954 年的《共同安全法案》建立对外军售信贷项目，但仍从属于对外军售类项目。在此基础上，1968 年通过的《对外军售法》将对外军售和对外军售信贷区分开来。到 20 世纪 80 年代初，对外军售信贷项目发生重要变化，先是贷款利率明显下降进而成为优惠贷款，其后是部分国家的部分贷款可以被免除。由此，对外军售信贷也演变为对外军售资助，事实上成为军事援助项目。到 1991 财年，美国政府将对外军售资助和军事援助项目合并成为外军资助项目。

根据美国国际开发署绿皮书的数据，在 1947—1991 年，美国共计对外提供安全援助达 1400 亿美元，如果以 2017 年美元价格计算，则相当于 5780 亿美元。从实际拨付金额看，在 1950 年以前，美国安全援助数额相对较小，且主要集中于希腊、土耳其和菲律宾三国；从 1950 年起，西亚北非被纳入安全援助范围，同年的受援国清单也大幅增长，达到 15 个，安全援助资金在 1949 年基础上增长约 2 倍，达到 11.7 亿美元；1951 年进一步大幅扩张至 41 亿美元。自 1953 年起，美国安全援助持续走低，并长期在 20 亿美元上下徘徊。20 世纪 70 年代之后，美国安全援助总额虽有较大幅度增长，但波动也较为明显；自 20 世纪 80 年代起绝大多数年份超过 50 亿美元。如果以 2017 年美元价格计算，除最开始的阶段之外，整个冷战时期美国的安全援助呈下降态势。1951 年和 1952 年，美国的对外军事援助额分别达到 331 亿和 335 亿美元，较整个冷战时期的第三高援助额（1973 年的 234 亿美元）高出 100 亿美元。到 1991 年，以 2017 年美元价格计算，美国安全援助额仅比 1950 年前的水平高。

---

[1] 有关美国安全援助的政策演变，1991 年前的讨论参见：*Security Assistance*: *An Instrument of U. S. Foreign Policy*, *An AUSA Special Report*, Arlington, Virginia: Association of the United States Army, Institute of Land Warfare, 1990, pp. 2 – 5, 16。

(a) 当年金额

(b) 2017年美元价格金额

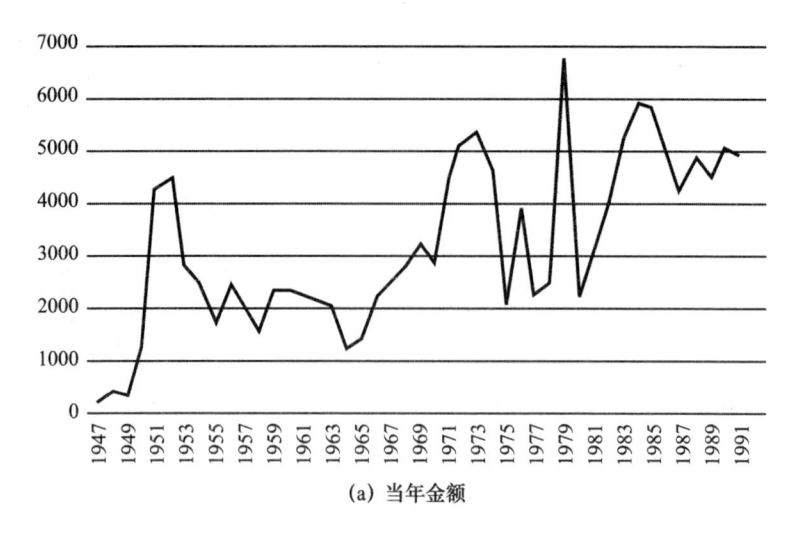

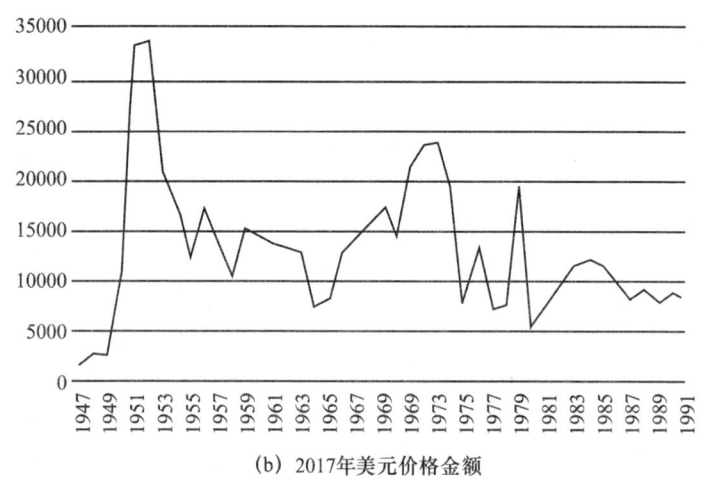

图 6　1947 年至 1991 年冷战时期的美国安全援助（单位：百万美元）

资料来源：根据美国国际开发署数据制作。USAID, US Overseas Loans & Grants, January 4, 2019, https://explorer.usaid.gov/reports.html.

（三）冷战后的美国安全援助

冷战的结束根本上动摇了冷战时期美国安全援助的大战略基础。美国行政部门和国会中的绝大多数都认为应继续安全援助，但需要突破其传统逻辑。例如，老布什总统就认为，尽管苏联解体，但安全援助的维持仍是重要的。他在 1990 年 8 月 2 日宣布一项政策，即"和平时期的接触与冲突时期和冷战时期的接触同样重要，都是始终如一地致力于捍卫我们当今世界的利益和理想"。他还特别指出,恐怖主义、反叛政权、难以预测的统治者、大规模杀伤性武器扩散和新的不稳定因素,都需要一个强大且积极介入的美国。① 这样,尽管国防预算及由此而来的美国军事力量遭到大幅削减,但老布什政府仍努力维持一个积极的对外援助和安全援助政策,以确保冷战后的和平。

但冷战结束导致的结构性威胁消失,使老布什政府与国会讨价还价的能力被削弱,对外援助拨款也不可避免地遭到削减。同时,国会逐渐增加对援助拨款的指定用途,这使行政部门使用援助经费的灵活性大大降低。而1997年《莱希修正案》的通过,更使安全援助促进美国国家安全利益的能力被削弱。由此带来的一个战略性后果是,从老布什总统开始,历届美国总统都试图用特殊的临时性授权来提供安全援助,主要包括年度性的《国防授权法案》或《对外行动拨款法案》两个渠道。特殊的临时性授权无须国会两院的一致通过,仅需负责相关事务的具体国会委员会(就安全援助来说主要涉及军事委员会、外交委员会等)同意即可。对总统来说,与负责这些行动的具体的国会委员会沟通,远比与整个国会打交道容易。

这样,冷战结束后,美国安全援助的一个重要特征就是各种临时性授权的泛滥。在阿富汗和伊拉克战争之外,其他较为重要的包括:(1)1991年《国防授权法案》赋予国防部长临时授权可不受《对外援助法》的历史限制或国务卿的监督,为外国执法人员提供与反毒品相关的训练,即禁毒与反毒品授权;(2)2005年《国防授权法案》授权美军特种行动司令部资助那些支持或促进反恐行动的外国军事、非正规军、团体或个人,即为本土力量提供特种力量援助授权;(3)2006财年《国防授权法案》的第1206节赋予国防部长出于反恐目的训练和装备外国军事力量的权威,并允许他在美军已经采取行动的地区出于准备稳定行动的目的而训练和装备外军,即全球训练和装备授权;(4)2006财年《国防授权法案》的第1207节允许国防部长从国防部拨款中向国务院转让不超过2亿美元的资金,用于安全、重建和稳定化行动,即安全和稳定授权;(5)2012财年的《国

---

① George H. W. Bush, "Remarks at the Aspen Institute Symposium, Aspen, Colorado", August 2, 1990, https://www.presidency.ucsb.edu/documents/remarks – the – aspen – institute – symposium – aspen – colorado.

防授权法案》创立了全球安全合作基金等等。①

随着国防部在开展安全援助方面的特殊临时授权快速增加,美国安全援助面临新的挑战。第一,由于体系性"敌人"消失,美国安全援助的大战略目标不再清晰,安全援助更多关注战术性议题;第二,大量特殊临时授权对1961年《对外援助法》所确立的由国务院主导安全援助的法定程序构成挑战;第三,国防部因大量授权而在安全援助中的重要性日益凸显,2001年国防部在整个安全援助拨付资金中所占份额仅为16.5%,国务院为80%,但到2015年这两个数字分别演变为54%和42%;② 第四,为追求灵活性和国防部的更大主导权,诸多新创授权与法定授权国务院管辖的安全援助项目事实上相互重叠,例如在2001年"9·11"事件后启动的反恐奖学金计划便与国防军事教育和训练相重复,却是授予国防部的永久授权。

尽管出现大量问题,但美国安全援助仍在冷战后快速拓展。根据美国国际开发署绿皮书的数据,1992—2017年,美国共计对外提供安全援助达2555亿美元,相当于整个冷战时期的1.8倍多,但以2017年美元价格计算只有整个冷战时期的一半多。以当年美元价格计算,2017年美国安全援助达147亿美元,相当于1992年(45亿美元)的3倍多。尽管"9·11"事件对美国安全援助的增长有推动作用,但2003年的伊拉克战争真正推动了美国安全援助的快速增长。2003年美国安全援助额突破100亿美元,在2002年基础上增长了1.2倍。而对经济发展构成重大冲击的2008年全球金融危机并未对美国安全援助产生太多消极影响,2011年甚至创下了迄今为止的最高纪录即186亿美元;此后美国安全援助有所回落,但仍保持较高水平。

---

① 有关冷战后美国安全援助中特殊的临时性授权的讨论,参见:Liana Sun Wyler, "International Drug Control Policy: Background and Responses", *CRS Report*, August 13, 2013; Nina M. Serafino, "Security Assistance Reform:'Section 1206'Background and Issues for Congress", *CRS Report*, April 4, 2014; Nina M. Serafino, "Department of Defense Section 1207 Security and Stabilization Assistance: Background and Congressional Concerns, FY2006 - 2010", *CRS Report*, March 3, 2011; Nina M. Serafino, "Global Security Contingency Fund, Summary and Issue Overview", *CRS Report*, April 4, 2014 等。

② Rose Jackson, "Untangling the Web: A Blueprint for Reforming American Security Sector Assistance", Open Society Foundation, January 2017, p. 32, https://www.opensocietyfoundations.org/uploads/4fdcaf11 - 4995 - 4bcc - b7ba - b522e5a45694/untangling - the - web - 20170109.pdf.

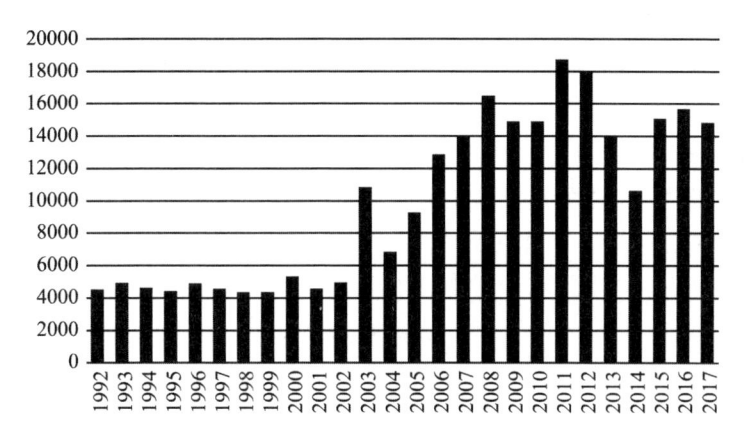

图7　1992 年至 2017 年冷战后的美国安全援助（单位：百万美元）

资料来源：根据美国国际开发署数据制作。USAID, US Overseas Loans & Grants, January 4, 2019, https://explorer.usaid.gov/reports.html.

二、美国对非安全援助的历史发展

无论是在冷战时期还是后冷战时期，非洲都是美国高度关注的具有战略意义的地区。尽管如此，美国并不情愿在非洲投入过多，故安全援助成为美国在非洲促进自身国家安全利益的核心手段。冷战时期，美国以安全援助支持所谓"前线国家"，后冷战时期特别是"9·11"事件后则通过培养并提高伙伴国能力而实现其反恐和反叛乱目标。由于"实现美国目标的可用资源有限，包括财政资源和人事资源"，因此安全援助成为美军在非洲的"战略性努力"，旨在实现打击恐怖主义和暴力极端组织、维持国内和平、支持地区性维和行动等战略目标。[①]

（一）美国对非安全援助的演变

在希腊和土耳其危机触发美国安全援助后，美国在长达 7 年时间里并未启动对非洲的安全援助。根据美国国际开发署绿皮书的数据，美国对非

---

① Thomas D. Waldhauser, "United States Africa Command 2017 Posture Statement", Testament before the Committee on Armed Services, March 9, 2017, https://www.armed-services.senate.gov/imo/media/doc/Waldhauser_03-09-17.pdf, p. 5.

安全援助始于1954年，为埃塞俄比亚提供了包括富余防务用品、国防军事教育和训练及军事援助项目三项安全援助，共计509万美元。1954—2017年，美国为非洲提供共计570.6亿美元的安全援助，占1947—2017年美国安全援助总额的15%，位居中东（35%）和亚洲（31%）之后。非洲在美国国家安全战略中的重要地位由此可见一斑。

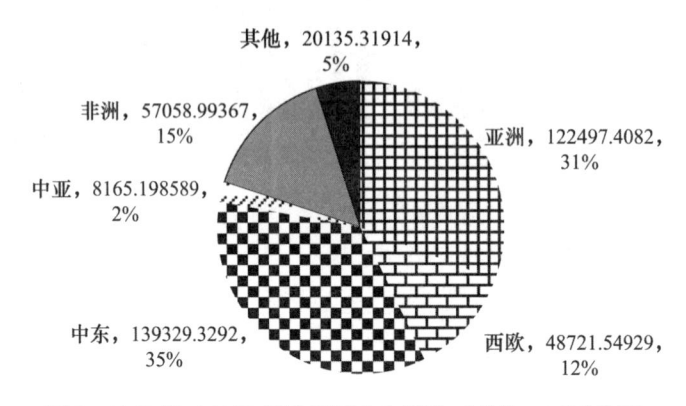

图8　1947年至2017年的美国安全援助（单位：百万美元）

资料来源：根据美国国际开发署数据制作。USAID, US Overseas Loans & Grants, January 4, 2019, https://explorer.usaid.gov/reports.html.

从援助金额变化角度看，美国对非安全援助自1954年启动以来，主要经历三个发展阶段。第一个阶段大致从1954年到1978年，美国对非安全援助尚未成为其整个安全援助的重点。尽管其对非安全援助总额从1954年的509万美元增长到1975年的6800万美元，1976年达到1.6亿美元，但其在美国安全援助中所占比重一直较低（1976年升至4%，1977年和1978年均超过5%）。随着1979年埃及与以色列达成和平协议，美国大幅增加对埃及安全援助，迅速提升了其整个对非安全援助的水平。在此后长达20余年（直到2002年）的时间里，除极个别年份外，美国对非安全援助均占整个美国安全援助的20%以上。一般认为，冷战结束后，由于援助"疲劳症"，美国对非洲的发展援助大幅削减，但这一结论是否能够应用于对非安全援助，显然仍需进一步分析。自2005年起，美国对非安全援助进入第三个阶段，其在美国安全援助中所占份额始终在15%以下，其中2011年仅为9%，2014年更是只有5%。

从其年度起伏看，美国对非安全援助在20世纪80年代初以前的起伏相当明显，自1984年到2013年较为稳定，此后又有较明显起伏，增长与

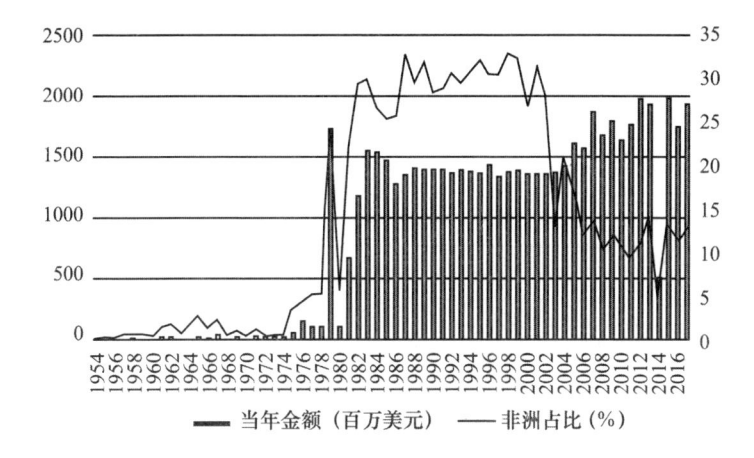

图 9　1954 年至 2017 年的美国对非安全援助

资料来源：根据美国国际开发署数据制作。USAID，US Overseas Loans & Grants，January 4，2019，https：//explorer.usaid.gov/reports.html.

下跌幅度最大的年份是 1979 年和 1980 年，主要由于埃及在 1979 年突然得到大额援助，而 1980 年并未维持这一援助。

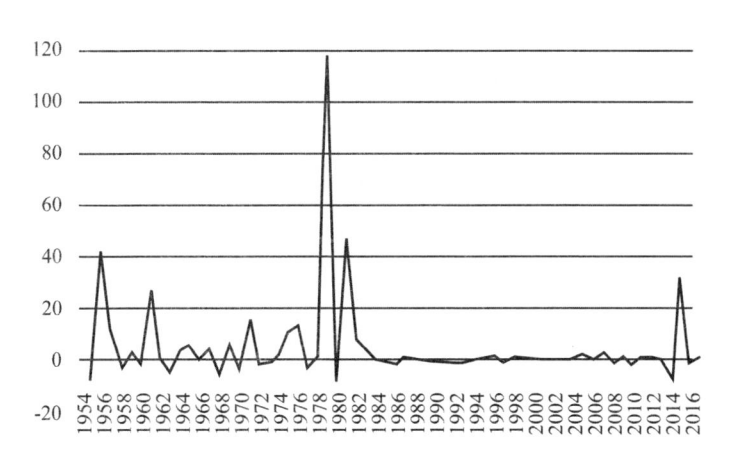

图 10　1954 年至 2017 年美国对非安全援助的年度变化（单位：%）

资料来源：根据美国国际开发署数据制作。USAID，US Overseas Loans & Grants，January 4，2019，https：//explorer.usaid.gov/reports.html.

需要强调的是，埃及自 1978 年起，始终位居美国安全援助对象前十之列，其所获得的安全援助额在非洲所获美国安全援助总额中的占比从未低于 90%。除埃及以外的非洲国家所获得的美国安全援助事实上相当少。换句话说，非洲在美国国家安全战略中的实际地位极可能因为埃及而被放大了。因此，有必要将埃及排除在外，考察美国对非安全援助的另一面。

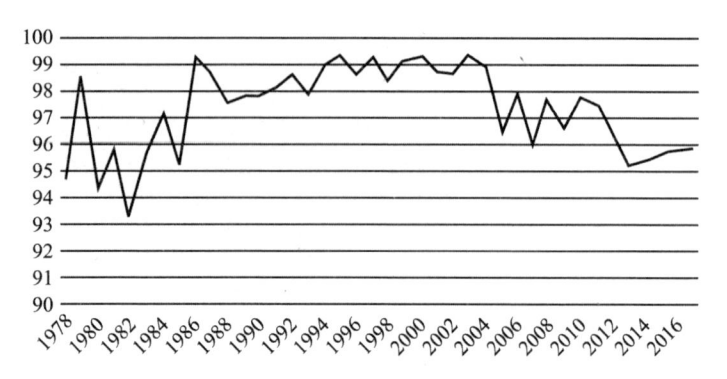

图11　1978年至2017年埃及所获美国安全援助占整个非洲国家受援助总额的比例（单位：%）

资料来源：根据美国国际开发署数据制作。USAID, US Overseas Loans & Grants, January 4, 2019, https://explorer.usaid.gov/reports.html.

将埃及排除在外可以发现，美国对非安全援助经历了四个阶段：第一阶段是从1954年到1975年，这一时期美国对非安全援助额一直维持在较低水平，最高年份不足5000万美元（4907万美元）；在整个美国安全援助中所占份额也相当低，在20余年时间里有超过一半时间低于1%。第二阶段是1976年到1985年。1976年，美国对非安全援助首次超过1亿美元，达到1.6亿美元，此后保持着较高水平，到1985年达到2.8亿美元。这一时期，对非安全援助在整个美国安全援助中所占比重也处于较高水平，有近一半时间超过5%。但自1986年起，美国对非安全援助不仅实际数额大幅下降，占比也大幅下降，意味着美国对非安全援助进入第三阶段。这种情况持续到2005年伊拉克战争的消极后果日益显现之时。在这一长达20年的时间里，美国对非安全援助基本都在1亿美元之下，其中又有8个年份低于5000万美元。换句话说，这一时期美国对非安全援助的实际水平与第一阶段差不多，在整个美国安全援助中所占比重也与第一阶段相似，有8个年份等于或低于1%。这很大程度上表明，美国对非安全援助的"疲劳症"可能要早于对非发展援助的"疲劳症"。2005年，美国对非安全援助迅速从2004年的6500万美元增长为3.18亿美元，增幅接近4倍，标志着美国对非安全援助进入第四阶段。这一时期，美国对非安全援助额增长迅速。如果以当年实际金额计算，从1954年到2004年美国对非安全援助

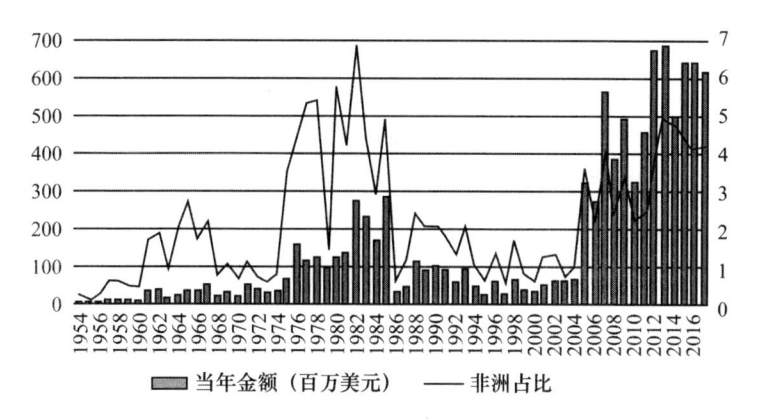

额仅为34.45亿美元,而从2005年到2017年就已达到64.81亿美元。

图12　1954年至2017年美国对非安全援助（未包括埃及）

资料来源：根据美国国际开发署数据制作。USAID, US Overseas Loans & Grants, January 4, 2019, https://explorer.usaid.gov/reports.html.

（二）美国对非安全援助的国别分布

如前所述,埃及在美国对非安全援助中所占份额极大。因此,有必要排除埃及进一步观察自二战结束以来美国对非安全援助的国别分布及其演变,从而考察美国在非洲的国家安全利益的演变。

整体来看,在1954—2017年,除埃及外的所有非洲国家所获得的美国安全援助其实都很少。从当年的实际拨付金额看,摩洛哥获得的美国安全援助最多,约为13.7亿美元,其后依次是索马里、突尼斯、苏丹、肯尼亚、利比里亚、埃塞俄比亚、刚果（金）。此外,马里、塞内加尔、乍得、尼日利亚、喀麦隆五国超过1亿美元。统计下来,自1954年以来,美国实际拨付的安全援助超过1亿美元的非洲国家有16个。所获安全援助在1000万美元以下的国家有15个,最少的国家是赤道几内亚,仅113万美元。如果以2017年美元价格计算美国对非安全援助额,苏丹以16.33亿美元超过索马里,埃塞俄比亚为16.13亿美元,其他少数国家如塞内加尔、利比亚等也因汇率而有所提升。这说明这些国家所获援助时间相对更早,因此有必要更为深入地考察美国对非安全援助在不同时期的国别分布。

如果对比冷战时期与冷战后时期,可以发现美国在非洲的国家安全利益的国别优先的确有所变化。从1954年到1991年,摩洛哥、突尼斯、埃塞俄比亚、肯尼亚、苏丹、刚果（金）和索马里获得的美国安全援助额均超过1亿美元,而除埃及外的整个非洲所获得的美国安全援助额共计27.35亿美元。换句话说,上述国家获得了冷战时期美国对非安全援助的88%,而摩洛哥和突尼斯两国超过整个非洲的52%。整个冷战时期,安哥拉、厄立特里亚、南非、赞比亚、南苏丹五国均未得到美国安全援助。

冷战结束后的1992年到2017年,美国对非安全援助有明显增长,总额达63.5亿美元,是冷战时期的2倍多。这一时期,共计有12个国家获得的美国安全援助额超过1亿美元,索马里成为最大的美国安全援助接收国,达到12.35亿美元,占冷战后时期美国对非安全援助的近20%;苏丹所获得的美国安全援助也在冷战时期的基础上增长3倍多,达9.92亿美元;摩洛哥、突尼斯、肯尼亚、刚果(金)等国仍获得较多的美国安全援助。此外,利比里亚、南苏丹、乌干达、马里、塞内加尔、尼日利亚等都有较为明显的增长。这一时期,埃塞俄比亚获得的美国安全援助有明显下降,从冷战时期的2.78亿美元降至8942万美元,减少了超过66%。从两个时期的增长看,乌干达增长332倍多、坦桑尼亚170倍、莫桑比克135倍、毛里塔尼亚约97倍、尼日利亚45倍、马里34倍、布隆迪29倍、阿尔及利亚21倍、贝宁18倍、塞舌尔16倍、加纳12倍、索马里11倍、布基纳法索10倍。尽管这些国家中绝大多数所获美国安全援助的总额很小,但的确显示出美国在冷战结束后对非洲的安全关注或美国在非洲的安全利益有着明显的增长或泛化态势。相比之下,在所获得绝对援助额相对较大的国家中,突尼斯、摩洛哥、刚果(金)、埃塞俄比亚等国均有不同幅度的下降;在所获绝对援助额相对较小的国家中,乍得、加蓬、赤道几内亚等国也有明显下降。

表3　美国对非安全援助的国别分布变化　　(单位:百万美元)

国家	1954—1991年	1992—2017年	增长倍数	国家	1954—1991年	1992—2017年	增长倍数
阿尔及利亚	0.88	19.73	21.42	卢旺达	2.56	55.39	20.64
埃塞俄比亚	277.82	89.42	-0.68	马达加斯加	3.24	6.22	0.92
安哥拉	0	9.19	——	马拉维	4.62	10.06	1.18
贝宁	0.79	15.39	18.48	马里	4.86	169.74	33.93
博茨瓦纳	28.77	29.09	0.01	毛里求斯	0.65	5.86	8.02
布基纳法索	1.01	11.39	10.28	毛里塔尼亚	0.77	75.55	97.12
布隆迪	1.56	47.53	29.47	摩洛哥	754.48	616.28	-0.18
赤道几内亚	1.06	0.07	-0.93	莫桑比克	0.09	12.25	135.11

续表

国家	1954—1991年	1992—2017年	增长倍数	国家	1954—1991年	1992—2017年	增长倍数
多哥	1.1	7.76	6.05	纳米比亚	3.19	5.17	0.62
厄立特里亚	0	11.38	—	南非	0	52.87	—
佛得角	2.71	14.9	4.50	南苏丹	0	228.8	—
冈比亚	1.19	4.8	3.03	尼日尔	18.4	78.43	3.26
刚果（布）	0.51	4.12	7.08	尼日利亚	2.32	104.45	44.02
刚果（金）	201.34	150.52	-0.25	塞拉利昂	3.51	27.96	6.97
吉布提	8.34	81.58	8.78	塞内加尔	25.98	129	3.97
几内亚	6.4	16.22	1.53	塞舌尔	0.58	10.29	16.74
几内亚比绍	1.2	4.15	2.46	圣多美和普林西比	0.64	6.61	9.33
加纳	4.69	64.1	12.67	斯威士兰	0.5	3.89	6.78
加蓬	16.63	9.57	-0.42	苏丹	205.3	991.98	3.83
津巴布韦	2.69	3.82	0.42	索马里	100.19	1235.94	11.34
喀麦隆	29.91	76.19	1.55	坦桑尼亚	0.28	48.09	170.75
科摩罗	0.35	3.53	9.09	突尼斯	650.45	644.88	-0.01
科特迪瓦	4.34	9.17	1.11	乌干达	0.63	210.12	332.52
肯尼亚	212.36	405.03	0.91	赞比亚	0	8.3	—
莱索托	0.53	2.48	3.68	乍得	69.91	51.2	-0.27
利比里亚	56.59	328.91	4.81	中非共和国	1.54	71.13	45.19
利比亚	17.59	66.44	2.78				

资料来源：根据美国国际开发署数据制作。USAID, US Overseas Loans & Grants, January 4, 2019, https://explorer.usaid.gov/reports.html.

从上述对比可以大致得出两个基本结论：第一，无论是冷战时期还是冷战后时期，东非地区特别是非洲之角①（索马里、埃塞俄比亚、苏丹、肯尼亚等）和北非地区（埃及、摩洛哥和突尼斯），是美国在非洲国家安全利益的关注重点。就非洲之角而言，这里不仅有传统的国内和国家间冲突，更事关红海通道安全，成为美国的关注重点理所当然。而在北非地区，埃及代表着北非通往中东和欧洲的通道且与美国盟友以色列的安全联系密切，北非的西部即摩洛哥和突尼斯则是通往欧洲的最近通道，是美国

① 严格地理意义上的非洲之角由吉布提、厄立特里亚、埃塞俄比亚和索马里四国组成；宽泛界定的非洲之角除上述四国还包括肯尼亚、苏丹、南苏丹和乌干达的部分或全部地区。

的欧盟盟友最为关切的地区。因此，对美国而言，控制住非洲之角及埃及这一地区的安全，可保证盟友以色列和红海通道的安全，而控制住摩洛哥和突尼斯的安全则能维护欧洲盟友的安全利益。基于这一背景，冷战时期美国对非洲其余地区的忽视也就容易理解，如对安哥拉、刚果（金）等国的动荡少有关注。第二，冷战结束后特别是"9·11"事件后，安全逐渐由有形威胁转变为无形风险，这迫使美国不得不强化安全援助力度，其安全关切也变得更加分散，尽管传统的非洲之角和北非地区仍相当重要，但更多的安全隐忧得以凸显并被纳入美国对非安全援助的范畴，这可从下文的对非安全援助项目分布及其演变中看出。

（三）美国对非安全援助的项目分布

自二战结束以来，美国提供了大量的对非安全援助，但项目主要集中于装备和相关训练、联合演习和训练、职业军事教育和训练、防务机构建设等几大类。这些援助项目的启动时间和资助力度并不相同。从1954年到2003年伊拉克战争前，美国对非安全援助项目总体上集中于富余防务用品、国际军事教育和训练、外军资助三类[1]，其他诸如合作威胁削减、维和行动、国防操作和维护等项目都是在2003年以后才应用于非洲的。

自1954年实施对非安全援助以来，仅国际军事教育和训练项目始终存在且从未中断，但援助额相对较小。从1954年到2017年，美国共计为非洲提供12.88亿美元的国际军事教育和训练援助，平均每年仅2000万美元。这一方面显示非洲军队普遍规模较小，另一方面也说明美国对非洲军事教育和训练的重视度并不高。

与国际军事教育和训练相比，外军资助也是美国对非安全援助中最为持久的项目。美国自1956年起对非洲提供外军资助，大致可分为与美国对非安全援助基本相同的四个阶段。在1976年前，美国对非外军资助尽管增长较快，实际支付额仍相对较小。从1976年到1985年，美国对非外军资助基本都在1亿美元以上，1982年创下迄今为止的最高纪录2.65亿美元。此后，援助"疲劳症"开始显现，一直持续到"9·11"事件爆发后，但其实际水平仍远低于1976年到1985年，平均每年在4000万美元左右。总体看，1956年到2017年，美国共计为非洲提供外军资助28.37亿美元，

---

[1] 笔者注：为便于计算，本文将美国国际开发署绿皮书所包括的军事援助项目（旧版）和空军学员基金也纳入国际军事教育和训练项目，将外军资助（直接贷款项目账户）、陆军军事建筑和其他军事赠款纳入外军资助项目，将海军操作和维护纳入国防操作和维护项目。

平均每年4500万美元，相当于国际军事教育和训练的两倍多。

富余防务用品项目的持续时间也很长，它事实上是美国对外军售项目。美国国际开发署绿皮书数据显示，美国并非一直对非出售武器装备。1957年，美国开始对非出售武器，到1975年后停止，到1993年又重新启动。1957年到1975年，美国对非出售武器装备的数额相对较小，从未超过1000万美元，最低的年份即1975年仅10万美元。1993年恢复后，美国对非军售起伏较大，最高的年份是2016年，达到7449万美元，但2017年再度出现中断。随着对非军售的恢复和积累，一些非洲国家对美军装备的维护和训练需求也相应增长，这样美国于2011年开始对非洲提供国防操作和维护援助。尽管时间相对较短，但国防操作和维护项目下的援助额却增长迅速，在短短7年时间里达到8.63亿美元，平均每年1.23亿美元；其总额已经显著超过长达29年的对非军售总额，后者仅为5.76亿美元，平均每年不到2000万美元。

美国对非安全援助中支出最多的是2005年才应用于非洲的维和项目。在2005年到2017年的短短13年间，美国就为非洲维和提供了近40亿美元的资助。索马里、苏丹、利比里亚、南苏丹、马里、刚果（金）等国所获得的维和援助最高，其中索马里（12.1亿美元）和苏丹（9.9亿美元）两国就超过整个非洲所获得的维和援助的一半。在国别之外，美国也提供了3个地区性的维和援助项目，即撒哈拉以南非洲、东非地区和西非地区，共计约7.3亿美元。

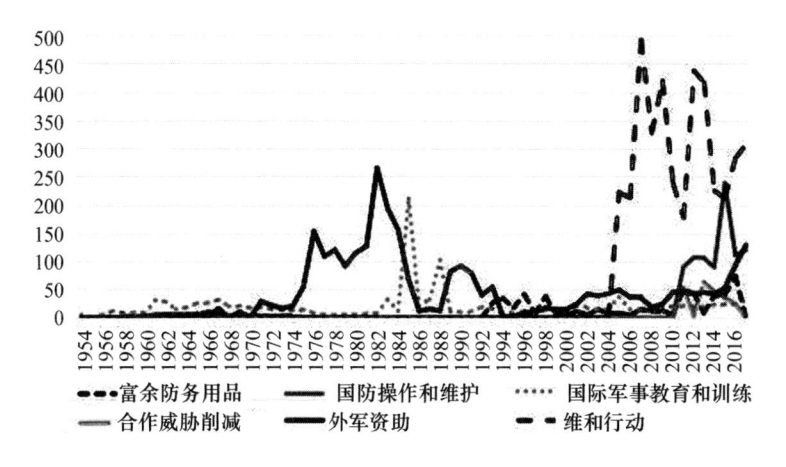

图13 1954年至2017年美国对非安全援助的项目分布（埃及除外）（单位：百万美元）

资料来源：根据美国国际开发署数据制作。USAID, US Overseas Loans & Grants, January 4, 2019, https://explorer.usaid.gov/reports.html.

表4　2005年至2017年美国对非维和援助国别分布

(单位：百万美元)

国家和地区	金额	国家和地区	金额	国家和地区	金额
索马里	1212.75	卢旺达	36.26	塞拉利昂	4.43
苏丹	990.08	乌干达	31.41	几内亚	2.58
撒哈拉以南非洲	592.26	塞内加尔	24.14	吉布提	2.46
利比里亚	271.53	喀麦隆	16.97	科特迪瓦	1.71
南苏丹	225.71	坦桑尼亚	16.22	乍得	1.03
马里	156.67	加纳	12.39	冈比亚	0.43
刚果（金）	141.34	埃塞俄比亚	11.86	西非地区	0.30
东非地区	137.85	尼日尔	9.97	尼日利亚	0.01
中非共和国	68.74	肯尼亚	5.37		

资料来源：根据美国国际开发署数据制作。USAID, US Overseas Loans & Grants, January 4, 2019, https://explorer.usaid.gov/reports.html.

在上述项目之外，美国还为非洲提供了包括禁毒与反毒品、合作威胁削减及海外应急行动转移资金等援助。其中，海外应急行动转移资金项目仅在2015年动用过一次，为非洲29个国家提供了应急行动支持，共计766万美元。禁毒与反毒品项目自2002年为非洲提供，当时的援助对象为埃及，到2017年共计支持1.53亿美元。而合作威胁削减项目于2011年起为非洲提供，到2017年共计提供2.26亿美元资助。此外，美国还为非洲提供了其他一些数额相对很小的资助，具体情况将在下文讨论。

三、当前美国对非安全援助

上述数据分析显示，美国对非安全援助的当前阶段是自"9·11"事件爆发至今。"9·11"事件凸显了两个问题，从根本上改变了美国对非安全援助乃至整个安全援助。一是大规模军事行动既不可持续，也无法成功应对暴力的非国家行为体，美国国家安全必须更多依赖与盟国和伙伴国的合作；二是单纯的安全或更狭隘的军事行动，并不能为美国带来更大安全保障，因此美国自"9·11"事件后逐渐发展出3Ds方法，即将国防、发展和外交相结合，以更好地实现美国安全援助的目标。基于此，美国对非安全援助在进入21世纪以来发生了实质性变化，而特朗普的"美国优先"

战略更将长期性地影响美国对非安全援助乃至整个安全援助的未来发展。

(一)"9·11"事件后美国对非安全援助政策

如果说冷战结束使美国安全援助的目标更多不再指向明确的外部入侵的话,那么在经历了10余年的迷惘之后,恐怖主义袭击使美国安全援助的目标再次明确。但由于非国家行为体带来的威胁更难以预防,也更难以采取传统的军事手段加以阻遏,因此必须从根本上改变战略思维。具体而言,美国在"9·11"事件后对安全援助的战略指导改变体现为两个方面,一是将安全援助的重点转向能力培养,二是强调使用综合性的3Ds方法。

面对"9·11"事件冲击,小布什政府和奥巴马政府的战略指南都日益强调反恐和反叛乱,并将安全援助当作实现国家安全的重要手段,最为明显地体现在几份延续性的战略性文件中。首先是2006年《四年防务评估报告》,该文件首次强调非常规战争是美军发展未来作战概念和能力的主要角度。报告认为,非常规战争是21世纪的非传统和非对称性挑战,也将是美国面临的主要战争方式。以此为基础,该报告提议,通过训练和装备活动培养伙伴国能力,并特别提及有必要灵活获得资金以便训练和装备伙伴国从而击败恐怖主义网络。此外,2006年《四年防务评估报告》呼吁改革对外援助,不只聚焦"支持友好政权持久抵御外部威胁",应强化内部安全和合法性目标,使各国能够"预防恐怖主义、叛乱和非国家性威胁"。报告还呼吁国防部要提高与外国警方和内政部合作的能力,达到与外军和防务机构合作的能力水平。[①] 需要强调的是,这些使命在历史上从未授予过国防部。

其次是为落实2006年《四年防务评估报告》提出的新理念,美国国防部于2006年5月出版了《伙伴国能力培养:〈四年防务评估报告〉执行路线图》。该文件详列了国防部应如何通过伙伴国能力培养而执行《四年防务评估报告》的具体措施,并将伙伴国能力培养界定为"改善国防部及其伙伴的整体能力和表现的针对性努力",国防部伙伴被广泛界定为"美国联邦、州和地方政府、盟友、联盟成员、东道国、非政府组织、国际组织以及私人行为体"。路线图试图通过综合性的对外援助培育美国击败恐怖主义网络、深入保卫美国国土、塑造外国政府的选择、指导非常规战争

---

① U. S. Department of Defense, *Quadrennial Defense Review Report*, February 6, 2006, https://archive.defense.gov/pubs/pdfs/QDR20060203.pdf.

和军事外交、帮助东道国提供良治等能力。[1]

尽管此后的历届政府在强调重点上略有调整，但2006年《四年防务评估报告》及《伙伴国能力培养：〈四年防务评估报告〉执行路线图》很大程度上奠定了美国直至今天的安全援助战略。例如，2010年《四年防务评估报告》继续强调伙伴国安全能力的培养，指出缺乏资金以支持战区作战及其指派的伙伴国能力培养任务。[2] 这一战略指南的调整对美国既有对外援助体系产生了冲击。自2006年起，"伙伴国能力培养"这一术语在国防部的战略指南中的使用频率迅速超过了"安全援助"，甚至被国防部称作"核心任务"。时任美国国防部长盖茨在2010年《四年防务评估报告》出台后两周的一次演讲中强调，"培养伙伴国整个政府和安全能力是多个机构及美国国家安全部门的共同责任，需要有刺激合作的灵活和响应性手段"。[3]

随着全球反恐战争的推进及在阿富汗和伊拉克所遭遇的失败，美国逐渐认识到致命性的战争手段并不能解决安全问题，综合性的3Ds方法才是更加恰当的方法。"非洲之角"联合特遣部队司令曾强调，美国在当地对抗暴力极端主义的做法是间接方法，主要是向东非部署军事建筑和工程人员。[4] 这一方法背后的假设很清晰，即如果各国政府不能为其公民创造机会并改善其生活，那么他们就容易被有组织犯罪和恐怖主义组织所招募。因此，美军要利用其医疗、建筑、文官等非军事手段营造更加宽松的环境，从而实现反恐、对抗暴力极端主义等安全目标。所有这些行动的关键是使用3Ds方法，并将安全援助置于美国外交政策的更大背景下。

美国3Ds方法涉及三个层次。第一个层次是美国联邦政府层面，其核心是国务院与国防部的协作。根据1961年《对外援助法》，国务院是美国对外援助的主导机构，国务院政治军事事务局在安全援助中发挥关键性作用。通过与美国国防部的直接联系，该局聚焦管理和规范军事贸易及武器装备转移等事务，以强化盟军和友军的军事能力，确保转移美国原产的武器装备和技

---

[1] U. S. GAO, "Building Partner Capacity: Inventory of Department of Defense Security Cooperation and Department of State Security Assistance Efforts", March 24, 2017, https://www.gao.gov/assets/690/683682.pdf.

[2] U. S. Department of Defense, *Quadrennial Defense Review Report*, February 1, 2010, https://dod.defense.gov/Portals/1/features/defenseReviews/QDR/QDR_as_of_29JAN10_1600.pdf.

[3] U. S. Department of Defense, "Remarks as Delivered by Secretary of Defense Robert M. Gates, The Nixon Center", February 24, 2010, https://archive.defense.gov/Speeches/Speech.aspx?SpeechID=1425.

[4] James Warden, "Approaching Djibouti Locals from The Humanitarian Side", *Stars and Stripes*, March 25, 2009, https://www.stripes.com/news/approaching-djibouti-locals-from-the-humanitarian-side-1.89563.

术以支持美国国家安全利益。它通过双边和多边合作与对话支持地区安全，并通过安全援助向友好国家提供支持。此外，该局为美军军事行动提供外交支持，包括谈判军事协定、防务合作、基地准入、成本共享以及"第98条协定"即《国际刑事法院特权和豁免协定》等。它也与国防部围绕战略和突发事件规划等展开合作，包括危机政策、强化伙伴国人道主义能力等，促进美国的民主、人权、文官控制军队等价值观传播，通过资助培训，使其他国家的军官和文官接受这些价值观和美军的职业化观念。[1] 第二个层次是对象国层次上的协调。由于安全援助项目一贯发生在特定国家，大使居于一线。根据"第38号国家安全决策指南"，美国大使对驻在国国内的所有美国人事和行动拥有绝对权威，这意味着所有军事计划必须得到大使批准。考虑到使馆人手不足、资源有限，大使往往珍视安全援助项目对促进美国目标的重要性，而优先考虑这些项目。[2] 但大使在以其为中心的前提下必须与战地指挥官相互协调。第三个层次是华盛顿与对象国的协调，一方面是国务院和国防部从国家安全战略中获得优先和指导，然后推动军队战地安全合作规划和驻外使团的战略规划；另一方面则是战地指挥官与其国务院派驻的政治顾问和美国使团密切合作，及时向华盛顿传递相关信息和建议。

尽管仍强调国务院在美国安全援助中的主导地位，但国防部的角色自"9·11"事件以来日益凸显。这最为明显地体现在此后的美国对非安全援助项目的结构上。如前所述，2003年之前，美国对非安全援助的项目相对单调，且资助额度相对较小。但自伙伴国能力培养逐渐占据主导之后，美国对非安全援助的项目结构日益复杂。目前，美国对非安全援助主要包括装备与相关训练项目、联合演习和训练项目、职业军事教育和训练项目、防务机构建设项目、地区项目、国务院其他项目、国防部其他项目七大类，共计24个具体项目。这些安全援助项目大多聚焦战术层次的能力培养，用以支持反恐、反叛乱、维和等，如全球训练和装备、职业军事教育、联合交流训练、反恐奖学金等；也有一些聚焦伙伴国更高层次的功能性能力，如后勤、情报、人事管理、作战规划等，典型的是国防机构改革倡议；更高层次的能力培养往往被称作国防机构建设，包括国防机构改革

---

[1] "Bureau of Political – Military Affairs", https：//www.state.gov/bureaus – offices/under – secretary – for – arms – control – and – international – security – affairs/bureau – of – political – military – affairs/.

[2] John D. Finney, Alphonse F. La Porta, "Integrating National Security Strategy at the Operational Level: The Role of State Department Political Advisors", in Gabriel Marcella, ed., *Affairs of State: the Interagency and National Security*, Carlisle, PA: Strategic Studies Institute, 2008.

倡议、国防部顾问等，具体如美国国务院对肯尼亚独立警察监督局的支持，或国防部国际法研究所的强化刚果（金）军事司法系统的努力等，但美国所给予的资助额度都相对较小。具体到特定对象国，美国提供的安全援助往往形式多样，同时聚焦战术和战略层次的支持。在最极端的情况下，美国提供的安全援助可能同时覆盖对象国的所有安全功能，从国防部组建到后勤网络建设再到地面部队训练，例如2003年内战结束后的利比里亚。①

表5 现有美国对非安全援助项目

大类	具体项目	大类	具体项目
装备与相关训练项目	外军资助 富余防务用品 全球培训和装备 安全与稳定援助 全球安全应急基金 反恐特别行动支持	防务机构建设项目	防务机构改革倡议 国防部顾问 安全治理倡议
		地区项目	跨撒哈拉反恐伙伴关系计划 东非地区反恐伙伴关系计划
联合演习和训练项目	双边和地区演习 联合交流训练 省州伙伴计划	国务院其他项目	维和基金 防扩散、反恐与相关项目 国际麻醉品管制和执法
职业军事教育和训练项目	国际军事教育和训练 反恐奖学金 非洲战略研究中心	国防部其他项目	禁毒和反毒品 合作威胁削减 反恐伙伴关系基金 其他军事援助

资料来源：根据相关资料整理。

（二）小布什政府、奥巴马政府、特朗普政府的对非安全援助比较

尽管有较强的延续性，但特朗普政府对非洲的安全关注与其前任们仍有明显不同，特别是其"美国优先"战略导致安全援助的聚焦逐渐偏离自"9·11"事件以来的"传统"即伙伴国能力培养。在其高级官员继续强调盟国和伙伴国的重要性的同时（具体体现在特朗普总统上任以来出台的

---

① Sean McFate, *Building Better Armies: An Insider's Account of Liberia*, Carlisle Barracks, Pa.: U. S. Army War College, Strategic Studies Institute, November 2013.

《国家安全战略》《国防战略》《国家反恐战略》中[①]），特朗普总统本人却明显更倾向以"美国优先"为前提，强调美国安全援助的经济效益，即对外军售要能够促进美国"再工业化"、安全援助要强调投资回报，最为明显地体现在2018年4月特朗普政府所宣布的武器转移新政策之中。[②] 由于特朗普执政时间尚短，而美国国际开发署绿皮书的数据截止到2017年度，因此需要借用其他数据来源识别特朗普政府对非安全援助的发展，并通过与小布什政府和奥巴马政府特别是三位总统各自第一任期的比较，发现特朗普政府的政策思路和未来趋势。

专注于美国对外安全和防务援助的安全援助监控网号称是"对美国安全和防务援助的公民指南"，可为本研究提供重要帮助。需要强调的是，与美国国际开发署绿皮书不同，安全援助监控网的时间覆盖自1997年开始，无法对更早时期的美国安全援助进行观察，这是前文为何仅使用美国国际开发署绿皮书数据的原因。同时，安全援助监控网的数据已根据美国预算做了更新，覆盖至2020年度，可对特朗普总统的第一任期做完整的观察。但由于安全援助监控网与美国国际开发署绿皮书所使用的数据编制方法存在差异，这里并不尝试对两个数据库加以整合，下文仅以安全援助监控网的数据对小布什总统、奥巴马总统和特朗普总统各自第一任期的对非安全援助做比较分析。

第一，从对非安全援助总额看，尽管特朗普总统明显不如小布什总统和奥巴马总统重视非洲，但仍为非洲提供了最多的安全援助。小布什总统第一任期对非安全援助总额为57.82亿美元，奥巴马总统第一任期达到78.85亿美元，特朗普总统则进一步增加至86.18亿美元。从年度分布看，小布什总统第一任期内拨付的对非安全援助金额较为平均，最高年份与最低年份的差距仅为3000万美元；相比之下，奥巴马总统和特朗普总统的年度波动都较为明显，但总体上奥巴马的对非安全援助政策似乎比特朗普的

[①] The White House, *National Security Strategy of The United States of America*, December 2017, https://www.whitehouse.gov/wp-content/uploads/2017/12/NSS-Final-12-18-2017-0905.pdf; U.S. The Department of Defense, *Summary of the 2018 National Defense Strategy of The United States of America: Sharpening the American Military's Competitive Edge*, January 2018, https://www.defense.gov/Portals/1/Documents/pubs/2018-National-Defense-Strategy-Summary.pdf; The White House, *National Security for Counterterrorism of The United States of America*, October 2018, https://www.whitehouse.gov/wp-content/uploads/2018/10/NSCT.pdf.

[②] The White House, "National Security Presidential Memorandum Regarding U.S. Conventional Arms Transfer Policy", April 19, 2018, https://www.whitehouse.gov/presidential-actions/national-security-presidential-memorandum-regarding-u-s-conventional-arms-transfer-policy/.

更加积极，仅 2010 年有所下滑。特朗普总统第一任期对非安全援助的最高年份是在其任职第一年，达到 27 亿美元，此后持续下跌，到第三年时已经低于奥巴马总统的最低水平，2020 年才有所回升。某种程度上可以认为，特朗普总统第一任期趋于结束之际，对非安全援助的重视程度有所回升。于 2018 年 12 月公布的"新非洲战略"明确表示，美国正将非洲视作与中国、俄罗斯的地缘政治竞争的一部分。时任美国国家安全顾问约翰·博尔顿指出，美国"新非洲战略"的使命是应对大国竞争，非洲之角的势力均衡将向中国倾斜，美国必须通过重组援外资金以纠正历史性错误。①

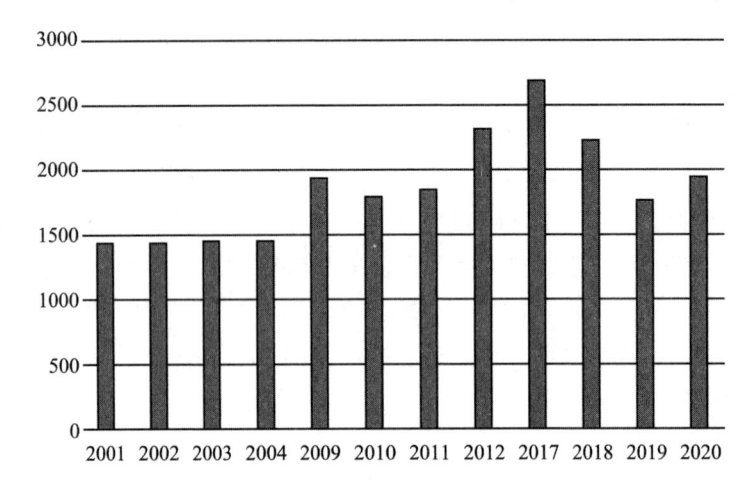

图 14 小布什总统、奥巴马总统、特朗普总统第一任期的对非安全援助金额（单位：百万美元）

资料来源：根据安全援助监控网（https://securityassistance.org/）数据整理制作。

第二，从国别分布看，特朗普总统在其余地区总体延续小布什总统和奥巴马总统第一任期的战略优先的同时，对红海地区非洲国家的重视程度有明显变化，即埃及战略重要性下降明显，非洲之角其余国家的重要性明显上升。

首先，埃及在三位总统第一任期的对非安全援助中都高居第一，但其重要性却呈明显下降态势。从绝对金额看，埃及获得的安全援助额有所减少，从小布什总统第一任期的 52.41 亿美元降至奥巴马总统第一任期的

---

① National Security Council, "Remarks by National Security Advisor Ambassador John R. Bolton on the Trump Administration's New Africa Strategy", December 13, 2018, https：//www.whitehouse.gov/briefings – statements/remarks – national – security – advisor – ambassador – john – r – bolton – trump – administrations – new – africa – strategy/.

52.23亿美元，到特朗普总统第一任期进一步降至51.62亿美元。如果说绝对金额的下降趋势并不明显，那么从埃及在整个美国对非安全援助中的占比看，其下降幅度较为明显。在小布什总统第一任期时，埃及占美国对非安全援助总额的90.6%，低于1954年到2017年的平均水平，但仍相当高；到奥巴马总统第一任期，这一比例迅速降至66.2%，到特朗普总统第一任期进一步降至59.9%。由此可见，在其他非洲国家的安全日益成为美国国家安全关切的背景下，埃及的战略重要性正呈明显下降态势。

其次，在埃及重要性明显下降的同时，非洲之角国家的重要性却在持续上升。在埃及之外，美国对非安全援助的前十位国家的门槛有明显提高。除埃及外，小布什总统第一任期时仅十国所获安全援助超过1000万美元，在奥巴马总统和特朗普总统第一任期时则有十国超过5000万美元。在小布什总统第一任期时，非洲之角共有三国进入前11名，即肯尼亚、吉布提和埃塞俄比亚，所获安全援助总额超过7000万美元。到奥巴马总统第一任期，非洲之角有五国进入前11名，即索马里、南苏丹、肯尼亚、乌干达和苏丹，获得美国安全援助共计达10.77亿美元，相当于小布什总统第一任期的15倍多。特朗普总统上台后，非洲之角的重要性仍在延续，进入前11位的国家仍有五个，即索马里、肯尼亚、南苏丹、乌干达和吉布提，获得美国安全援助共计12.83亿美元，在奥巴马总统第一任期的基础上增长了近20%。尤其重要的是，随着非洲之角自2015年以来的军事化发展，特朗普总统第一任期对非洲之角的投入有着明显增长。

表6 小布什总统、奥巴马总统、特朗普总统第一任期对非安全援助的国别分布

（单位：百万美元）

排名	2001—2004 国家	金额	排名	2009—2012 国家	金额	排名	2017—2020 国家	金额
1	埃及	5241.18	1	埃及	5223.76	1	埃及	5162.39
2	摩洛哥	70.59	2	索马里	626.97	2	索马里	892.62
3	突尼斯	40.22	3	南苏丹	224.11	3	突尼斯	422.25
4	塞拉利昂	39.01	4	摩洛哥	157.72	4	肯尼亚	145.34
5	肯尼亚	33.39	5	利比里亚	149.10	5	南苏丹	104.67
6	尼日利亚	30.71	6	马里	147.53	6	摩洛哥	86.48
7	南非	25.37	7	突尼斯	147.42	7	乌干达	83.05
8	吉布提	24.09	8	刚果（金）	128.59	8	利比亚	61.20
9	安哥拉	15.80	9	肯尼亚	96.29	9	乍得	60.71
10	塞内加尔	13.97	10	乌干达	75.67	10	吉布提	57.63
11	埃塞俄比亚	12.68	11	苏丹	53.48	11	尼日利亚	54.47

资料来源：根据安全援助监控网（https://securityassistance.org/）数据整理制作。

最后，小布什总统、奥巴马总统和特朗普总统对西非国家特别是摩洛哥和突尼斯保持着自对非安全援助启动以来的重视传统，这两个国家始终位居美国对非安全援助的前十位之列。同时，南非、尼日利亚等大国所获得的安全援助也较20世纪有明显增长，暗示着美国对非洲大国在地区安全中的角色日渐重视。

第三，从项目分布上看，特朗普总统第一任期明显改变了自"9·11"事件以来的特殊临时授权泛滥态势，对非安全援助项目的整合趋势明显。"9·11"事件后，美国对非安全援助项目数量迅速增加，小布什总统第一任期共计提供18个项目的对非安全援助，奥巴马总统第一任期的项目数量达到21个；但到特朗普总统第一任期，这一数量大大下降，仅为8个。从各项目所获得资金角度看，特朗普总统很大程度上延续了奥巴马总统的政策优先：外军资助仍是美国对非安全援助的最大项目，其绝对金额增长并不明显；维和行动维持着其对非安全援助第二大项目的地位，其绝对金额增长幅度也不大；国际麻醉品管制和执法项目仍相当重要，其获得的资助金额则有较明显的下降态势；国际军事教育和训练维持着小幅增长；增长幅度最大的传统性安全援助项目是防扩散、反恐、排雷及相关项目，增幅超过80%。与此同时，特朗普总统第一任期也有重要创新，其对边境安全和安全合作项目的拨款达到10亿美元，这很大程度上是整合此前小布什总统和奥巴马总统时期各种特殊临时授权所致。

表7　小布什总统、奥巴马总统、特朗普总统第一任期对非安全援助的项目分布

（单位：百万美元）

项目	2001—2004	2009—2012	2017—2020
应急经费	50.00	—	—
维和行动	67.08	1250.27	1349.15
外军资助	5334.54	5364.25	5497.13
全球安全应急基金（国防部）	—	21.77	—
军校	2.34	6.26	—
军事教育职业交流	0.73	—	—
合作威胁削减	—	2.90	—
航空领导力	0.32	0.91	—
国务院和国防部联合非安全援助	0.78	0.15	—

续表

项目	2001—2004	2009—2012	2017—2020
国土安全部—美国海岸警卫队活动	—	0.27	—
国际维和能力提升	0.11	—	—
国际麻醉品管制和执法	21.05	354.42	283.65
国际军事教育和训练	57.90	87.54	92.84
富余防务用品	102.47	118.48	—
非安全援助—统一指挥	7.43	13.62	—
反恐奖学金	2.09	31.81	—
第1207条安全和稳定援助	—	47.84	—
第1207（n）条过渡授权	—	75.00	—
第1206条训练和装备授权	—	225.43	—
第1033条禁毒援助	—	0.37	—
第1004条禁毒援助	8.44	55.79	18.72
地区安全研究中心	8.36	20.66	—
不扩散、反恐、排雷及相关项目	119.33	207.75	377.25
边境安全	—	—	250.00
安全合作项目	—	—	750.00

资料来源：根据安全援助监控网（https://securityassistance.org/）数据整理制作。

四、美国对非安全援助的绩效及前景

尽管美国开展对非安全援助已长达60余年，对其效果却难有统一意见。支持者认为，对非洲为数不多的安全援助产生了良好效果，且将继续产生良好效果。例如，美军非洲司令部司令托马斯·沃尔德豪泽在2017年时的一份声明中指出，对非洲安全机构的相对较小但聪明的投资，可在未来为非洲、欧洲和美国提供重大的回报，创造相互有利的机会，降低动荡、极端化和持久冲突的风险等。[1] 批评者则认为，美国对非安全援助使

---

[1] Thomas D. Waldhauser, "United States Africa Command 2017 Posture Statement", Testement before the Committee on Armed Services, March 9, 2017, https：//www.armed-services.senate.gov/imo/media/doc/Waldhauser_03-09-17.pdf, p.5.

非洲更加动荡，而非更为安全；这一援助可能导致非洲恐怖主义活动的升级，也可能使其为非洲政府所用而导致政变和政府镇压。[①] 总体而言，正如兰德公司的一项研究所指出的，迄今为止尚缺乏对美国对非安全援助的整体评估。[②]

评估美国对非安全援助必须与其历史发展及不同时期的体系环境等因素相结合。结合前述数据分析，可以大致得出如下的初步结论。第一，冷战时期美国对非安全援助严重忽视内部治理问题，成为冷战结束后非洲冲突集中性爆发的重要原因。美国对非安全援助的首要目标是服务于美苏竞争，维持非洲的伙伴政府，阻止来自苏联的政权变更。提高盟国或伙伴国的政府治理水平或人权保障水平甚或维持和平与稳定，并非美国这一时期安全部门援助的首要目标。这一时期的美国对非安全援助主要提供给美国的盟国和伙伴国，尽管它们极可能相当专制和腐败；任何国家一旦倒向苏联，便可能得不到美国的安全援助，安哥拉便是典型。由于美国自身不关注对象国的内部治理，其对非安全援助经常演变为一种道德风险：为脆弱的领导人提供军事援助，可能强化其保护政权免遭政变的动机，并使他们认为美国将继续帮助他们应对由此产生的暴力。[③] 正是这样的错误认知，导致冷战结束后诸多非洲国家累积性的矛盾集中爆发，而美国在1986年后便陷入安全援助"疲劳症"，放任非洲国家的冲突不顾，进而强化了其"好天气朋友"的国际形象。

第二，冷战结束后特别是"9·11"事件后，快速增长的伙伴国能力培养型安全援助总体上并未产生明显效果。如前所述，伙伴国能力培养成为"9·11"事件后美国安全援助的核心努力，是奥巴马政府将"安全援助"进一步明确为"安全部门援助"的内在逻辑。因得到美国的装备、训练及其他援助，安全援助最直接的效应是强化伙伴国安全部门的能力，故

[①] Nick Turse, "Even AFRICOM's Own Commander Admits Its Strategy Is Not Working", *Nation*, August 2, 2016; Dillon Savage and Jonathan D. Caverley, "When Human Capital Threatens the Capitol: Foreign Aid in the Form of Military Training and Coups", *Journal of Peace Research*, Vol. 54, No. 4, 2017, pp. 545 – 546; Sam R. Bell, K. Chad Clay, and Carla Martinez Machain, "The Effect of US Troop Deployments on Human Rights", *Journal of Conflict Resolution*, Vol. 61, No. 10, 2017, pp. 2020 – 2042.

[②] Stephen Watts, Trevor Johnston, Matthew Lane, Sean Mann, Michael J. Mc Nerney, Andrew Brooks, *Building Security in Africa: An Evaluation of U. S. Security Sector Assistance in Africa from the Cold War to the Present*, Santa Monica, Calif.: RAND Corporation, 2018.

[③] Andrew Boutton, "Coup – Proofing in the Shadow of Intervention: Alliances, Moral Hazard, and Violence in Authoritarian Regimes", *International Studies Quarterly*, Vol. 63, No. 1, 2019, pp. 43 – 57.

能更好地提供公共安全保障、遏止恐怖主义、促进人权和法治等。但需要指出的是，由于伙伴国能力培养努力主要聚焦战术能力而非战略能力和制度能力，因而其效果更多是短期性的。① 联合国评估认为，得益于美国安全援助的大量支持，全新重建的利比里亚军队尽管存在其他不足，却是"装备良好、训练有素"的。② 不过，能力的提高也可能导致预期之外的后果，极可能被滥用于从事国内镇压或其他动荡性的行为。例如，在马里，许多图阿雷格人认为，美国的安全部门援助有利于南部的族群，这是 2012 年图阿雷格暴乱的一个潜在因素。③ 鉴于非洲整体安全形势在"9·11"事件之后并无显著改善，特别是在 2011 年后非结构性暴力明显增长，④ 美国对非安全援助特别是伙伴国能力培养的成效不显著。

第三，在美国对非安全援助内部，训练型项目的效果相对明显，而装备、军售等项目的效果则相对复杂。与前述两点相联系，无论是通过军售还是直接装备对象国武装力量，都可能导致复杂的后果。比较而言，尽管实际拨付金额较小，但以国际军事教育和训练为核心的训练型项目的效果较为明显。国际军事教育和训练项目每年可为全球 120 余个国家的 8000 多名军官提供训练；相比之下，富布赖特计划每年资助的国际学者约为 4000 名。如果将其他项目也纳入其中，国防部每年训练的外国军人超过 5.5 万人。虽然难以量化评估，但这的确为美军积累了大量的人际关系。例如，博茨瓦纳 2009 年在职的 14 位将军中，有 11 位参加过美国国际军事教育和训练项目。美国海军战争学院 2007 年的一项数据表明，在其下属的海军参谋学院的受训外国军官中，共有 236 名获得将军军衔，其中有 102 位担任过海军部长，5 位担任过内阁部长，甚至有 1 位成为总统。

第四，冷战结束后特别是"9·11"事件后，快速增长的特殊临时性授权正对美国安全援助的传统组织方式构成挑战，有关"外交政策军事

---

① Christopher Paul, Colin P. Clarke, Beth Grill, Stephanie Young, Jennifer D. P. Moroney, Joe Hogler, and Christine Leah, *What Works Best When Building Partner Capacity and Under What Circumstances?* Santa Monica, Calif.: RAND Corporation, 2013; Seth G. Jones, Andrew Liepman, and Nathan Chandler, *Counterterrorism and Counter - insurgency in Somalia: Assessing the Campaign Against al Shabaab*, Santa Monica, Calif.: RAND Corporation, 2016.

② UN Security Council, *Special Report of the Secretary - General on the United Nations Mission in Liberia*, November 15, 2016, pp. 7 - 8.

③ David Gutelius, "Islam in Northern Mali and the War on Terror", *Journal of Contemporary African Studies*, Vol. 25, No. 1, 2007, p. 66.

④ 张春：《非结构性暴力增生与非洲动荡的常态化》，《当代世界》，2014 年第 9 期，第 44—46 页。

化"的质疑持续上升。与大量特殊临时性授权相伴随的是，国防部正日益利用其获得的灵活性和响应性自设安全援助任务，而这传统上应当由国务院决策。无论是盖茨还是其继任者列奥·帕内塔都强调，应改革安全援助，强化国务院在制定和执行美国外交政策中的主导作用；但同时也强调，伙伴国能力培养是未来的一个关键性军事任务。① 如果说美军高层仍对国务院的主导地位保持着战略性认知，那么中低层就几乎忘却了这一美国安全援助的基本原则。美军非洲司令部战略、规划和项目部主任查尔斯·胡珀将军在2012年时强调，培养伙伴国能力是一项重要的军事任务，是美军非洲司令部战区战略的基础。② 显然，国防部在安全援助中的作用已有所强化，是美国外交政策军事化发展的重要原因，其背后恰好是大量特殊临时性授权对法律的突破，从而在国务院和国防部之间留下模糊地带，进而强化部门间权力竞争，动摇了美国安全援助的有效性。③

对于上述问题，美国行政部门和国会均已有所认识，并持续呼吁美国安全援助的改革。未来美国安全援助尤其是对非安全援助的改革方向可能包括三个方面。一是战略化发展，即强化美国安全援助的战术与战略层次的协调性，强化战略性安全援助。这一发展的典型和紧迫挑战是索马里。非盟索马里特派团原计划于2020年终止行动，而美国支持下的索马里国防军的能力建设显然不足以确保索马里安全，④ 因此美国对索马里的安全援助必须加快改革步伐，特别是如何培育索马里国防军的战略能力而非提高当前聚焦的战术能力。二是条件化发展，即采取类似发展援助附加条件的方法，为美国的安全援助附加政治、军事条件。事实上，在不少国家特别是非洲国家，美国安全援助提供陷入两难困境，既不能停止对其援助，又担忧援助的道德风险，因此只能通过附加条件来塑造和改变对象国的动机。这一观念正得到美国安全援助的研究者和实践者越来越多的支持，特

---

① Robert M. Gates, "Helping Others Defend Themselves, The Future of US Security Assistance", *Foreign Affairs*, Vol. 89, No. 2, 2010, pp. 2–6; "Panetta Outlines Partnership Plan at USIP", United States Institute of Peace, June 29, 2012, https://www.usip.org/publications/2012/06/panetta-outlines-partnership-plan-usip.

② Charles Hooper, "Going Farther by Going Together: Building Partner Capacity in Africa", *Joint Forces Quarterly*, Vol. 67, No. 4, 2012, pp. 8–13.

③ "Embassies as Command Posts in the Anti-Terror Campaign", A Report to Members of the Committee on Foreign Relations, United States Senate, December 15, 2006, p. 2, https://fas.org/irp/congress/2006_rpt/embassies.pdf.

④ "United Nations Security Council 8165th Meeting", January 24, 2018, https://www.securitycouncilreport.org/atf/cf/%7b65BFCF9B-6D27-4E9C-8CD3-CF6E4FF96FF9%7d/s_pv_8165.pdf.

别是如何效仿"千年挑战账户"的"事后奖励"而非"事前诱惑"方法。① 三是商业化发展，即更加强调国防贸易和投资回报，这是特朗普总统偏爱的方法。但因其特殊性，安全援助能否实现更大的商业回报是值得怀疑的。如果美国继续强推商业化发展，极可能导致美国安全援助特别是对非安全援助的另一新风险。

---

① Stephen Biddle, "Building Security Forces and Stabilizing Nations: The Problem of Agency", *Daedalus*, Vol. 146, No. 4, Fall 2017, pp. 126 – 138; Melissa Dalton, Hijab Shah, Shannon N. Green, Rebecca Hughes, *Oversight and Accountability in US Security Sector Assistance*, Washington, D. C. : Center for Strategic and International Studies, 2018.

联合国维和篇

中国国际维和行动探讨：概念与模式[*]

自 1948 年 5 月联合国在中东建立第一项维和行动"联合国停战监督组织"至今，联合国维和行动已走过 70 余年历程，2015 年联合国秘书长建立的"和平行动问题高级别独立小组"（简称"独立小组"）对联合国维和行动进行了评估，并就未来联合国和平行动提出了新的改革建议。对中国来说，自 1988 年 12 月联合国大会接受中国加入维和行动特别委员会至今已有 30 余年，中国在联合国维和行动领域的地位和角色发生了重大变化，中国在联合国维和领域的参与又进入一个新的时期，中国一直沿用的维和行动概念和参与模式的局限性日益凸显。本文旨在对建立一个自主、兼容的中国国际维和行动新概念与新模式进行初步的探讨。

一、面临升级的中国维和行动概念

自中国开始参与联合国维和行动至今，无论是官方表述还是学界研究，中国一直采用"维持和平行动"，即"维和行动"这一概念，特指在联合国主持下或经联合国授权的维和行动，而非广义的国际和平行动。从国际和平行动研究视角看，联合国主持或授权的维和行动只是国际和平行动的一种类型，除此之外还有其他国际组织或国家集团主持的维和行动或和平行动，包括在联合国框架之外且未经联合国授权的行动。经过 70 余年的发展，联合国传统的维和行动也已发展为综合性、混合型的和平行动。因此，有必要从更广泛、多元的国际和平行动视角探讨新时期中国国际维和行动概念。

从国际和平研究视角看，虽然在具体类别的划分上有些不同，但在基本要素方面，学界和智库对"国际和平行动"概念的定义是相同的，即国际和

---

[*] 李东燕，中国社会科学院世界经济与政治研究所研究员。本文原载于《世界经济与政治》2018 年第 4 期。

平行动是指联合国或其他国际组织、国家集团或临时性国家联盟等实施的与维持和平和促进和平目的相关的行动。斯德哥尔摩国际和平研究所报告中所涉及的"多边国际和平行动"包括三类：一是联合国授权建立的行动，二是区域组织建立的行动，三是经联合国同意或有安理会决议授权的由国家联盟或临时性国家联盟开展的行动。根据斯德哥尔摩国际和平研究所的定义，和平行动的目的是促进和平协定的执行、支持和平进程或协助预防冲突及建设和平方面的努力。[1] 德国国际和平行动中心在其发布的《和平行动》报告中，也涉及了不同类型的国际和平行动，第一类是联合国维持和平行动、联合国政治特派团与建设和平行动，第二类是欧盟、欧安组织主持的和平行动，第三类是其他经联合国授权或未经联合国授权的和平行动。[2]

在学界和智库研究中，斯德哥尔摩国际和平研究所和德国国际和平行动中心关于国际和平行动的定义最具代表性。从组织者看，国际和平行动主要分为四类，一是联合国主持的行动，二是联合国与其他组织共同组织的混合行动，三是区域组织主持的行动，四是国家联盟或临时性国家联盟主持的行动。从授权看，有经联合国同意或授权的行动和非经联合国授权的行动之分，一些行动虽经联合国同意但由其他国际组织组织和领导，一些行动由区域组织采取但未经联合国授权。上述行动均包括在斯德哥尔摩国际和平研究所和德国国际和平行动中心定义的"和平行动"概念中。在国际和平与冲突研究中，也有将上述行动统称为"国际干预"或"和平干预"。[3] 由于政治立场的不同，行动的反对者则可能将这类行动称为"干涉"。

根据斯德哥尔摩国际和平研究所的分类，联合国的和平行动包括联合国维和行动、政治特派团，以及联合国与其他组织共同开展的混合行动，但不包括联合国开展的斡旋、实地调查及选举援助等任务。区域组织或国家联盟主持的和平行动包括由非盟、欧洲经济共同体、欧盟、欧安组织、北约、美洲国家组织等主持的行动，临时性国家联盟主持的行动包括部署在西奈半岛的多国部队和观察员，法国等在中非共和国采取的行动，乍得湖盆地委员会为打击"博科圣地"恐怖主义建立的多国联合部队，澳大利亚领导的太平洋国家所罗门群岛区域援助团等。根据斯德哥尔摩国际和平

---

[1] SIPRI Multilateral Peace Operations Database, "Definitions and Methodology", https://www.sipri.org/databases/pko/methods.

[2] Center for International Peace Operations, *Peace Operations 2017/2018*, http://www.zif-berlin.org/en.html.

[3] Séverine Autesserre, *Peaceland: Conflict Resolution and The Everyday Politics of International Intervention*, Cambridge University Press, 2014.

研究所的数据，2016年共有各类多边国际和平行动62项，其中由联合国主持的行动为22项，包括16项维和行动、6项政治特派团。在其他类别中，由区域组织及国家联盟主持的有31项，由临时性国家联盟主持的有9项。[①]

联合国主持的维和行动或和平行动是国际和平行动中最主要、最基本的类别。传统的联合国维持和平行动以中立、同意、非自卫或授权情况不使用武力的"三原则"为指导，以隔离冲突、监督和平协议为主要任务。冷战之后，联合国维和行动在授权范围和规模上不断扩大，"预防冲突""缔造和平""建设和平"等不同类型的行动被纳入维和行动概念，使传统、狭义的维和行动演变成综合性、多层次、多行为体混合参与的和平行动。这一趋势被相关研究称之为"第五代维和行动"特征。"联合国和各种区域组织在不同的指挥系统和不同的任务形式下向同一个特派团派遣部队。"[②] 正是由于这种转变，一种主张是用"和平行动"替代联合国的"维和行动"，以示与传统概念的区别。

2015年联合国秘书长建立了"独立小组"，该小组提交的报告建议秘书长和会员国采用"联合国和平行动"这一术语，用以代指"联合国各种和平与安全任务和举措"，包括调解人、政治特派团、区域预防外交办事处、观察团、小型技术专家团、选举支助团，"甚至包括具有治理职能的过渡当局"或"规划先遣团"。[③] 2015年联合国秘书长提交的报告《联合国和平行动的未来：执行和平行动问题高级别独立小组的各项建议》，在其题目和全文都使用了"和平行动"一词。时任秘书长潘基文的解释是，这样做是"为反映'独立小组'的建议"，通盘考虑所有不同的和平措施，"该词指的是安全理事会和（或）大会授权或核准的所有外地和平与安全行动，包括维持和平行动和政治特派团，以及代表我进行斡旋的特使和区域办事处"[④]。在安理会决议中，也有使用"联合国和平行动部队"，以指包括联合国维和部队和其他联合国授权的非联合国部队，[⑤] 但更多是使用

---

① Timo Smit, "Trends in Multilateral Peace Operations—New SIPRI Data", https：//www.sipri.org/databases/pko/methods.
② Kai Michael KenKel, "Five Generations of Peace Operations: From the 'Thin Blue Line' to 'Painting a Country Blue'", *Revista Brasileira de Politica Internacional*, 2013, pp. 122 – 143.
③ "和平行动问题高级别独立小组"报告：《集中力量，促进和平：政治、伙伴关系和人民》（A/70/95, S/2015/446），http：//www.un.org/zh/documents。
④ 联合国秘书长报告：《联合国和平行动的未来：执行和平行动问题高级别独立小组的各项建议》（A/70/357 – S/politics/2015/682），http：//www.un.org/zh/documents/。
⑤ 联合国安理会决议 S/RES/2272（2016），http：//www.un.org/zh/documents/。

"联合国维和行动和特别政治任务"。安理会决议会采用明确、具体的用词，而非"独立小组"报告或秘书长报告中所指的那种"所有不同的和平措施"。

从研究视角看，无论是联合国的"维和行动"还是"和平行动"，都是国际和平行动的一个类别。就联合国而言，"维和行动"也是一个相对狭义、具体的概念，不能覆盖联合国全部和平行动的内容。中国一直使用的是"联合国维和行动"或"维和行动"这一概念，并未采用"和平行动"概念。在政府官方表述或立场文件中，中国的维和行动概念都是指联合国的维和行动，并没有将其他类型的国际和平行动纳入维和行动的范畴。中国参与或开展的一些海外行动，如打击海盗、湄公河多边巡逻等，被归于国际安全合作范畴。另一些海外派遣行动则被归于中国的人道主义援助、发展援助范畴，如海外救援、医疗队等。《新时代的中国国防》白皮书使用过"国际维和行动"一词，表示"中国军队将加大参与国际维和"的力度，但并未说明"国际维和行动"的具体类别，明确提及的是参与联合国维和行动。[1]

无论与多样化的国际和平行动相比，还是与联合国全方位、综合性、混合型的和平行动相比，中国所沿用的维和行动概念都是相对狭义的。第一，从和平行动的类别看，中国选择的是参与联合国授权的维和行动，不包括前面提到的联合国之外，特别是未经联合国授权的行动。中国维和人员的教学、培训、选拔主要也是针对联合国维和行动而设立的，如中国维和警察培训中心、国防部维和中心，主要是为联合国维和行动的派遣而设立的，包括使用联合国编制的教科书、接受联合国方面的甄选考试和相关认证，派往联合国维和任务区。第二，从参与内容看，中国选择以参与联合国维和行动项目为主，如工程队、医疗队、防爆警察、安全部队等，以军警人员为主。与"独立小组"报告和秘书长报告中提到的内容广泛的联合国和平行动相比，中国沿用的维和行动概念在参与类别、行动内容等方面都具有局限性。

从决策层面和研究层面看，中国沿用的维和行动概念缺少对其他类别国际和平行动的考虑，缺少对2015年"独立小组"报告和秘书长报告中有关联合国全球和区域和平伙伴关系及全方位、混合型和平行动的考虑，

---

[1] 中国国务院新闻办公室：《中国的军事战略》，新华网，http：//www.xinhuanet.com/Politics/2015-05/26/c_1115408217.htm。

也缺少对大"和平行动"概念所针对的不同任务的考虑，包括尚未在维和行动与有效的预防措施和政治解决行动之间建立联系。中国智库和学界的研究主要关注的也是联合国传统维和行动方面。在知网上检索，除了少数关于区域组织维和行动的讨论外，几乎没有关于国际和平行动的研究成果。[①] 因此，有必要从一个更广泛的视角重新审视和定义新时期中国国际维和行动概念。

"联合国维和行动""联合国和平行动""国际维和行动"以及"国际和平行动"等是具有不同含义的概念，同时也是相互兼容的概念。联合国维和行动、联合国和平行动是国际维和行动、国际和平行动最重要的组成部分。中国应从国际和平行动视角，赋予中国国际维和行动概念以新的解释和内容，建立一个可与联合国及其他不同类别国际和平行动兼容、对接的中国国际维和行动概念。

二、面临转型的中国维和行动参与模式

中国从概念上选择了一种以联合国维和行动为主的参与型模式，而非自主型模式。随着中国在联合国维和领域角色的变化，现有联合国维和体制之于中国建设性作用的局限性日益显现。建立自主型中国国际维和行动新框架、新模式，将有助于理顺中国与联合国维和体制之间的关系，为中国在国际维和领域发挥建设性作用提供更大的空间，并以更加灵活、有效的方式参与和支持联合国的国际和平行动。

（一）中国参与联合国维和行动进入一个新阶段

在中国参与联合国维和行动的最初阶段，中国的经费贡献和人员派遣贡献都非常有限。在第一个十年，正值冷战后联合国维和行动不断扩大的高峰期，相比众多发达国家的踊跃出兵，中国对联合国扩大强制性人道主义干预行动保持警惕，中国对一些行动的参与更多是象征意义。20 世纪 90 年代，联合国维和行动的一个最大变化是美国、法国、英国等主要发达国家成为维和部队的派遣主力，改变了冷战时期联合国维和行动以中小国家为主、安理会大国保持中立的状况。此时，中国属于联合国维和领域的新

---

① 依据 2018 年 1 月 10 日笔者关于"国际和平行动"对知网的检索结果。

来者，无论与印度等传统派遣国相比，还是与法国、英国、美国等发达国家相比，中国在人员和经费方面的贡献都相对较小。进入第二个十年后，联合国维和行动规模收缩，发达国家的派遣人数大幅回落。相比之下，中国的参与和贡献逐渐上升，主要体现在维和人员派遣数量的增长。虽然中国的维和摊款比率也在上升，但与美国、日本、德国、英国、法国等发达国家比还相差很远。

进入第三个十年以来，中国在联合国维和领域的地位和作用发生了重大变化。中国在2013—2015年所承担的维和摊款比率从2010—2012年的3.9%上升到6.6%，2016—2018年更是上升为10.2%。这使中国一跃为第二大维和经费贡献国，而且这一摊款比率仍将上升。与此同时，中国维和人员的派遣数量也保持在第二梯队的前列，在124个派遣国中列第11位，在安理会常任理事国中排列第一。① 在2015年联合国维和峰会上，中国强调要做世界和平的建设者，并就加强联合国维和行动做出了多项新的承诺，包括加入联合国新的维和能力待命机制，率先组建常备成建制维和警队，建设8000人规模的维和待命部队，派遣更多的工程、运输、医疗人员，支持非洲常备军和危机应对快速反应部队建设，以及向联合国在非洲的维和行动部署直升机分队等。② 中国的承诺表明中国对联合国维和行动的积极态度和立场，表明中国愿意在这一领域承担更多的国际责任，同时也期望能够发挥更具建设性的作用。

表8　2001年至2018年安理会常任理事国维和摊款比率变化情况（单位：%）

	2001—2003	2004—2006	2007—2009	2010—2012	2013—2015	2016—2018
中国	1.9	2.4	3.2	3.9	6.6	10.2
法国	8	7.3	7.5	7.5	7.2	6.2
俄罗斯	1.4	1.3	0.8	1.9	3.1	3.9
英国	6.9	7.4	7.9	8.1	6.6	5.7
美国	27.3	26.6	26.2	27.1	28.3	28.4

资料来源：联合国大会决议 A/C.5/55/38、A/58/157/Add.1、A/61/139、A/64/220、A/67/224/Add.1、A/70/331。

---

① 数据统计日期截至2017年8月31日。
② 《习近平出席联合国维和峰会并发表讲话》，新华网，http：//www.xinhuanet.com/world/2015-09/29/c_1116705308.htm。

表9 1990年至2017年安理会常任理事国联合国维和部队派遣情况 （单位:%）

	1990	1992	1994	2000	2005	2010	2017
中国	5	488	60	53	869	2008	2654
法国	525	6502	5149	493	600	1609	825
俄罗斯	35	1056	1550	292	331	356	91
英国	769	3719	3820	565	384	283	705
美国	33	436	963	845	344	87	67

注：1990年为11月数据，1992年、1995年为12月数据。从2000年到2017年为各年8月数据。

资料来源：Monthly Strength Report (MSR) on the Contributions of Uniformed Personnel (Military And Police) to UN Peacekeeping Operations and Special Political Missions, United Nations Peacekeeping: Troop and Police Contributors, https://peacekeeping.un.org/en/troop-and-police-contributors。

虽然中国承担的维和摊款与美国相比还有差距，但已远超其他国家，且仍在上升中。这一地位表明，在维和领域，中国的参与和贡献已经不再是个"硬实力"或"硬贡献"问题，而是中国参与联合国维和进入一个新阶段的标志。中国作为联合国维和行动"硬贡献者"的角色已经形成，下一阶段是如何做好一个中国期望的"建设者"的角色。中国在联合国维和领域地位和角色的变化，也必将使中国现有参与型模式面临转型，以探索建立更适合中国建设性方案和建设性作用的模式。

（二）来自现有联合国维和体制的制约

在中国参与联合国维和体制初期，或在逐渐扩大军警人员、设备、财力等"硬贡献"参与阶段，联合国维和体制的局限并不明显，中国扩大参与的自由度很高。但在中国实现作为联合国维和经费、设备、军警人员的"硬贡献者"角色后，当中国试图扮演具有建设性作用的新角色时，中国所面临的来自联合国现有体制方面的制约日益明显。

作为国际多边框架下的行动，联合国维和行动在满足更多国际合法性条件的同时，限制了会员国自主、灵活、创新的实践空间。在现有联合国维和体制内，中国既是制约者也是被制约者。在缺乏政治一致性的情况下，联合国无法满足一些会员国采取行动的方案，无法满足不同行动的需要。联合国维和行动的组织模式、规模、任务、经费使用等都受到各种政治因素和组织因素的限制，有其自身的既定规范和惯性，过程缓慢、繁琐，且效率低、相互掣肘。这是其他不同类型国际和平行动存在的原因，也是联合国需要与其他类型国际和平行动建立伙伴关系的原因。

曾经一段时间，北约领导的阿富汗多国部队及其他一些非联合国和平行动的人数与联合国维和部队的人数不相上下。根据德国国际和平行动中心2014年9月的数据，联合国维和行动及政治特派团的军警数量为86150人，欧盟及其他组织（有联合国授权或无联合国授权）的和平行动军警人数为84677人。随着阿富汗多国部队人数的减少，非联合国和平行动的军警人数出现下降，但仍占总数的40.2%。① 一些北约国家为北约领导的阿富汗多国部队提供的人数远超过其为联合国提供的维和人员。根据2017年12月数据，美国提供的联合国维和人员为55人，为阿富汗多国部队提供的人员为6941人；澳大利亚提供的联合国维和人员为31人，为阿富汗多国部队提供的人员为270人。②

在长期的维和实践中，联合国形成一套相对独立的维和体制，具有自身的封闭性及规范和模式上的惯性，包括独立的话语体系。虽然联合国维和行动建立起日益广泛的合作伙伴关系，但其"思维和行动的标准方式非常根深蒂固"，一些行之无效的行动规范很难改变。③ 这种状况对中国自主、灵活、建设性地发挥作用构成限制。此外，在联合国维和体制中，西方政治文化占主导地位，中国方式、中国思路或中国方案的融入并不容易，甚至还会被认为是中国"企图借联合国维和扩大影响"。对中国来说，仍然存在对联合国维和任务和规范的理解问题，包括对强制性政治干预和强力维和行动的警惕。语言方面的障碍，以及政治文化、组织文化和行动模式上的差异，造成中国在现有联合国维和体制中更多是发挥"硬贡献者"的作用。当中国期待在联合国维和体制内超越"硬贡献者"角色，在制度和规则方面拥有更大话语权时，所感受到的制约自然会越来越多。

随着中国在联合国维和领域地位和角色的变化，中国学界对中国参与联合国维和行动的研究出现一种趋势，即在探讨中国如何在联合国维和领域发挥建设性、创造性、引领性作用的同时，如同本文一样，试图指出联

---

① Center for International Peace Operations, *Peace Operations* 2014/2015, *Peace Operations*2017/2018, http://www.zif-berlin.org/en.html.

② 有关阿富汗多国部队数据来自 Troop Contributing Nations, *Resolute Support Mission*, May 2017, https://en.wikipedia.org/wiki/Resolute_Support_Mission；联合国维和人员数据来自 Troop and Police Contributors, https://peacekeeping.un.org/en/troop-and-police-contributors。

③ Séverine Autesserre, *Peaceland: Conflict Resolution and The Everyday Politics of International Intervention*, 2014, Cambridge University Press, pp. 273-274.

合国维和体制对中国的制约。有代表性的观点如下：第一，指出联合国主流维和理论存在的不足，提出并推动中国方案。例如中国学者认为，主导联合国维和建设的是生成于西方文明实践经验的自由和平规范，注重制度建设而对经济和社会发展关注不足，"让维和建陷入维持和建设虚幻和平的困境"。而中国的对外援助和经济活动传播了"发展和平"的和平规范，有利于保护人的经济安全，联合国的建设和平应当是"自由和平"与"发展和平"的结合。① 第二，认为西方主导的联合国维和机制对中国存有偏见，尚不能接受中国发挥更大的作用。一种观点是，尽管中国是支持联合国维和事务的中坚力量，但西方主导的维和制度和话语权优势很难打破，中国在维和领域存在"严重的话语权赤字"②。在联合国维和领域，中国和发展中国家缺少决策力和领导力，"提供的一些有价值的意见也很少被采纳"，中国作为参与国，"在维和行动中很难起到主导作用"。③ 第三，西方国家仍然把控联合国总部和任务区维和事务的关键岗位，这与中国的维和贡献"尚未完全匹配"。联合国维和行动的任务分配、规划和管理模式与中国习惯的模式存在差异，中国在舆论、语言、人际关系等方面处于弱势，且受到偏见和质疑。④

研究也承认，造成中国与联合国维和体制之间出现上述不对称、不匹配，或"严重赤字"的原因，既来自中国自身也来自联合国方面。从中国视角看，中国沿用的应对型、参与型维和模式可持续性越来越有限，这也正是探讨中国维和行动新模式、新框架的意义所在。

三、建立自主、兼容的中国维和新概念与新框架

中国与联合国维和体制之间出现的不对称、不匹配关系需要得到平

---

① 何银：《规范竞争与互补——以建设和平为例》，《世界经济与政治》2014年第4期，第105—121页；何银：《联合国建设和平与人的安全保护》，《国际安全研究》2014年第3期，第75—91页。

② 何银：《联合国维和事务与中国维和话语权建设》，《世界经济与政治》2016年第11期，第40—61页；

③ 陈伟昉：《大国担当视野下的中国维和研究》，《鄂州大学学报》2015年第11期，第20页。

④ 胡二杰：《联合国维和行动与中国国家形象建设》，《公共外交季刊》2017年第3期，第92—99页；吕蕊：《中国联合国维和行动25年：历程、问题与前瞻》，《国际关系研究》2015年第3期，第48—61页。

衡，但要想满足中国和联合国双方在维和领域的预期，仅在联合国体制内难以充分实现。因此，中国的思路应该是建立自主、兼容的中国国际维和行动新概念和新框架，将参与联合国体制内的维和行动或和平行动作为中国国际维和行动的组成部分，使中国能够在联合国维和体制内和体制外都有进一步发挥作用的空间，主要目的是支持中国在国际和平与安全领域发挥建设性作用，支持中国正在推动的安全治理与安全合作设想，同时以更灵活、有效的方式支持和参与联合国框架内的各类和平行动。

鉴于当今国际和平行动类型和内容的多样性，以及传统中国维和概念和参与模式的局限，从一个更广的国际和平行动视角，探讨建立自主、兼容的新时期中国国际维和行动新概念和新框架，这对中国和联合国来说都具有积极意义。

"自主"意味着中国自主参与、自主开展不同类型的国际和平行动。在国际层面，除了参与联合国主持或授权的国际和平行动外，还包括参与联合国外其他类型的国际多边或双边和平行动，如参与联合国、欧盟打击海盗行动，与非盟在快速反应部队或维和能力建设方面的合作等。同时，中国可与其他国家或国际组织合作，在传统或非传统安全领域自主开展不同类型的国际和平行动，包括在边界地带或周边地区开展的和平行动，如湄公河巡航行动、打击恐怖主义和跨国犯罪行动、应对大规模难民危机行动、紧急救援行动等。在国内层面，"自主"意味着建立自主的中国维和行动理论及自主的教学与培训体系，在研究、教学、培训和人才选拔方面，以中国国际维和行动理论为主导内容，既针对联合国维和行动又不局限于联合国维和行动。这与当下中国学界和智库有关建立"中国特色维和学说"和构建"中国维和理论"的思路是一致的。[①]

"兼容"应该有三个方面的含义。首先是兼容不同行为体主持的国际和平行动，即中国的维和行动概念和框架可兼容联合国或非联合国组织的各类国际和平行动，如区域组织或多边集团开展的国际和平行动。其次是兼容综合、广义的国际和平行动内容，即中国的国际维和行动概念是一个综合的概念，既包括狭义的传统维和行动内容，也包括联合国广义的大"和平行动"内容；既包含联合国维和行动的基本原则和要义，也结合中国国际维和行动的理念、方式和实践经验。传统意义上的"监督停火"作

---

① 王逸舟：《中国维和应"创造性介入"》，《中国报道》2010年第2期；胡二杰：《联合国维和行动与中国国家形象建设》，《公共外交季刊》2017年第3期，第98页。

用仍然是未来联合国维和行动的一个重要内容,同时亦可兼顾联合国维和体制内日益广泛的和平行动任务,如政治特派团、外交调解、法制建设、平民保护、恢复经济发展等。最后就是国内维和行动相关各部门之间的兼容,即建立一个兼容的中国海外维和行动机制,包括政府各相关部门之间的兼容,除军警部门外,还应包括诸如司法、发展、环境、教科文卫、智库、企业和民间组织等国内不同部门。这种兼容性特征与联合国日益多元化、综合性的和平行动趋势及和平伙伴关系相符合,中国传统的维和行动概念与模式则过于狭窄,缺少不同部门之间的协调与整合。

中国之所以一直沿用一种狭义的维和行动概念,并选择以参与联合国主持的维和行动为限,主要考虑是中国一直强调坚持传统的维和"三原则",即中立、同意、非自卫或授权情况不使用武力,这种立场既表示中国履行国际责任和贡献力量,也表示反对未经安理会授权或所在国同意的联合国行动。另一种解释是,中国采取低调、狭义的维和行动概念有助于消除"中国威胁论"的影响。而根据本文自主型中国国际和平行动概念,意味着中国可参与联合国内外不同类型的国际和平行动,包括在联合国之外以双边或多边形式采取的行动,这难免被视为"中国威胁"的又一表现。

随着中国实力的增长和国际影响力的扩大,"中国责任论""中国威胁论"等早已出现,并会继续存在。对中国来说,选择继续沿用狭义的维和概念和参与型角色,同时承担不断上升的联合国维和经费分摊责任和人力、资源方面的支持,包括军队、警察的派遣,特别是工程兵、医院、后勤方面的支持,这种模式对消极、有限地缓和"中国威胁论"有一定作用,但对中国来说这种模式是不可持续的,也不利于中国在联合国维和体制内发挥积极且具建设性的作用。中国学界和智库关于中国在联合国维和体制内面临的"不匹配""不公平""不灵活"及"话语权赤字"的讨论,也预示这种模式的不可持续。这种局面的改善需要中国方面的适应、提高和改进,也需要中国方面的创新。

本文关于自主、兼容的中国国际维和行动概念不仅意味着中国对狭义的"联合国维和行动"的继续参与和支持,也意味着中国对广义的"联合国和平行动"内容的考虑,其中包括经联合国同意或授权的混合型行动或非联合国行动,以及与《联合国宪章》和联合国和平行动宗旨与目标相符的行动。根据中国对外政策中强调的和平外交、合作共赢、不干涉内政,以及共商共建共享的全球治理概念①，也根据国际维和行动的经验，自主、兼容的中国国际维和行动应该基于下述原则。

第一，以《联合国宪章》和联合国维和"三原则"为依据的国际和平行动。自主型中国国际维和行动概念不等于认同扩大军事干预行动，《联合国宪章》及联合国维和"三原则"是中国国际维和行动的国际法依据和指导原则，中国一贯坚持的和平共处五项原则，以及合作共赢、平等协商等原则也是指导中国国际维和行动的基本原则。

第二，以联合国维和行动为主要使命和参照的国际和平行动。联合国维和行动或和平行动是当今最主要的国际和平行动，也在长期行动中积累了相关经验。中国国际维和行动概念应以联合国行动为参照，以参与联合国主持、授权或同意的国际行动为主要任务，与联合国保持密切联系与合作关系，与联合国维和建和的总目标保持一致，并积极探索国际维和行动的新思路、新模式。

第三，以开放、协商、合作为基础的安全治理。在自主、兼容的中国国际维和行动概念和框架下，中国可参与或自主开展多边或双边的国际维和行动，但仍应以多边非军事手段为主，坚持开放合作、多边协商的原则。这与联合国强调的政治解决冲突和全球伙伴关系是相符的。中国国际维和行动是中国开展国际安全合作、促进全球安全治理的组成部分，除了加强与联合国的合作外，也包括与其他有关国家、国际组织、非政府组织和民间组织的广泛合作。

因此，建立以自主和兼容为特征的中国维和新概念和新框架，目的在于寻找更适合中国在和平与安全领域发挥建设性作用的新路径和新方式，也是中国为支持和促进联合国和平行动所做的努力。如果中国方案、中国行动能在维持和平、建设和平及冲突的解决和预防等方面产生积极效果，中国对世界和平与安全的贡献则不辩自明，有积极效果的中国方案自然也会得到联合国和国际社会的认可。

---

① 习近平：《决胜全面建成小康社会 夺取新时代中国特色社会主义伟大胜利——在中国共产党第十九次全国代表大会上的报告》，载《党的十九大报告（辅导读本）》，人民出版社2017年版，第58—59页。

四、未来中国维和行动的三大路径

基于上述维和概念和框架，未来中国国际维和行动可从三条相互关联的路径展开，即中国路径、联合国路径、安全治理路径。通过这三条路径实现构建中国维和新概念和新框架的目的，达到三个方面相互促进、相互支持、相互对接的效果，通过不同渠道和平台在国际维和领域发挥更具建设性的作用。

（一）中国路径：发展促和平

在自主、兼容的中国概念和框架下，开辟自主的中国国际维和路径是一种新的前景。这一路径以中国为主导，与东道主和各参与方合作，向联合国及其他相关方面开放，以"发展促和平"和"综合安全治理"为主要内容。与其他方面相比，这一路径最能反映出中国维和角色、作用和方式的变化，因为中国既可在机制和框架层面进行创新，也可在行动和战略层面进行创新。

在机构和框架层面，具体步骤可包括：第一，建立中国国际维和行动待命部队，以参与联合国国际和平行动为主，但不限于联合国主持或授权的行动，也包括参与区域或其他双边、多边形式的国际维和行动。第二，参照联合国维和体制和伙伴关系模式，建立中国国际维和行动协调机构，除传统的军警维和部门之外，促进政治、外交、法律、发展、教科文卫、媒体、智库等不同相关部门之间的协调与合作，也可将相关企业、民间组织、私人保安、志愿人员纳入其中。第三，建立自主、兼容的中国国际维和教学、培训、选拔、派遣体系，培训对象除传统的军警人员外，也包括各类文职人员，以及中国海外人道主义救援人员、医疗队人员、司法人员、安保人员、海外发展援助项目人员、志愿者等。在接受相关培训之后，这些人员将成为中国国际维和行动的储备力量，以便在必要时向联合国或其他国际维和行动派遣。第四，使中国国际维和行动与中国国际安全合作、发展援助、人道主义援助、医疗队派遣等相关项目建立起联系，形成资源分享和机制对接。

在行动和战略层面，"发展促和平"应成为中国在建设和平、巩固和平方面做出新贡献的方向，现阶段出现的一个重要契合点是"发展促平"与"一带一路"建设和《2030年可持续发展议程》之间的关联。中国一直重视"发展促和平",同时也是联合国《2030年可持续发展议程》的积极支持者,在许多国家都有发展援助及发展合作项目。"一带一路"建设则是中国现阶段的优先议题,是中国国际发展合作的重要内容。中国也一直强调"一带一路"建设与《2030年可持续发展议程》的"高度契合",推进"一带一路"建设与《2030年可持续发展议程》项目的对接。[①] 现阶段中国"发展促和平"最现实的路径是通过扩大中国"一带一路"建设和可持续发展合作项目的"和平关切",与《2030年可持续发展议程》目标16"促进和平"及其他相关目标联系起来,与联合国和平行动的宗旨和目标建立起联系。

通过目标16"加强发展行为体同和平与安全行为体之间的合作"[②] 也是联合国方面的一个思路,这为中国"发展促和平"与联合国和平行动的相互促进、相互对接提供了契机。中国可通过和平与发展项目与东道国及相关参与方合作,为与促进和平、巩固和平、建设和平相关的项目提供支持,如安全治理能力建设和制度建设项目,人道主义救助能力建设项目,提高妇女参与社区安全治理能力和自我保护能力项目,以及以促进和平、和解、和谐为内容的文化和发展项目。

(二)联合国路径:更灵活、有效、广泛的参与和支持

在新概念、新框架下,中国对联合国维和行动的参与更广泛、灵活,更具建设性,既体现在传统优势的发挥,也体现在新角色的加强。

联合国路径是中国参与国际维和的传统路径,继续支持联合国主导的维和行动和和平行动,推进联合国维和行动的创新与改革,是中国的既定方向。从"独立小组"报告、秘书长报告和安理会系列决议看,更强调政治解决冲突和预防外交,强调维和行动的伙伴关系,包括与东道国的密切联系。作为安理会常任理事国,支持联合国维和行动是中国的国际责任,也是中国的承诺。

中国作为"硬贡献者"的角色仍有上升空间。如果不发生特殊情况,这一趋势将继续。从派遣角色看,中国已积累了派遣军警经验,如8000人

---

① 《第72届联合国大会中方立场文件》,外交部网站,http://www.fmprc.gov.cn/web/wjbxw_673019/t1488207.shtml。
② 联合国秘书长报告:《联合国和平行动的未来:执行和平行动问题高级别独立小组的各项建议》(A/70/357 – S/2015/682),http://www.un.org/zh/documents/。

待命部队的组建，具有作为派遣大国的潜力、能力和经验，在联合国具有派遣需求、中国有派遣意向的情况下，中国作为军警派遣大国的角色也有上升空间。新的前景是中国派遣人员的多元化趋势，即在"非军警"人员的派遣方面的潜力会逐渐增大。本文提出中国维和行动的兼容性和自主性，其重要目的之一就是更能适应联合国未来国际和平行动多元化的趋势，特别是在实现联合国解决冲突、政治调解、预防冲突、保护平民等目标上发挥新的作用。派遣人员的多样化趋势，使在派遣军警和设备的同时，有更多中国"非军警"人员参加联合国的国际维和行动，支持联合国不同类型的和平行动任务。

建设者角色增加。在联合国框架内，探讨和支持联合国维和体制的改革和创新力量将加大。中国政府在2017年联合国立场文件中做出积极的表态，"支持联合国维和行动与时俱进，在会员国广泛共识基础上进行合理必要改革，不断发展创新"，"愿同会员国等有关各方深入探讨，在兼顾各方关切基础上寻求改革方案"。[①] 自主、兼容的中国国际维和行动其重要目标之一就是能够以更灵活、有效的方式，建设性地参与和支持联合国主导的国际和平行动，通过建立一个综合性、兼容性的中国维和概念和框架，提高中国的国际和平行动综合能力，以适应联合国和平行动的发展趋势，除了针对军警的培训和教学外，将国际维和培训和教学扩大到其他有关非军警部门，为联合国和平行动储备更多具有不同领域专业特长的中国国际维和人员。

此外，通过参与不同类型的国际维和行动，在联合国维和体制内外探索国际维和行动的新路径和新方案，并随时准备为联合国和平行动提供选择性支持。如果联合国需要，中国在联合国外自主开展的国际行动或项目，如海外发展援助项目、和平与安全项目、医疗队派遣项目、人道主义救助项目等，可以灵活的方式与联合国维和建和项目进行合作，为联合国提供建设性的支持。例如，在自主、兼容的中国维和行动框架内，中国在非洲国家的医疗队可应联合国邀请，为联合国提供可能的支持，开展必要的合作。这种合作模式对中国和联合国来说都具有创新意义，其共同目的是更好地服务于当地人民，促进联合国在当地开展维和建和行动。反过来，中国派遣的联合国维和医疗队则受其固定任务和规则的制约，不能灵

---

① 《第72届联合国大会中方立场文件》，外交部网站，http://www.fmprc.gov.cn/web/wjbxw_673019/t1488207.shtml。

活、自主地开展对外合作。

在许多方面,中国自主框架下开展的合作项目与联合国开展的维和建和项目是相符的。在2015年"独立小组"关于联合国和平行动的报告提出之后,安理会通过了多项关于加强和改进联合国维和行动的决议,呼吁会员国履行承诺,提高联合国整体的维和成效和效率,提高工程、医疗及快速部署部队能力的同时强调联合国警察部门在增强东道国警察和其他执法机构能力建设方面应发挥重要作用,包括通过制定社区治安原则在打击有组织犯罪方面发挥作用,为边界、移民、海事安全、预防犯罪、调查等领域提供支持,特别是加强对非洲大陆"和平支助行动"以及非洲常备军快速部署能力建设的支持。① 中国在与非盟、欧盟、东盟、上海合作组织等区域组织开展的安全合作项目中也涉及到上述这些问题,尤其是在非传统安全领域的合作。如在《中非合作论坛——约翰内斯堡行动计划(2016—2018)》中,有关安全领域合作的内容包括:支持非洲国家加强防暴能力建设,支持非洲集体安全机制建设,支持非盟快速反应部队和非洲常备部队建设,维护相关海域航道安全及地区和平稳定,在亚丁湾、几内亚湾和索马里海域打击海盗,共击非法移民、贩运人口、非法动植物品交易、非法麻醉品和非法开采等跨国犯罪活动,以及反恐等。② 在这些领域,中国的项目可与联合国和平行动项目进行合作,为联合国提供更多可选择性的支持。再如前面提到的中国路径"发展促和平",也可实现与联合国的合作与对接。

中国参与联合国维和行动以来,已经积累了一定的经验,在维和培训与选拔方面,不仅按联合国规范严格要求,而且通常强调"高于联合国"的标准。自主、兼容的教学与培训体系有助于中国在这一领域的拓展与创新,有助于建立一支适合联合国及其他不同类型国际和平行动需要的储备人才队伍,在联合国需要时可随时派遣。而且如前面提到,在中国储备的国际维和人员中,不仅包括训练有素的军人和警察,也包括诸如法务、科技、医疗卫生等其他领域的人员。

(三)安全治理路径:将维和行动纳入安全治理

与"维和行动"或"和平行动"相比,"安全治理"是一个更广泛、

---

① 联合国安理会决议 S/RES/2378(2017)、S/RES/2382(2017)。
② 《中非合作论坛——约翰内斯堡行动计划(2016—2018年)》,2015年12月10日,外交部网站,http://www.fmprc.gov.cn/web/zyxw/t1323148.shtml。

更综合的概念。在内容上，安全治理强调规范和制度层面的建设，也更能体现东道国的参与和主导地位。在手段上，可以将安全治理理解为一种综合性的途径，是通过加强会员国与联合国、区域组织、次区域组织及其他国内和国际行为体之间合作来实现的治理，是实现包括巩固和重建和平环境、预防冲突和暴力、稳定社会治安、打击和预防跨国犯罪等内容的综合性安全目标的一种途径，是实现从社区安全、国家安全到国际安全或区域安全的一种途径。

从变化趋势看，联合国维和行动概念与安全治理概念日益接近。联合国维持和平、建设和平相关任务授权已经扩大到国内政治、治安、法治、人权、经济建设等不同方面，跨国犯罪、暴力、难民等问题都在其中，这些问题也是综合安全治理的对象。此外，联合国维和机制也更具治理机制特征，从最初中小国家参与的中立性的维和行动，发展到地区大国、安理会常任理事国及国际组织、国家联盟和民间组织等都有参与的全球维和行动。和平行动或维和行动作为一种国际外派介入式途径，成为促进综合性安全治理目标的一种特殊途径。

国际外派的介入行动对监督停火、缓和冲突、维持和平与促进和平具有一定的作用，也是必不可少的。但联合国70余年的维和实践证明，维和行动或和平行动的作用是十分有限的，正如"独立小组"报告中所列举的联合国维和特派团所经历的困境和失败：一些行动因政府不同意而结束，一些因安理会失去耐心而结束，一些因冲突复发而返回，还有一些行动持续了几十年也无法结束。[①] 将维和行动纳入综合性的安全治理框架，更有助于实现联合国维持和平、建设和平和预防冲突相关目标和措施的整合，尤其在营造和巩固可持续的和平环境方面，安全治理路径的优势更明显。

安全治理是全球治理的重要内容，应将维和行动纳入中国正在积极推动的全球治理考虑之中，以从概念、机制和政策层面将维和行动与安全合作、安全治理建立起联系，支持区域、国家和社区安全治理的机制建设和能力建设，支持开展与巩固和平、改善安全环境、预防暴力、打击跨国犯罪内容相关的活动。

---

① 和平行动问题高级别独立小组报告：《集中力量，促进和平：政治、伙伴关系和人民》（A/70/95，S/2015/446），http://www.un.org/zh/documents。

结语

与采取传统维和概念相比,扩大对国际维和行动的参与势必会面临更多挑战,这无疑是对中国在国际和平与安全领域新角色、新作用的考验。维和行动只是联合国和国际社会维持和平的一种有限手段,在很多情况下难以发挥理想作用。虽然联合国越来越强调建立广泛的维和伙伴关系,尤其是发挥区域组织的作用,但联合国的"伙伴维和"方式仍然存在多方面的问题。从战略和技术角度看,一些维和部队能力欠缺、资源不足、协调困难等影响了联合国维和行动的声誉。从国际政治角度看,大国或地区强国的参与有加剧矛盾冲突的可能,也与联合国公正性、中立性的维和原则不符,西方大国主导的行动还会与"新殖民主义""新帝国主义"联系在一起。联合国与各区域组织、国家联盟、民间组织等不同维和伙伴之间的观点和方式也不尽相同,联合国长期形成的"维和文化"与其伙伴组织的看法通常格格不入。这些问题也是未来中国国际维和行动所要面临的。

中国在参与和开展国际维和行动时也会受到各种因素的制约和干扰,在一些情况下可能无法达到理想的效果。在上述三条路径上,可能都会取得一定进展,但也可能在一些方面受阻或受挫。可以预期的是,新概念和新框架将更适合中国在国际维和领域的新角色,为中国参与和开展国际维和行动提供更大空间和更多选择,有利于中国建设性作用的发挥。

联合国维和行动成功的条件[*]

——以东帝汶维和行动为个案

维和是联合国维护国际和平与安全的制度性手段。当全球范围内有影响国际和平与安全的冲突发生后，如果冲突各方达成停火/停战协议或者全面和平协议，联合国安理会就可能讨论并通过决议授权建立维和行动。自1948年以来74年里，联合国在世界各地建立了72项维和行动，其中在一些地方取得了成功，而在另一些地方效果却不尽如人意。为什么会有这样的差异？维和行动成功需要什么样的条件？本文将回答这些问题。

一、维和行动效果评估

迄今联合国已建立的72项维和行动大体上分为两大类：一类是管理国家间冲突的传统维和行动，另一类是管理国家内冲突的多层面维和行动。传统维和行动通过在冲突方之间部署军事观察员和/或维和部队，监督停火协议的实施。这类维和行动任务单一，成功的标准容易界定，主要看冲突方之间是否达成解决冲突的政治协议。例如，1973年10月第四次中东战争爆发后，联合国在西奈半岛部署了联合国第二期紧急部队（1973年10月至1979年7月），负责监督埃及和以色列两国之间的停火并建立缓冲地带。1977年11月，埃及总统穆罕默德·安瓦尔·萨达特应以色列总理梅纳赫姆·贝京的邀请访问以色列之后，埃以关系出现重大缓和，两国最终于1979年3月在美国华盛顿签署了《埃以和约》，同意结束战争状态并建立和平局面。同年9月，第二期紧急部队宣告完成了任务。[①]

---

[*] 何银，中国人民警察大学维和警察培训中心副主任，教授。本文原载于《外交评论》2022年第3期。

[①] United Nations, "Second United Nations Emergency Force", https://peacekeeping.un.org/sites/default/files/past/unefii.htm.

多层面维和行动在维持和平的同时，通过建设和平帮助东道国消除冲突的根源以建立持久和平。主要措施包括国家制度构建、安全部门改革、法制建设和经济发展等。也就是说，多层面维和行动的任务要比传统维和行动更为繁多，影响其效果的因素更为多样，是否成功更具有不确定性。本文研究多层面维和行动成功的条件。

研究维和行动成功的条件，首先需要认识"成功"的含义，即维和取得什么样的效果才算得上成功。维和行动的环境复杂，效果评估一直是一个充满争议的问题。戴尔和达克曼指出，维和行动效果的评估取决于依据的标准以及使用的证据，对同一项维和行动评估的结果会因使用的标准和证据不同而有所不同。[①] 研究发现，现有评估标准存在两极分化的现象：一个是最低标准，另一个是最高标准。最低标准是对维和目标设定一个最低要求，即只要维和行动大体上为冲突后国家的和平做出了贡献，就应该得到客观认可。按照最低评估标准，对维和行动基本功能的认识是：维和行动不是万能的，也不一定能够给冲突后国家的和平进程带来多大改变；但如果没有维和行动，情况往往可能变得更糟。按照最低评估标准，没有绝对失败的维和行动。例如，国际上普遍认为由于联合国卢旺达援助团（1993年10月至1996年3月）没能制止1994年的大屠杀，是失败的维和行动。但是大屠杀期间援助团在遭遇严重缩编的情况下坚守在卢旺达，以英雄式的壮举克服各种困难拯救了无数卢旺达人的生命；更为重要的是，几百名维和人员在卢旺达的象征性存在确保了国际主流媒体对大屠杀给予持续的关注，帮助国际上爱好和平的人们了解到了发生在卢旺达的惨剧，为推动安理会调整政策以支持在卢旺达的维和努力做出了巨大贡献。[②] 所以客观地讲，联合国卢旺达援助团也有可圈可点的成功之处。

评估维和行动效果的最高标准，是看联合国是否帮助东道国走上了可持续和平道路。但这种标准的不足是过于笼统，需要用一些具体的指标来衡量。普希克纳认为一项成功的维和行动通常完成四项任务：限制暴力冲

[①] Paul F. Diehl and Daniel Druckman, "Peace Operation Success: The Evaluating Framework", in Paul F. Diehl and Daniel Druckman eds., *Peace Operation Success: A Comparative Study*, Martinus Nijhoff Publishers, 2013, pp. 11 – 28.

[②] 笔者注：大屠杀爆发前夕，一些出兵国出于安全考虑从联合国卢旺达援助团撤出了维和人员。随后，安理会通过第912号决议，将援助团维和人员从2548人裁减到270人。参见 Roméo Dallaire, *Shaking Hands with Devils: The Failure of Humanity in Rwanda*, Random House of Canada, 2004, pp. 264 – 420; United Nations, "Rwanda - UNMIR: Background", https://peacekeeping.un.org/sites/default/files/past/unamirS.htm。

突、减少人的苦难、防止冲突蔓延和促成冲突解决。① 然而，普希克纳对维和行动是否成功的认识局限于维持和平，而多层面维和行动的任务不但有维持和平，还有建设和平。

戴尔和达克曼建立了由核心任务、新任务和建设和平任务三个模块组成的维和行动评估模型：核心任务包括暴力消减、冲突限制和冲突解决；新任务包括选举监督、民主化、人道主义援助、人权保护以及解除武装、复员与重返社会；建设和平任务包括维护安全、推行法治、加强治理以及促进社会恢复、和解与转型。② 然而，尽管这种框架式模型适用于评估不同类型的维和行动，但其最大不足是指标过于细化，容易让评估陷入微观上的技术性审视，而不能从宏观上评判维和行动的效果。

维和行动的评估还受到特定价值理念的影响。由于联合国维和机制被西方自由民主价值理念左右，加之西方在影响联合国维和的政策制定、学术研究和话语建构等方面占尽优势，因此，长期以来联合国关于维和行动效果的评估也受到西方价值理念的影响，主要看重东道国是否在联合国和国际社会协助和监督下，按照西方自由民主标准举行了多党制大选并建立起了政治经济制度和官僚机构。

基于特定价值理念对维和行动效果进行评估，使得维和行动落入了"历史终结论"式的一元话语陷阱：③ 维和行动传播的只能是"自由、民主"等西方价值理念，而这往往成为了维和行动的终极目标。以柬埔寨为例，联合国于1992年建立过渡时期联合国权力机构（1992年2月至1993年9月），并于1993年监督柬埔寨举行大选后结束了维和行动。之后近30年里，柬埔寨的政治和社会基本稳定，在国家发展上取得了一定成就，年均经济增长超7%。④ 这些都证明了在柬埔寨维和行动的成功。然而也有一些人并不认可在柬埔寨维和行动的成就，其中最主要的原因是认为洪森长

---

① Durya Pushkina, "A Recipe for Success? Ingredients of a Successful Peacekeeping Mission", *International Peacekeeping*, Vol. 13, No. 2, 2006, pp. 134, 145.

② Paul F. Diehl and Daniel Druckman, "Peace Operation Success: The Evaluation Framework", in Paul F. Diehl and Daniel Druckman eds., *Peace Operation Success: A Comparative Study*, Brill, 2013, pp. 11 – 27.

③ Francis Fukuyama, "The End of History?", *The National Interest*, No. 16, Summer 1989, p. 4.

④ 《柬埔寨——国内生产总值年增长率》，https://zh.tradingeconomics.com/cambodia/gdp - growth - annual。

期以来一直担任首相,柬埔寨没有走上西方标准的"自由民主"道路。①

维和行动是理想主义的产物,人们对它寄予了太多期望。然而,在现实面前,维和行动的效果受到多方因素影响。本文不主张细化评估指标,也反对根据特定价值理念评估维和行动的效果,而是主张从世界政治的现实出发,根据维和行动的基本功能设定评估标准。

多层面维和行动有两个基本功能:维持和平与建设和平。维持和平是指在冲突后国家维持基本和平的局面;建设和平是指开展政治、经济和安全等方面的建设,消除引发冲突的根源以建设可持久和平。钱德、科夫曼以及世界银行的研究发现,冲突后国家平均需要 15 年至 30 年才能完成转型并走上和平之路。② 可见,维和行动的效果需经得起时间的检验,对其评估既要看维和行动结束时的情况,更要看维和行动结束后较长一段时间里的情况。鉴于此,本文所论建设和平是一个广义的概念,既包括维和行动期间的建设和平,也包括维和行动结束后的建设和平;建设和平的行动者既包括以联合国为代表的各方国际行动者,也包括以东道国为中心的本土行动者。

二、维和行动成功的条件

不同的维和行动东道国有不同的冲突背景、冲突过程和地缘环境,而且不同维和行动的任务目标和手段往往也不一样。这些复杂的因素决定了维和行动的效果会受到多方面因素影响,而且不同的观察者往往可能得出不同的结论。普希克纳认为维和行动成功需要满足五个要件:联合国持续尽力、将冲突与外部支持隔离、有效的谈判进程、参与冲突或战争各方接受维和特派团、各方愿意通过非暴力方式解决争端并达成正式协议。③ 曾

---

① Oliver P. Richmond and Jason Franks, "Liberal Hubris? Virtual Peace in Cambodia", *Security Dialogue*, Vol. 38, Iss. 1, pp. 27 – 48; Steve Heder, "Cambodia: Capitalist Transformation by Neither Liberal Democracy nor Dictatorship", *South Asian Affairs*, Vol. 2012, pp. 103 – 115.

② Satish Chand and Ruth Coffman, "How Soon Can Donors Exit from Post – Conflict States?", *Centrefor Global Development Working Paper*, No. 141, February 2008, p. 53; World Bank, "World Development Report: Conflict, Security and Development", https://elibrary.worldbank.org/doi/abs/10.1596/978 – 0 – 8213 – 8439 – 8? msclkid = 5b36d448c9c11ecb47658098243279, p. 10.

③ Durya Pushkina, "A Recipe for Success? Ingredients of a Successful Peacekeeping Mission", p. 146.

任联合国秘书长驻东帝汶特别代表的日本学者长谷川佑弘认为，冲突后国家走向持久和平需满足六个条件：独立专业的执法机构、能够提供基本公共服务的政府、为民主化施政奠定基础、透明度和问责制、减贫和经济增长以及实现正义、真相与和解。[1]

不难发现，普希克纳所关注的主要是如何停止或者结束现有的冲突，是维持和平成功的条件，适用于评估旨在管理国家间冲突的传统维和行动。对于旨在管理国家内冲突的多层面维和行动来说，仅仅停止或者结束冲突远远不够，还需要通过建设和平消除冲突的根源，帮助东道国走上可持久和平之路。与普希克纳相反，长谷川佑弘所列六个条件则偏重建设和平而忽视了维持和平。本文认为，研究维和行动成功的条件，需要同时关注维持和平与建设和平。

此外，研究维和行动成功的条件，还需要明确研究对象的范畴。根据国际关系层次分析法，影响国家行为结果的因素主要有三个层次：国际体系、国家和个体。[2] 国际体系属于宏观层次，国家和个体属于微观层次。维和行动是全球治理范畴，受到国际行动者的主导，影响其成功的条件主要来自于宏观层面，或者国际体系层面。据此，本文提出尽管维和行动成功需要多方面有利条件，但最重要的是国际体系层面的三个条件：联合国尽责、广泛的国际支持，以及包容性的建设和平规范。其中"联合国尽责"和"广泛的国际支持"是基础性条件，"包容性的建设和平规范"是核心条件。

（一）联合国尽责

联合国尽责体现在政治和行动两个层面。一是在政治层面尽责，参与东道国的政治进程并在众多国际行动者中发挥主导者的作用。二是在行动层面尽责，根据东道国和平进程的发展变化调整维和行动策略和资源投入，充分发挥维和行动的作用。

参与维和行动东道国政治进程的国际行动者往往有很多，包括联合国、区域组织、次区域组织、全球大国、地区大国、邻国、其他域外利益攸关方和国际非政府组织等。这些国际行动者的目的和资源优势不尽相

---

[1] Sukehiro Hasegawa, "Lesson Learned from Peacekeeping and Peacebuilding Support Missions in Timor – Leste", Paper presented at the Berlin Centre for International Peace Operations, January 27, 2006, pp. 6 – 7.

[2] ［美］肯尼思·华尔兹著，信强译：《国际政治理论》，上海人民出版社2003年版。

同，其中联合国的合法性最强。在东道国的政治进程中，只有当联合国成为所有国际行动者中的主导者，各方的目标才能大体上保持协调一致，能够与联合国维和行动相向而行。然而在现实中，联合国并不能总是做到这一点。以南苏丹为例，尽管维和行动是由联合国安理会授权，但是参与该国政治进程的除了联合国，还有形形色色的其他国际行动者，包括非盟、欧盟、东非政府间发展组织等国际组织以及美国、英国和挪威组成的"三驾马车"、中国和埃塞俄比亚等国家，还有一些国际非政府组织等。其中东非政府间发展组织和"三驾马车"发挥着主导作用，联合国南苏丹特派团（2011年7月至今）被边缘化。例如，2017年至2018年，以东非政府间发展组织为首的各方就推动落实南苏丹和平协议进行谈判，最终签署了《解决南苏丹冲突重振协议》。尽管联合国从2005年就开始在南苏丹开展维和行动，部署的维和人员长期维持在1万人以上，但是在《解决南苏丹冲突重振协议》的谈判进程中遭到忽视，联合国南苏丹特派团特别代表甚至没有受邀在该协议上签字。[1]

由于在政治层面处于弱势，联合国在行动层面也难以有大的作为。自2013年南苏丹内战爆发后，联合国南苏丹特派团就被一个称作"平民保护"的维持和平任务"绑架"，迟迟难以开展旨在消除冲突根源的建设和平行动。[2] 而与特派团形成鲜明对比的是，由于联合国在布隆迪、科特迪瓦、塞拉利昂和利比里亚等国的政治进程中发挥了主导作用，能够根据东道国形势发展调整维和行动的策略，最终都较为顺利地完成了维和任务。

（二）广泛的国际支持

广泛的国际支持有两方面的意义：一方面是指联合国会员国特别是参与东道国和平进程的各利益攸关方切实支持维和行动，确保维和行动获得充足的资源，包括政治、人力、物力和财力等方面的支持。作为一个政府间国际组织，联合国最重要的资源都来自会员国。普希克纳所言维和行动成功所需的五个要件中，"将冲突与外部支持隔离""有效的谈判进程"以及"参与冲突或战争各方接受维和特派团"固然重要，但这些情况都并不会自动发生，也非联合国能够独立促成，而是需要有国际层面各方力量的协力推动，尤其是大国和邻国的支持。以柬埔寨维和行动为例，1991年参

---

[1] 内容来自笔者于2018年12月在朱巴对联合国南苏丹特派团官员的访谈。

[2] Adam Day et al. , "Assessing the Effectiveness of the United Nations Mission in South Sudan/UNMISS", Oslo: Norwegian Institute of International Affairs, *EPON Report*, January 2019, p. 12.

与《柬埔寨和平协定》谈判的国家多达18个,其中包括安理会5个常任理事国和当时的所有6个东盟成员国。① 广泛的国际支持确保了过渡时期联合国权力机构获得充足、优质的维和资源。例如,安理会5个常任理事国都向柬埔寨派遣了维和人员。这也是5个常任理事国首次同时向一项维和行动派出维和人员,足见大国对柬埔寨维和行动的重视。其中,中国从1992年4月至1993年9月向过渡时期联合国权力机构派出了两个400人规模的工程兵大队。考虑到1990年中国才首次向联合国维和行动派出维和人员,而且一直到2003年才再次派出成建制维和力量,不难看出中国对柬埔寨维和行动的支持力度。

广泛的国际支持的另一方面意义是指在广泛的国际支持面前,维和行动可以尽可能杜绝捣乱者。斯德曼指出,维和行动中往往有捣乱者破坏和平进程。② 捣乱者可能来自冲突后国家内部,也可能来自外部。内部捣乱者可能是拒绝参与和平进程的冲突当事方,也可能是参与了和平进程但是随时可能退出的冲突当事方。广泛的国际支持特别是大国和周边国家的积极态度,可以对冲突的各当事方形成压力,防止或者促使它们停止捣乱活动,劝说或者迫使它们参与和平进程并落实和平协议。

外部捣乱者是指一些出于自身利益需要,暗地里甚至公开从事破坏维和行动的活动的外部势力。这些外部捣乱者既可能是邻国或地区大国,也可能是域外大国、全球大国甚至跨国公司。它们向东道国内的冲突方提供资金、武器弹药或作战技术指导,煽动冲突或动乱,从乱局中渔利,与联合国的维和努力背道而驰。③ 在刚果(金)、南苏丹和苏丹等国的维和行动中,都可以看到外部捣乱者的身影。以刚果(金)为例,丰富的矿藏吸引了各方外部势力蜂拥而入,将该国变成了非洲大陆冲突历时最长、冲突结构最复杂的国家。刚果(金)国内发生的每一次冲突,都有形形色色的外部势力介入。有学者指出,发生在刚果(金)的冲突的性质并不是单纯的

---

① 笔者注:参与《柬埔寨和平协定》签署的还有澳大利亚、加拿大、印度、日本、老挝、越南以及时任不结盟运动主席国南斯拉夫。参见 United Nations, "Cambodia – UNTAC: Background", https://peacekeeping.un.org/sites/default/files/past/untacbackgr2.html。

② Stephen John Stedman, "Spoiler Problems in Peace Processes", in Paul C. Stern and Daniel Druckman eds., *International Conflict Resolution After the Cold War*, The National Academies Press, 2000, p. 178.

③ Stephen John Stedman, "Spoiler Problems in Peace Processes", in Paul C. Stern and Daniel Druckman eds., *International Conflict Resolution After the Cold War*, The National Academies Press, 2000, p. 218.

国家内部冲突，而是具有明显的国家间冲突性质，是"非洲的世界大战"。① 尽管联合国从 1960 年至今在刚果（金）开展了三项大型的多层面维和行动，特别是从 1999 年至今的两项维和行动已经累计持续 23 年，创造了联合国在一个地方不间断开展大型多层面维和行动的纪录，但是这个国家的安全局势并没有明显好转，距离联合国维和特派团完成任务撤出的日子还遥遥无期。

（三）包容性的建设和平规范

建设和平属于安全治理的范畴，遵循相应的规范。长期以来，建设和平机制受西方自由民主价值理念影响，被一个称作"自由和平"的规范主导。自由和平包含一个关于和平路径的假设：只有实行民主的政治制度和新自由主义经济制度，才可能实现可持久和平。然而，自由和平式建设和平的效果并不理想。一些学者研究指出，后冷战时代在一些冲突后国家开展的自由和平式建设和平并没有建成持久和平，而仅仅是"虚幻的和平"：在自由民主的制度外衣之下，是民众贫穷、国家脆弱和社会失序，随时可能重新陷入冲突。② 自由和平在建设和平中显现出了许多缺陷，其中最大的不足是坚持一元主义规范霸权，在和平路径的选择上体现出"历史终结论"式的排他性，限制了东道国根据自身国情选择建设和平任务和方式的自主性，导致西方文明之外其他文明的成功经验以及东道国的地方性知识被忽视。因此，建设和平若要成功，需要有包容性的规范。

自由和平主张按照新自由主义标准对维和行动东道国进行制度改造。帕里斯在 2004 年出版的《战争结束之后：国内冲突后的建设和平》一书中指出，尽管 1989 年至 1999 年间开展的 14 项建设和平行动在许多方面存在区别，但它们都有一个惊人的相似之处，即都寻求通过自由和平尽快将

---

① Gérard Prunier, *Africa's World War: Congo, the Rwandan Genocide, and the Making of a Continental Catastrophe*, Oxford University Press, 2009, pp. 329 – 358；Marta Iñiguez de Heredia, *Everyday Resistance, Peacebuilding and State – Making: Insights from "Africa's World War"*, Manchester: Manchester University Press, 2017, pp. 19 – 22.

② 有关批判"自由和平"的文献参见：Roland Paris, *At War's End: Building Peace after Civil Conflict*, New York: Cambridge University Press, 2004；Oliver. P. Richmond, *The Transformation of Peace*, Basingstoke: Palgrave MacMillan, 2006；Roger Mac Ginty and Oliver Richmond, *The Liberal Peace and Post – War Reconstruction: Myth or Reality?*, London: Rutledge, 2009；David Roberts, *Liberal Peacebuilding and Global Governance: Beyond the Metropolis*, Abingdon: Rutledge, 2011。

遭受战火摧毁的国家转变为市场民主。① 从纳米比亚到柬埔寨，从布隆迪到海地，联合国维和特派团的首要任务都是帮助东道国举行"自由、民主"的多党制选举和进行安全部门改革，世界银行、国际货币基金组织以及西方国家官方和非官方援助机构则通过提供附带政治条件的援助，促使东道国接受新自由主义经济制度。

自由和平产生于西方文明的实践经验，固然有其合理性，但绝不是建设和平的灵丹妙药。不可否认，许多历经冲突和战乱的国家处于转型期，需要开展现代意义的制度建设。但是在自由和平的倡导者们看来，建设和平过程中任何非新自由主义的原则和方法都是站在民主与自由的对立面，因而不具有合法性。这种从规范霸权和以意识形态价值观为中心的政治正确逻辑，使得自由和平背离了建设和平旨在消除冲突根源、建设持久和平的宗旨，将任务目标局限于通过政治和经济制度建设开展国家构建，建成仅仅拥有领土和主权的新自由主义国家，② 也称作韦伯式国家。③

现代意义的国家有三个维度：一是物质意义的国家，包括领土、人口和经济等方面；二是政治意义的国家，主要指国家的政治制度和主权；三是文化意义的国家，指的是国家的历史和国民的集体身份认同，也称作民族国家。④ 自由和平重视现代国家制度构建，却忽视了民族国家构建。⑤ 民族国家构建的核心是统一国族身份认同。后冷战时代一些国家发生冲突甚至战争的主要原因之一，是存在关于民族、种族和宗教信仰等身份认同的问题。自由和平通过"民主"这一政治理念来构建国族认同，在许多冲突后国家都是失败的。在许多接受了民主化的冲突后国家，民族、种族和宗教信仰方面的认同往往高于国族认同，精英和民众参与国家事务时，认同的往往首先是民族、部落、宗教或者政党，而不是国族这一集体身份。

---

① Roland Paris, *At War's End: Building Peace after Civil Conflict*, New York: Cambridge University Press, 2004, p. 6.

② Oliver Richmond and Jason Franks, *Liberal Peace Transitions: Between Statebuilding and Peacebuilding*, Edinburgh: Edinburgh University Press, 2009, p. 182.

③ Philipp Lottholz and Nicolas Lemay‐Hébert, "Re‐reading Weber, Re‐Conceptualizing State‐building: From Neo‐Weberian to Post‐Weberian Approaches to State, Legitimacy and State‐building", *Cambridge Review of International Affairs*, Vol. 29, No. 4, 2016, p. 1467.

④ 周平：《民族国家与国族建设》，《政治学研究》2010年第3期，第88—89页；邹诗鹏：《民族国家构架下的国家精神》，《哲学研究》2014年第7期，第31—34页。

⑤ Nicolas Lemay‐Hébert, "Statebuilding without Nation‐building? Legitimacy, State Failure and the Limits of the Institutionalist Approach", *Journal of Intervention and Statebuilding*, Vol. 3, No. 1, March 2009, pp. 40–41.

冲突后国家百废待兴，特别需要通过构建统一的民族国家认同团结一致，维护稳定的政治和社会环境，以便利用有限的资源高效地建设和平。然而，由于自由和平倡导喧嚣的竞争型民主或多数民主，强调个体差异而非集体共识，难以统一国民的思想和行动，不能建立基本的政治和社会稳定。在波斯尼亚和黑塞哥维那，过去20多年里在联合国和国际社会的监督下举行了多轮大选，但时至今日未能解决其根本矛盾。

全球治理的规范产生于人类文明的实践。自由和平产生于以西欧和北美为中心的西方文明的实践经验，在西方霸权的护持下上升为国际规范。但是西方仅仅是人类文明的实践场域之一，在西方文明之外还有其他人类文明，产生于这些文明的实践经验也可以上升为国际规范在全球范围内传播。过去几十年来，泛东亚地区一些国家取得了瞩目的发展成就，其中包括中国、日本、韩国和新加坡等"发展型国家"。[①] 这些国家尽管在政治和经济制度上有着很大差别，但是也有许多相同或相似之处。例如，都有一党长期执政的传统，都有强势的政府，都重视维护政治和社会稳定，都是成熟的民族国家等。这些发展型国家在过去几十年的成功经验产生了一个称作"发展和平"的规范。发展和平包含一个关于和平路径的假设：无论实行什么样的政治制度，只要以政治和社会稳定为前提，以经济建设为中心任务，就可以实现和平。[②]

发展和平倡导民主精神。与自由和平倡导竞争型民主或多数民主不同的是，发展和平倡导共识型民主。李普哈特认为多数民主模式存在诸多缺陷和弊端，提出了"共识型民主"的概念，认为这是以利益攸关者的共识为基础的民主模式。[③] 共识型民主强调民主的包容性、妥协性和协商性，淡化对抗性和冲突性，这与发展和平倡导政治共识、维护政治和社会稳定的精神一致。发展和平倡导的共识民主精神有利于冲突后国家解决国民的身份冲突，构建国族认同，为建设和平奠定稳定的政治和社会基础。卢旺

[①] Meredith Woo-Cumings, eds., *The Developmental State*, Ithaca: Cornell University Press, 1999, p. 1.

[②] 关于发展和平的论述参见：He Yin, "A Tale of Two 'Peaces': Liberal Peace, Developmental Peace, and Peacebuilding", in Courtney J. Fung et al. eds., *New Paths and Policies towards Conflict Prevention: Chinese and Swiss Perspectives*, Routledge, 2021, pp. 42–53；何银：《发展和平：联合国维和建和中的中国方案》，《国际政治研究》2017年第4期，第23—25页；何银：《发展和平：全球安全治理中的规范竞争与共生》，中国社会科学出版社2020年版，第107—142页。

[③] Arend Lijphart, "Negotiation Democracy Versus Consensus Democracy: Parallel Conclusions and Recommendations", *European Journal of Political Research*, Vol. 41, No. 1, pp. 107–108.

达经历了 1994 年胡图族针对图西族的种族大屠杀之后，在保罗·卡加梅总统的领导下，通过立法和行政等强硬手段废除胡图族、图西族等民族分野，构建统一的国民身份认同，为卢旺达走上和平之路创造了条件。[1]

自由和平与发展和平是两个存在重大差异的和平规范。自由和平产生于西方世界实践场域，以西方标准的制度建设为建设和平的核心任务，倡导一元主义规范霸权，强调政治竞争，致力于构建拥有现代制度的韦伯式国家，主张激进式国家转型和变革，通过去中心化限制政府权力并鼓励非政府组织等市民社会发展，其规范传播策略主要是外来行动者居高临下传授。发展和平产生于泛东亚地区实践场域，主张在维护政治和社会稳定的前提下大力发展经济，倡导多元主义规范共存共生，强调政治共识，致力于构建既有现代国家制度，又有国族身份认同的民族国家，主张渐进式国家转型和变革，建设有力有为的国家政府，其规范传播策略主要靠东道国自主学习。

与自由和平最大的不同，是发展和平倡导的包容性精神，主张任何有利于维护冲突后国家政治和社会稳定、促进经济发展和建设可持久和平的制度、规范和方法都应当受到欢迎。这有利于建设和平借鉴产生于各种文明实践的经验，并为本土性知识留下发挥作用的空间，使得建设和平最终实现本土所有成为可能。

表 10　自由和平与发展和平比较

	自由和平	发展和平
和平的条件	民主的政治制度和新自由主义经济制度	保持政治和社会稳定，以经济建设为中心
实践场域	西方世界	泛东亚地区
价值观	一元主义	多元主义
民主模式	竞争民主	共识民主
国家的维度	韦伯式国家	民族国家
转型方式	激进式	渐进式
政府—社会关系	小政府—大社会	大政府—小社会
规范传播政策	传授	学习

资料来源：根据相关资料自制。

---

[1] 侯发兵：《卢旺达的民族身份解构：反思与启示》，《西亚非洲》2017 年第 1 期，第 154 页。

在本文提出关于维和行动成功所需的三个条件中,"联合国尽责"与"广泛的国际支持"主要有助于维持和平的成功。维持和平是建设和平的前提,这两个条件都仅仅是维和行动成功所需的基础性条件。由于维和行动是否成功最终取决于建设和平,所以"包容性的建设和平规范"是维和行动成功所需的核心条件。例如,利比里亚和海地这两个国家在历史、自然条件和冲突性质等诸多方面都存在相同或者相似之处:滨海热带地区小国、被殖民的经历、200年左右的建国史、在冷战结束前后爆发了国内冲突、属于欠发达国家。联合国从20世纪90年代初开始在这两个国家开展维和行动,而且都断断续续持续20多年,并且联合国都较好地发挥了主动性和能动性,得到了国际社会的广泛支持,没有明显的外部捣乱者等。但是研究发现,尽管这两个国家的建设和平都算不上成功,但是相比之下就效果而言,利比里亚要明显优于海地。这主要是因为在海地,自由和平是主导建设和平的霸权规范,几乎没有其他和平规范生存的空间;而在利比里亚,自由和平与发展和平同时存在并形成了互补性共存关系,建设和平规范更具有包容性。①

构建包容性的建设和平规范,需要破除自由和平的一元话语霸权,吸收非西方和平规范中有利于东道国建设持久和平的知识。尽管发展和平并非唯一的非西方和平规范,但是得益于在泛东亚地区大范围实践,加之中国崛起的推动,它已经成为了建设和平中最具有影响力的非西方和平规范。② 此外,还需要尊重并利用东道国的地方性知识,③ 包括本土传统习俗、习惯法和宗教信仰等。

阿查亚研究了本土规范在国际规范传播中的作用,指出与本土文化相一致的国际规范更容易传播。④ 金逊认为应当将和平行动的国际行动者倡导的和平(规范)与东道国源于传统的、本土的和习惯性的实践结合,建

---

① 何银:《发展和平:全球安全治理中的规范竞争与共生》,中国社会科学出版社2020年版,第144—206页。
② 国际上关于发展和平的讨论,参见:Cedric de Coning and Kari M. Osland, "China's Evolving Approach to UN Peacekeeping in Africa", NUPI Report, January 2000, Norwegian Institute of International Affairs, 2020; Ling Wei, "Developmental Peace in East Asia and Its Implications for the Indo – Pacific", *International Affairs*, Vol. 96, No. 1, 2020, pp. 189 – 209; Kwok Chung Wong, "The Rise of China's Developmental Peace: Can an Economic Approach to Peacebuilding Create Sustainable Peace?", *Global Society*, Vol. 35, No. 4, 2021, pp. 522 – 540。
③ 康敏:《地方性知识与东帝汶的国族建设》,《东南亚研究》2021年第4期,第65页。
④ Amitav Acharya, "How Ideas Spread: Whose Norms Matter? Norm Localization and Institutional Change in Asian Regionalisam", *International Organization*, Vol. 58, No. 2, 2004, p. 239.

设"混合式和平"。① 科宁提出了"适应性和平行动"的概念，指出为建设可持续和平，以联合国为代表的国际行动者需把握好干预的度，将资源和精力聚焦于帮助东道国维持安全和创造空间，以及增强自我组织和韧性的能力。② 这些研究说明，建设和平的主角应当是东道国而非国际行动者，应当由东道国来决定如何构建适合本国国情的建设和平规范，尤其是应认识到地方性知识在和平规范构建中的作用。

卢旺达大屠杀后的建设和平充分使用了地方性知识，包括盖卡卡法庭、团结营、公民教育和社会契约等。③ 其中最具代表性的是盖卡卡法庭。1994年大屠杀期间发生的犯罪案件堆积如山，卢旺达恢复和平后即着手通过国内和国际现代司法途径开展审判，但很快发现这项工作极其艰难。2000年，全国19个监狱关押了12万名大屠杀嫌疑犯。若按常规冗长的法庭程序，需要100年才能完成。为尽快伸张正义并促进民族团结与和解，卢旺达政府从2002年开始尝试通过本土传统的争端解决模式——盖卡卡法庭来走出困境。传统意义上的盖卡卡法庭是指一个社区的民众聚集在草地上，由各户的家长们担任"法官"，以了解真相和达成和解为目的解决社区内的矛盾或纷争。④ 卢旺达政府在全国支持建立了9000多个盖卡卡法庭，经10年努力，于2012年最终完成了工作，累计审判了约200万例与种族灭绝有关的案件。⑤ 尽管盖卡卡法庭在卢旺达冲突后建设和平中的贡献得到卢旺达人民和许多国际人士的认可，但也有一些人对此持不同意见，认为盖卡卡法庭不符合民主和人权标准，有悖于国际法原则，侵犯了胡图族多数族裔的权利，属于胜利者的正义。⑥

东帝汶维和行动是得到联合国认可的成功案例之一。下文将以东帝汶个案为例，论证维和行动成功所需的三个条件。

---

① 笔者注：金迪认为建设和平需要考虑接受东道国本土规范和实践。但是，他否认西方文明之外的其他文明的实践可以产生和平规范。参见 Roger Mac Ginty, "Hybrid Peace: The Interaction Between Top – Down and Bottom – Up Peace", *Security Dialogue*, Vol. 41, No. 4, 2010, pp. 403 – 404。

② Cedric de Coning, "Adaptive Peace Operations: Navigating the Complexity of Influencing Societal Change Without Causing Harm", *International Peacekeeping*, Vol. 27, No. 5, 2020, p. 837, pp. 841 – 842.

③ 付一鸣：《发展和平与冲突后建设和平——以卢旺达为例》，中国人民警察大学硕士学位论文，2021年，第43—47页。

④ 刘海方：《卢旺达的盖卡卡传统法庭》，《西亚非洲》2006年第3期，第57页。

⑤ Andrea Purdekova Reyntjens Filip and Wilen Nina, "Militarization of Governance after Conflict: Beyond the Rebel – to Ruler Frame—The Case of Rwanda", *Third World Quarterly*, Vol. 39, No. 1, 2018, p. 162.

⑥ Amnesty International, "Rwanda – Gacaca: A Question of Justice", 2002, p. 2.

三、东帝汶维和行动成功的基础性条件

东帝汶位于东南亚努沙登加拉群岛东端，西与印尼相接，南与澳大利亚隔海相望。葡萄牙人于16世纪初侵入东帝汶直到1974年撤出，在四个多世纪里成为主要殖民统治者。1975年印尼武力占领了东帝汶，将其吞并为第27个省。1999年8月30日，东帝汶举行了全民公决，78.5%的投票率赞成独立。随后，东帝汶境内亲印尼的民兵在印尼军方支持下开展血腥报复，数千东帝汶人被屠杀，45万人流离失所，城市和乡村70%的房屋被焚毁，原本就落后的基础设施遭到系统性破坏。① 从1999年6月开始，联合国先后在东帝汶建立了三项维和行动和两个政治特派团，帮助东帝汶独立并应对建国后面临的一系列政治、经济和安全问题。2012年12月，联合国结束在东帝汶的维和行动。

研究发现，东帝汶维和行动符合本文第二部分提出的衡量成功维和行动的两项指标特征，有稳定的局面和可持久和平。一方面，联合国较为有效地维持了东帝汶的和平。联合国从1999年10月至2012年12月在东帝汶维和期间，该国局面总体上趋于稳定。另一方面，2012年12月维和行动结束后，东帝汶走上了可持久的和平道路。一是政治上基本稳定。2013年和2018年举行的两次大选都比较顺利，绝大多数政治力量参与选举并接受了结果，政权交接平稳，议会和政府有效运转，没有发生严重影响政治和社会稳定的事件。二是经济上可持续发展。尽管东帝汶在2002年建国伊始就是全球最贫穷的国家之一，但是近些年在正确的国家发展战略以及石油收入等有利因素的支撑下，国家经济多项重要指标都出现了向好趋势。② 得益于和平的国内环境，外国投资不断涌入，基础设施得到改善，近些年失业率一直维持在3.5%以下。从2007年至2020年，年均经济增长率达到5%以上。③ 三是社会发展上取得瞩目成就。以代表医疗卫生水平的新生儿死亡率为例，2020年每1000名新生儿中死亡31.67人，好于布隆迪、

---

① Todd Wassel, "Timor‑Leste: Links between Peacebuilding, Conflict Prevention and Durable Solutions to Displacement", Brookings Institution, September 5, 2015, p. i.

② 内容来自笔者于2015年7月20日在北京对东帝汶驻中国大使馆官员的访谈。

③ World Bank, "GDP Growth (Annual %) ‑ Timor Leste", https://data.worldbank.org/indicator/NY.GDP.MKTP.KD.ZG? locations = TL.

海地和利比里亚等其他9个维和行动东道国。同时，东帝汶于2009年关闭了最后一处国内难民安置点，历次暴乱和冲突产生的难民都已返回家园。

2012年12月9日，安理会发表主席声明，赞扬了东帝汶独立之后10年里在联合国帮助下取得的成就。① 此外，联合国和平行动部与政治事务部于2015年联合发布了咨询专家小组关于建设和平架构的审查报告，认为东帝汶是联合国维和行动成功的典范。② 笔者认为，联合国在东帝汶的维和行动之所以成功，首先是因为满足了两个基础性条件：一是联合国抓住了历史机遇，在东帝汶和平进程中发挥了积极作用，尽到了维护和平与安全的责任；二是得益于独特地缘环境，联合国在东帝汶的维和行动得到了国际社会的广泛支持。

表11　2020年维和行动东道国新生儿死亡率（每1000名新生儿）③（单位：%）

排名	1	2	3	4	5	6	7	8	9	10
国家	东帝汶	布隆迪	海地	利比里亚	科特迪瓦	塞拉利昂	马里	刚果（金）	南苏丹	中非共和国
死亡率	31.67	40.11	42.60	47.44	59.09	63.61	64.02	64.46	69.93	80.55

数据来源："Infant Mortality Death Rate（1000 Deaths live birth）"，Index Mundi，https：//www.indexmundi.com/g/g.aspx？v=29&c=sl&l=en，February 2022。

（一）联合国在东帝汶尽责

东帝汶维和行动的成功首先应归功于联合国尽责。一方面，联合国从政治上大力支持东帝汶和平进程。联合国从20世纪70年代中期开始关注东帝汶的和平进程。1975年12月，联合国大会通过决议，要求印尼撤军，呼吁各国尊重东帝汶领土完整和人民自决的权利。此后，联大多次审议东帝汶问题，从政治上支持东帝汶就独立问题进行自决。在联合国秘书长斡旋下，葡萄牙与印尼两国政府就东帝汶问题进行了十几轮谈判。20世纪90年代中后期，东帝汶民族独立运动开始引起国际社会广泛关注。在联合国和国际社会的压力下，1999年印尼同意东帝汶举行全民公决，联合国抓住

---

① 联合国安理会主席声明S/PRST/2012/27，2012年12月19日。
② United Nations, "The Challenges of Sustaining Peace: Report of the Advisory Group of Experts for the 2015 Review of the United Nations Peacebuilding Architecture", June 29, 2015, p.18, www.un.org/en/ga/search/view_doc.asp？symbol=S/2015/466.
③ 笔者注：包括已经完成和正在进行维和行动的东道国。

机遇开始深度介入东帝汶和平重建进程。

另一方面,联合国根据东帝汶形势的发展,循序渐进地开展维和行动。1999年6月安理会通过第1246号决议授权建立一项政治特派团——联合国东帝汶特派团(1999年6月至10月),负责协助东帝汶全民公决并监督结果。9月,支持独立的公决结果发布后,东帝汶局势恶化,安理会通过第1264号决议,授权澳大利亚等国组建赴东帝汶国际部队(1999年9月至2000年4月)进入东帝汶恢复秩序。① 这一国际安全部队到达东帝汶之后,暴力活动逐渐平息,东帝汶局势得到控制。10月,安理会通过第1272号决议,决定成立联合国东帝汶过渡行政当局(1999年10月至2002年5月),作为过渡政府全面负责东帝汶独立前的各方面事务。2002年5月20日,东帝汶民主共和国正式成立,联合国移交了权力并建立了联合国东帝汶支助团(2002年5月至2005年5月)协助东帝汶新政府的各方面工作。2005年5月,联合国认为东帝汶的和平进程已经取得明显进展,便结束了特派团的任务,设立了一项政治特派团——联合国东帝汶办事处(2005年5月至2006年8月),协助东帝汶开展建设和平工作。2006年4月,东帝汶因安全部门内部分裂爆发严重内乱。8月,安理会授权建立了一项多层面维和行动——联合国东帝汶综合特派团(2006年8月至2012年12月),帮助东帝汶稳定社会秩序并支持建设国家警察力量。2012年12月,联合国关闭了特派团,结束了在东帝汶的维和行动。

联合国在东帝汶充分发挥了主动性和创造性,根据形势变化灵活调整维和策略,充分、有效地使用了包括冲突预防、建立和平、维持和平、建设和平甚至强制和平等和平工具。② 其间花费了数十亿美元,付出了72名维和人员牺牲的代价,帮助东帝汶独立、建国并走上建设和平的道路,尽到了责任。

表12 联合国在东帝汶主导及授权的和平行动

	行动性质	时间	主要任务
联合国东帝汶特派团	政治特派团	1999年6月至10月	支持全民公决
赴东帝汶国际部队	强制和平行动	1999年9月至2000年4月	制止冲突、恢复秩序

---

① 《联合国与东帝汶:大事记》,http://www.un.org/zh/peacekeeping/missions/past/etimor/chrono.htm。

② Tim Witcher, "East Timor Hailed a UN Success", *The Australian*, December 30, 2012.

续表

	行动性质	时间	主要任务
联合国东帝汶过渡行政当局	维和行动	1999年10月至2002年5月	行使过渡时期权力、帮助东帝汶建立国家机构和制度
联合国东帝汶支助团	维和行动	2002年5月至2005年5月	全面支持东帝汶政府独立行使国家管理责任
联合国东帝汶办事处	政治特派团	2005年5月至2006年8月	支持政治进程
联合国东帝汶综合特派团	维和行动	2006年8月至2012年12月	支持政治和民主进程、政府机构建设以及安全部门能力建设

资料来源：根据联合国网站（www.un.org）数据自制。

（二）国际社会广泛支持东帝汶维和行动

东帝汶维和行动之所以成功的另一个主要原因，是得到了国际社会的广泛支持。一是安理会五大常任理事国都切实支持东帝汶和平重建进程。从1999年到2012年，安理会五个常任理事国在有关东帝汶的所有决议上都达成了一致，其中包括1999年9月安理会通过决议，授权澳大利亚等国出兵，通过强制和平行动恢复东帝汶的秩序。联合国东帝汶过渡行政当局建立后，安理会五个常任理事国除法国外都派出了维和人员。中国和美国的支持尤为突出。中国一直支持东帝汶的独立事业，不但在安理会支持东帝汶，还提供各种援助，并于2000年1月开始向东帝汶派遣维和警察。这是中国首次派警察参加维和行动。其后13年里，中国总共向东帝汶派出了几百名维和警察。东帝汶维和任务区也是迄今中国派出维和警察单警最多的任务区。[1] 2002年5月东帝汶建国后，中国是第一个与它建交的国家。美国也积极支持东帝汶维和行动。尽管美国曾在1975年支持了印尼对东帝汶的占领，[2] 但是从20世纪90年代后期开始调整在东帝汶问题上的政策。

---

[1] 笔者注：联合国维和警察分为两类，一类是单警，另一类是成建制的防暴队。
[2] Geoffrey Robinson, *"If You Leave Us Here, We Will Die"—How Genocide Was Stopped in East Timor*, Princeton University Press, 2010, pp. 59 – 60.

1999年9月东帝汶发生暴乱后，美国向印尼施压，要求后者同意国际安全部队进驻东帝汶。当澳大利亚带领的国际安全部队到达东帝汶时，美军太平洋舰队的军舰停靠在帝力附近海面，对印尼军方及其支持的民兵形成威慑，有力地支持了国际安全部队顺利部署并有效完成任务。① 此外，美国还利用在远程力量投送方面的优势，协助维和特派团运输人员和装备物资，并派出维和警察直接参与行动。

二是邻国支持了在东帝汶的维和行动。澳大利亚一方面劝说美国和其他西方国家支持东帝汶和平重建进程，另一方面于1999年9月带领国际安全部队进入东帝汶执行强制和平任务，帮助联合国迅速控制住了东帝汶的局势。联合国东帝汶过渡行政当局建立后，澳大利亚将参加国际安全部队的部分力量"换帽"成为联合国维和人员。"9·11"事件之后，东帝汶成为澳大利亚反恐的重要防线。2002年10月12日，"基地"组织印尼分支"伊斯兰祈祷团"在旅游胜地巴厘岛发动袭击，造成202人死亡，其中有83名澳大利亚公民。这一事件进一步坚定了澳大利亚支持东帝汶和平进程的决心，之后每当东帝汶出现重大危机时都迅速做出反应。例如，2006年和2008年，应东帝汶政府的邀请，澳大利亚两次出兵帮助东帝汶恢复秩序。

印尼是东帝汶的另一重要的邻国，同时也是东帝汶危机的肇始者；加之在政治、经济和文化等方面与东帝汶有着密切的联系，该国对东帝汶维和行动的态度至关重要，1999年东帝汶暴乱引发国际社会的严重关切之后，印尼选择了从东帝汶"脱身"并与联合国及国际社会合作。特别是2004年与东帝汶联合成立"真相与友谊委员会"寻求和解之后，印尼开始支持东帝汶维和行动。例如，在配合维和特派团及东帝汶政府管控边境，以及从西帝汶遣返东帝汶难民等方面，印尼都做出了较为配合的姿态。② 印尼的合作对于东帝汶维和行动成功至关重要。毕竟，一个国家的长治久安既需要国内稳定，也需要有安定的周边环境。

三是国际上其他一些重要的利益攸关方也积极支持了东帝汶维和行动。以葡萄牙为例，作为东帝汶的前殖民宗主国，该国从20世纪90年代

---

① 笔者于2001年至2002年在东帝汶执行维和任务时，时常见到美国军舰停泊在帝力附近海面。

② Sukihiro Hasegawa, "The Role of the United Nations in Conflict Resolution and Peacebuilding in Timor", in Ustinia Dolgopol and Judith Gardam, eds., *The Challenge of Conflict*: *International Law Responds*, Martinus Nijhoff Publishers, 2006, p. 169.

后期开始大力支持东帝汶独立，1999年东帝汶危机期间与美国等西方国家一道向印尼政府施压。不但于1999年和2006年两次参加澳大利亚带领的国际安全部队，葡萄牙还向在东帝汶的维和行动派遣大量维和人员。并且，葡萄牙派出大量葡语教师，帮助东帝汶落实将葡语作为官方语言的政策。此外，包括欧盟和东盟等地区性国际组织，新加坡、泰国和菲律宾等东盟国家，以及日本和韩国等东亚国家都给予了东帝汶大力支持。

由于在东帝汶的维和行动得到了广泛的国际支持，东帝汶既确保了内外都没有明显的捣乱者，又能获得充足的资源。许多国家都积极派出维和人员。来自24个传统西方工业发达国家维和人员的比例在联合国东帝汶过渡行政当局中一度超过40%，而在同期其他15项维和行动中只有约10%。这样的理想局面是其他许多维和行动所没有的。

四、包容性的建设和平规范：东帝汶维和行动成功的核心条件

促成东帝汶维和行动成功的核心条件是建设和平规范的包容性。具体表现为：影响东帝汶建设和平的规范不但有自由和平，还有以发展和平为代表的其他和平规范以及东道国地方性知识。

（一）东帝汶政治建设中的包容性

东帝汶接受了自由和平。联合国东帝汶过渡行政当局是按照西方自由民主标准建立的国际托管政府，全面负责东帝汶事务。与之并行的东帝汶过渡时期政府，包括立法、行政和司法等国家机构，接受联合国东帝汶过渡行政当局的全面指导。正如康敏指出，在联合国东帝汶过渡行政当局中发挥主导作用的是一众西方人或亲西方国际精英，加之执掌政府权力的东帝汶政治精英也长期接受西式教育，因此东帝汶从独立之初就是按照西方的民主政府体系和价值观建设自己的国家。[1] 在联合国和国际社会的帮助和监督下，东帝汶于2002年举行了首次大选，选出了总统和议会。之后又经历了多轮大选，不同的政治党派交替上台执政。

但是，东帝汶并没有完全接受自由和平，而是还学习了发展和平。例

---

[1] 康敏：《地方性知识与东帝汶的国族建设》，《东南亚研究》2021年第4期，第80页。

如，在政治制度建设中，发展和平倡导的共识型民主代替了自由和平倡导的竞争型民主。也就是说，选举固然重要，但选后的权力分配并非是赢者通吃，而是根据政治力量对比的实际情况组成联合政府。① 东帝汶人口只有 100 多万，却有多达 26 个注册政党。共识型民主避免了因聒噪的竞争型政治纷争在这个贫穷、脆弱的新独立国家造成政治动荡、社会分裂和资源浪费，确保了基本的政治和社会稳定，为开展有效的国家治理创造了条件。

东帝汶长期争取国家独立的革命斗争孕育了以沙纳纳·古斯芒和若泽·拉莫斯·奥尔塔为代表的一批富有家国情怀的老一辈精英。共识型民主让他们长期活跃在政治舞台上，成为政治的"稳定器"。例如，作为东帝汶争取独立革命运动中的灵魂人物，沙纳纳·古斯芒于 2002 年 5 月当选第一任总统，2007 年任满后又连续担任了两届总理；2015 年从总理职位卸任之后，他并没有淡出东帝汶政坛，而是担任了计划和战略投资部部长。尽管老一辈精英长期活跃在政坛的现象招致了西方舆论的指责，被认为是反民主的，② 但是共识型民主在东帝汶的实践表明，一个百废待兴的新生国家有必要通过包容性和妥协性的政治安排调和政治纷争，维护政治和社会稳定，避免出现难以承受的内耗，确保将有限资源用于紧迫的国家建设。

老一辈精英执掌权力还有利于强化民众的国家意识，利用本土传统文化凝聚民心和治国理政。他们执政不但维护了政治的稳定性，还确保了政治的成熟性。例如，对于像东帝汶这样一个新生的国家来说，外交事务非常重要，关系国家的国际生存空间。以沙纳纳·古斯芒为首的政治老手熟悉国际政治游戏规则，深谙斗争策略，较好地在国际舞台上维护了东帝汶民族国家的利益。这一点在东帝汶就帝汶海沟油气资源分配问题与强邻澳大利亚据理力争中得到很好体现。③

发展和平奉行维护独立自主、反对外来干涉的精神，促进了东帝汶建设和平实现本土主导和本土所有。过去 20 年来，在老一辈精英的主导下，东帝汶根据国家利益制定内政和外交政策，较好地实现了建设和平的本土

---

① 内容来自笔者于 2015 年 7 月 20 日在北京对东帝汶驻中国使馆官员的访谈。
② Oliver P. Richmond and Jason Franks, "Liberal Peacebuilding in Timor Leste: The Emperor's New Clothes?", *International Peacekeeping*, Vol. 15, No. 2, 2008, p. 192.
③ 黄文博：《东帝汶诉澳大利亚仲裁案及其对中国的启示》，《武大国际法评论》2017 年第 5 期，第 75—77 页。

所有。例如，东帝汶建国后，国际上要求清算印尼军方在 1999 年犯下的暴行，但是东帝汶政府从本国利益出发，无视联合国和国际人权机构的施压，选择了与印尼和解。① 尽管这一做法被一些人认为不符合国际法的精神，② 但是对这个百废待兴的新生国家的建设和平起到了巨大作用。③ 如前文所述，与印尼的和解消除了与这一邻国的主要隔阂，确保了印尼对东帝汶维和建设采取合作甚至支持的态度，而没有成为明显的捣乱者。

（二）东帝汶经济建设中的包容性规范

东帝汶按照自由和平标准建立了国家基本经济制度，包括实行私有制和市场经济。西方国家和世界银行、国际货币基金组织促使东帝汶接受新自由主义的经济制度。例如，世界银行于 2018 年和 2019 年发布的两份关于东帝汶经济形势的年度报告中，敦促东帝汶重视私有经济领域和进行结构性改革。尽管如此，东帝汶经济建设并没有完全受到自由和平的左右，而是实践了发展和平，从而避免了走上全盘市场化和私有化的道路。

首先，发展和平主张国家政府在国民经济战略规划中发挥主导作用，防止了经济发展完全被市场左右。东帝汶建国后不久，就在联合国和国际社会帮助下制订了第一个国家发展计划，确定了将减贫和促进公平与可持久经济增长作为两项主要目标。2007 年底，东帝汶政府制订了国家复苏战略计划，重点关注住房、社区信任建设、安全与稳定、社会保护以及当地社会经济发展五个领域。2008 年制订的新国家发展计划将基础设施、生产相关领域、社会服务提供和治理确定为优先事项。④ 2009 年，东帝汶政府向国际社会宣布已经走过了冲突后重建阶段。这标志着建设和平的重心从自由和平强调的能力建设转移到了发展和平强调的经济发展上，从而进入正常的发展阶段。得益于强势的政府主导，东帝汶在公共服务、医疗、教

---

① "Timeline East Timor", *BBC News*, April 4, 2009.
② Megan Hirst, "Too Much Friendship, Too Little Truth: Monitoring Report on the Commission of Truth and Friendship in Indonesia and Timor – Leste", Occasional Paper Series, International Center for Transitional Justice, January 2008, pp. 1 – 2; Rebecca Strating, "The Indonesia – Timor – Leste Commission of Truth and Friendship: Enhancing Bilateral Relations at the Expense of Justice", *Contemporary Southeast Asia*, Vol. 36, No. 2, 2014, pp. 238 – 239.
③ United Nations, *The Challenge of Sustaining Peace: Report of the Advisory Group of Experts for the 2015 Review of the United Nations Peacebuilding Architecture*, UN General Assembly document A/69/968, June 30, 2015, p. 20; "Timeline East Timor", *BBC News*, April 4, 2009.
④ United Nations, "UNDP Country Programme for Timor – Leste (2009 – 2013)", http://www.tl.undp.org/content/dam/timorleste/docs/reports/TL_UNDPCountry_Programme_2009 – 2013.pdf.

育、农业以及就业机会创造等方面都取得了成就。①

其次,发展和平主张在事关国民经济命脉的领域实行国有制,防止了东帝汶走全盘私有化的道路。对石油资源的国有化控制就是例证。东帝汶所在的帝汶岛与澳大利亚之间的帝汶海沟里蕴藏有丰富的油气资源。东帝汶独立后成立了国家石油公司"帝汶海沟",开展油气资源勘探和开发。经过多年的艰苦谈判,东帝汶于 2019 年与澳大利亚达成协议,最终明确了帝汶海沟中油气资源的分配方案,东帝汶获得了价值 400 亿—600 亿美元石油蕴藏量的大日升油田的主权。为取得大日升油田的开发控制权,东帝汶政府斥巨资从国际石油企业手中回购了股份。为有效管理油气资源收益,东帝汶还在挪威的帮助下,于 2005 年设立了主权财富基金,截至 2019 年该基金已有 170 亿美元的存量,在一定程度上增强了国家财政自主能力。

最后,发展和平与自由和平的包容性共存,确保了重视经济发展。冲突后国家一旦走上和平之路,往往伴随出现的是人口高速增长和年轻化趋势,带来巨大的就业压力。1999 年维和行动开始时,东帝汶人口只有 87 万,但是到了 2020 年已达 131 万,增长了超过一半,人口中位年龄只有 19 岁。对于一个贫穷国家来说,人口高速增长是一把"双刃剑":既可能是有利于发展的人口红利,也可能成为社会动荡的根源。如何为大量年轻的人口提供教育和就业的机会,是摆在东帝汶政府面前的巨大挑战。为发展经济和创造就业机会,东帝汶大力发展工业特别是石油工业。属于东帝汶的石油曾一度直接输往澳大利亚加工后出口。为改变这一现状,增加石油资源的附加值,东帝汶在南部海岸建设石油提炼加工业,包括比科液化天然气工厂、贝塔诺石油化工厂和苏艾石油工业供应基地。此外,政府还斥巨资改善全国的基础设施,包括修建苏艾高速公路、包考水泥厂和设立欧库西经济特区等。②

包容性和平规范促进东帝汶经济建设,还表现在农业发展方面。对于一个贫穷的冲突后国家来说,农业发展关系民生和稳定。在这方面海地就有深刻的教训。迫于国际压力,海地自 20 世纪 90 年代开始实行新自由主义经济政策,得到高额农业补贴的美国大米进入海地,严重冲击了海地传

---

① Sukihiro Hasegawa, "The Role of the United Nations in Conflict Resolution and Peacebuilding in Timor", in Ustina Dolgopol and Jutith Gardam, eds., *The Challenge of Conflict: International Law Responds*, Martinus Nijhoff Publishers, 2006, p. 188.

② World Bank, "Timor-Leste Economic Report: Regaining Momentum?", October 2018, p. 10.

统水稻种植业等，之后每当国际市场大米价格波动，都会影响海地国内的社会稳定。① 东帝汶有约 70% 的人口生活在农村，41% 的人口生活在贫困线以下，与海地一样都是典型的传统农业社会。但是与海地不同的是，东帝汶政府重视通过政策干预支持农业发展，在有限的财政预算内为农业提供补贴。尽管农业产出仅占到除石油收入外国民生产总值的 30%，并且农业保障的就业人口已经从 2004 年的超过约 80% 下降到不足 60%，但农业仍然是提供就业岗位数量最多的产业，在东帝汶这个冲突后国家的建设和平中发挥着非常重要的作用。农业发展不但有助于减贫、增强食品安全，并为农产品加工业提供资料，② 而且还能在广阔农村固定大量人口，避免了大量农村人口涌向城市的贫民窟，影响经济发展和社会稳定。

（三）地方性知识与东帝汶建设和平

东帝汶建设和平的包容性还体现在地方性知识发挥了重要作用。康敏研究了祖先崇拜、神灵信仰、非对称式联姻制度以及二元政治结构等东帝汶地方性知识体系，论证其在东帝汶国族建设过程中所发挥的基础性作用，指出地方性知识和实践深刻地影响了东帝汶的身份认同和文化观念。③ 克罗斯研究了东帝汶地方性知识体系在建设与保持和平中的应用，发现禁止性规定、协商和血誓等具有地方传统的习俗有利于构建共识、调节人与人之间行为和关系，可以将发生在社区层面的暴力冲突转化为和平。④

尼克松研究发现，早在漫长的葡萄牙殖民和短暂的印尼占领两个时期，东帝汶的地方性传统和实践就在司法体系中发挥了作用。在独立后的建设和平中，地方性知识更是对这个新生国家司法体系的构建起到了积极作用。例如，在东帝汶建国之初的几年里，由于无论是联合国维和特派团还是东帝汶政府都缺乏解决发生在广大乡村的大量民事纠纷和犯罪案件，一个称作"村庄"的传统司法和争端解决机制弥补了脆弱的官方司法机制的不足，为维护国家安全和社会稳定发挥了重要作用。"村庄"的基本原

---

① 何银：《发展和平：全球安全治理中的规范竞争与共生》，中国社会科学出版社 2020 年版，第 163—166 页。
② World Bank Group, "Timor – Leste Economic Report: Regaining Momentum?", October 2018, pp. 12 – 16.
③ 康敏：《地方性知识与东帝汶的国族建设》，《东南亚研究》2021 年第 4 期，第 68 页。
④ Sophia Close, "Indigenous East – Timorese Practices of Building and Sustaining Peace", in H. Devere et al eds., *Peacebuilding and the Rights of Indigenous Peoples: Experiences and Strategies for the 21st Century*, Spring 2017, pp. 135 – 138.

则是通过物质赔偿解决争端并达成和解。"村庄"不但用于解决土地纠纷和敌意的巫术行为等民事争端，也用于解决盗窃、性侵和杀人等刑事案件。① 由于使用地方性知识具有实现快捷公正的优势而深受东帝汶乡村民众的欢迎，部分来自不同国家的维和警察也参与其中。一名中国维和警察在爱尔梅拉县将中国社区警务中的争端调解方法与东帝汶本土争端解决习俗相结合，成功地帮助化解了一起历时数十年的咖啡园土地争端；另一名中国维和警察在阿伊莱乌县也采用类似的方法，成功调解了一起婚姻纠纷，都受到当地民众的好评。②

地方性知识不但成为在地方层面解决问题的非正式方案，还引起了国际行动者和东帝汶政府的重视，成为解决问题的正式方案的一部分。与卢旺达一样，东帝汶在冲突结束后也面临如何快速有效地追究大量犯罪问题的困境：一方面，1999年以前发生的暴力犯罪案件堆积如山；另一方面，联合国维和特派团和东帝汶政府都无力通过正式但程序冗长的司法途径处理。2001年成立的"接纳、真相与和解委员会"吸收了东帝汶社会中传统的和解正义与冲突解决方法，支持在区县层面采用具有地方传统的和解方法处理盗窃、轻伤害、情节轻微的纵火以及毁损财物等轻罪案件，取得良好的效果。③

结语

东帝汶维和行动成功的个案证明了本文提出的理论假设，尽管如此，仍需要认识到该案例有其特殊性。比如，东帝汶国土面积只有1.5万平方千米，人口只有100多万，是迄今最小的维和行动东道国。较之许多国土面积几十万平方千米、人口上千万的东道国，更能够被有限的维和资源覆盖。这个国家还有难得的地缘环境条件，不牵涉严重的大国利益纠葛，容易得到国际社会的广泛支持。最重要的是位于泛东亚地区，该地区有比较和平的国际环境，不少国家都不同程度地实践了发展和平，有较强的民族

---

① Rodney Stafford Nixon, "Integrating Indigenous Approaches into a 'New Subsistence State': The Case of Justice and Conflict Resolution in East Timor", A thesis for the degree of Doctor of Philosophy of the Charles Darwin University, February 2008, pp. 312 – 336.

② 内容来自笔者于2022年4月9日对两名中国维和警察的访谈。

③ Rodney Stafford Nixon, "Integrating Indigenous Approaches into a 'New Subsistence State': The Case of Justice and Conflict Resolution in East Timor", pp. 358 – 362.

国家意识,重视社会稳定和经济发展的传统,有强势政府的政治文化,这些都为东帝汶建设和平采用包容性规范创造了条件。

维和行动结束10多年来,尽管东帝汶国家和社会发展总体向好,但该国的和平前景仍然存在一些不确定性。在沙纳纳·古斯芒等人的支持下,2022年4月若泽·拉莫斯·奥尔塔第三次当选总统,东帝汶延续了基于共识型民主的政治稳定,但老一辈精英终将淡出政治舞台,新生代精英是否能控制局面并继续实践共识型民主,以及是否会继续在政治和经济等领域中构建包容性的建设和平规范,这些都是需要处理好的问题。

本文提出的维和行动成功所需三个条件构成的是一种较为理想的情形,需要联合国、国际社会和东道国等各方行动者积极努力方能达成。但是,当前维和行动面临的一些挑战表明这三项条件正变得越来越难以实现。一是联合国尽责变得更加困难。近些年维和行动从维持和平与建设和平相结合的模式退化到了建立和平与维持和平相结合的模式。[①] 在新的维和模式下,一些维和行动根本就没有和平可以维持,大部分资源被用于建立并维持和平而非建设和平,联合国难以有效尽到维护和平与安全的职责。二是国际社会特别是美西方国家对维和行动的支持不断减少。美国外交和安全战略中的单边主义色彩较之以前更加严重,不但不愿意再像曾经在东帝汶等地那样投入大量外交和军事资源支持维和行动,更是在国际关系中渲染对抗情绪。由于美国对联合国维和所代表的多边主义的态度转变被其一众盟国效仿,过去十多年来已经很少见到各方国际行动者同心协力支持某一项维和行动。三是全球治理的包容性受到挑战。随着国际体系和格局发生变革,美国及其盟友为维护霸权,将西方民主和自由话语作为打压异己的工具,进而激化全球治理中的意识形态冲突。因此,全球治理中非西方的规范和知识将会受到越来越多的质疑和排斥,建设和平中包容性规范的构建也必将面临更大的困难。在此情势下,联合国维和行动如何取得成功,是一个有待研究的重要问题。

---

① 何银:《联合国维和的退化与出路》,《国际政治研究》2020年第5期,第126页。

反思联合国维和行动中的
安全风险及应对*

在二战硝烟中诞生的联合国，其宗旨是让后世之人免遭战争之祸，维护国际和平与安全。[①] 为此，联合国在实践中探索出了通过在冲突结束甚至正在进行冲突的地方建立维和行动，部署由会员国自愿派遣的军人和警察，帮助东道国维持并建设和平。作为和平的"保护者"，联合国维和人员在不安全的环境中执行任务，伤亡事件时有发生。自 1948 年第一项维和行动建立以来，70 余年里已经有 3700 多名维和人员在执行任务时牺牲，其中包括 17 名中国维和军人和警察。[②] 谁来保护和平"保护者"的安全？[③] 从这个问题出发，本文将对维和行动中的安全风险进行全面的研究和分析，寻求一条降低安全风险之路。

一、维和行动中的安全风险管理：认识误区

作为一个以维护国际和平与安全为使命的政府间国际组织，联合国经过长期实践摸索，建立起了一套管理维和行动中安全风险的制度。然而，研究发现，联合国对维和行动中安全风险的认识存在两个方面的误区：一个是将威胁维和人员的安全风险局限于暴力行为，而对造成大量维和人员伤亡的其他安全风险的认识不足；另一个是局限于从行动和技术层面而没

---

* 何银，中国人民警察大学维和警察培训中心副主任，教授。本文是国家社科基金重大项目"中国参与联合国维和行动战略选择研究"（项目编号：16ZDA094）以及国家社科基金军事学项目"联合国维和行动风险评估、应用及控制研究"（项目编号：15GJ003 - 297）的阶段性研究成果。本文原载于《国际问题研究》2020 年第 4 期。

① 《联合国宪章》，http：//www.un.org/zh/sections/un - charter/chapter - i/index.html。
② 本文所论"维和人员"，仅指在联合国维和任务区工作的维和军人和警察。
③ 盛红生：《谁来保护和平"保护者"的安全》，http：//www.cssn.cn/gj/gj_hqxx/201712/t20171212_3778234_3.shtml。

有从政治和战略层面认识安全风险以及背后的原因。这些认识误区造成了对维和行动中安全风险的认识不够全面,进而不能采取有效的措施应对这些风险以保护和平"保护者"的安全。

(一) 维和行动中的安全风险：制度建设

1948年联合国成立了安全署,负责联合国纽约总部以及在世界各地的七个地区总部人员、设施、行动的安全工作以及向访客和联合国高官提供安保服务。[1] 在之后的几十年里,维和人员以及其他联合国人员开始出现伤亡。从1948年至1991年的44年里,每年都有维和人员因各种原因牺牲,总数多达866人,年均约20人。适逢冷战期间传统维和时代,在绝大部分维和行动中维和人员都严格遵守维和"三原则",[2] 承担的核心任务是以中立的身份监督停火协议的实施,为冲突/战争的政治解决赢得时间。由于这一时期联合国追求的是绝对中立,加之大多数维和行动的规模都不大,所以维和人员遭受暴力袭击的情况并不频繁,伤亡人数在绝大多数年份里都不太多。在此背景下,联合国倾向于将维和人员的伤亡当作孤立的事件看待,相信象征和平的蓝盔和联合国旗帜能够为维和人员提供保护,[3] 所以并没有将维和行动中的安全风险当作一个重大的问题对待。

进入20世纪90年代,随着冷战结束,维和行动运行的环境和执行的任务都发生了重大变化。冷战时代,维和行动应对的大多是国家间冲突。在这样的传统冲突中,冲突的当事方主要是主权国家或者具有一定政治合法性的实体,它们基本上都能遵守已签署的停火协议,愿意接受维和行动的合法存在。然而在后冷战时代,维和行动应对的大多是由民族、种族和宗教等身份认同问题引发的国内冲突。在这样的非传统冲突中,冲突当事方既有国家政府,也有各种武装团体。由于冲突各方诉求多样,纪律废弛,指挥系统不清,常常不能认真遵守和平协议甚至敌视联合国及其维和行动。这就造成维和行动的安全环境发生明显恶化,针对维和人员的暴力

---

[1] United Nations, "History of Department of Safety and Security", https://www.un.org/undss/content/our-history.

[2] Carl Bildt, "Dag Hammarskjold and United Nations Peacekeeping", http://www.un.org/en/peacekeeping/documents/un_chronicle_carl_bildt_article.pdf.

[3] United Nations, "History of Department Safety and Security", https://www.un.org/undss/content/our-history; Carlos Alberto dos Santos Cruz, William R. Phillips and Salvator Cusimano, "Improving Security of United Nations Peacekeepers: We Need to Change the Way We Are Doing Business", https://peacekeeping.un.org/sites/default/files/improving_security_of_united_nations_peacekeepers_report.pdf.

行为大幅增加。从1992年到1994年的短短三年里，有214名维和人员因各种暴力行为牺牲，其中仅1993年就有多达127人。而此前的44年里则有291人因同样的原因牺牲。这一现象引起了联合国的重视。

1994年12月9日，第49届联合国大会通过了《联合国人员和有关人员安全公约》，在联合国史上第一次以国际法的形式明确了联合国人员和有关人员的"非战斗人员"地位，规定任何针对他/她们的暴力行为都是犯罪行为。① 从20世纪90年代初开始，维和行动安全环境的变化还促使联合国调整内部安全管理系统。2001年联合国大会授权设立了一个助理秘书长级的联合国安全协调员。然而，联合国系统内安全管理机构分散、缺乏协调机制的问题开始凸显。2003年8月初，一个独立的安全专家小组提出了整合联合国内部安全管理系统的建议。

2003年8月19日，位于伊拉克首都巴格达运河饭店的联合国巴格达办事处总部遭到自杀式汽车炸弹袭击，造成包括秘书长特别代表塞尔吉奥·德梅洛在内的22名联合国人员及访客死亡，150人受伤。这一事件震惊了联合国。秘书长随即任命了由芬兰前总统马尔蒂·阿赫蒂萨里牵头的专家小组，负责对联合国内部安全管理系统进行再一次审查。10月20日，专家小组提交了《联合国人员安全问题独立小组报告》（又称"阿赫蒂萨里小组报告"）。该报告指出联合国随时随地都可能成为袭击目标，呼吁制定新的安全战略。② 随后，联合国开始采取措施加强和统一安全管理，于2005年1月成立了由一名副秘书长负责的联合国安全部，整合和协调联合国系统内的安全事务，结束了长期以来安全管理机构分散的局面。

2007年12月11日，位于阿尔及利亚首都阿尔及尔的联合国难民署办事处遭到炸弹袭击，造成17名联合国人员死亡，40多人受伤。其后联合国秘书长任命了由阿尔及利亚前外长拉赫达尔·卜拉希米牵头的独立专家小组，负责对联合国内部安全管理系统进行全面审查。该小组于2008年6月提交了名为《向着安全和责任的文化》的报告（又称"卜拉希米安全报告"）。该报告聚焦关涉联合国人员及场所安全的战略问题以及联合国面临的不断变化的安全威胁和风险，在指出联合国相关部门的一些人员在这起

---

① 《联合国人员和有关人员安全公约》，http：//www.npc.gov.cn/wxzl/gongbao/2004 - 10/21/content_5334566.htm。

② United Nations, "Report of the Independent Panel on the Safety and Security of United Nations Personnel in Iraq", October 20, 2003, http：//www.un.org/News/dh/iraq/safety - security - un - personnel - iraq.pdf.

袭击事件中可能存在失职而应该被追责的同时，针对联合国内部安全管理系统各个层面存在的问题提出了改进的建议。① 经过多年努力，联合国已经建立了一套内部安全管理制度，维和行动中的安全管理工作得到了明显改进。自20世纪90年代以来，每年每10万名维和人员死亡人数呈现减少趋势。

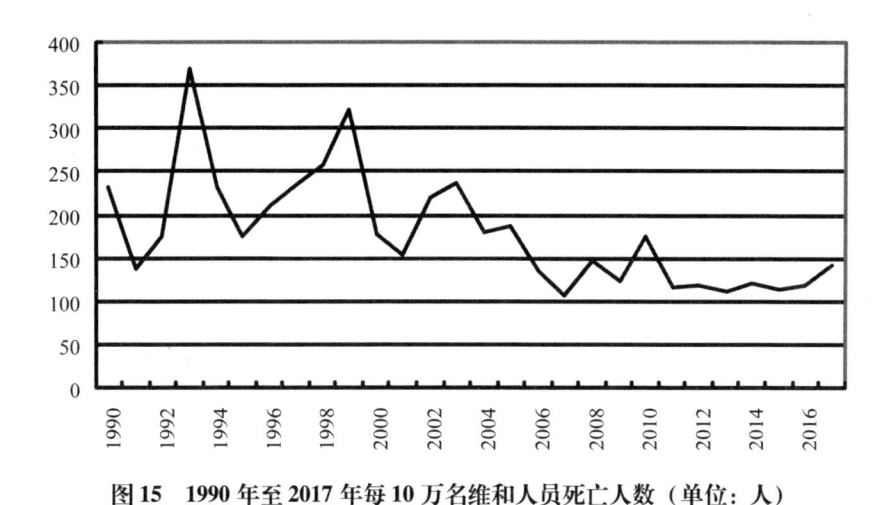

图15　1990年至2017年每10万名维和人员死亡人数（单位：人）

资料来源：根据相关资料自制。United Nations, "Troops and Police Contributions (1990 - 2017)", https://peacekeeping.un.org/en/troop-and-police-contributors.

（二）联合国维和中的安全风险：认识误区

通过梳理联合国内部安全管理制度建设进程，不难发现其中存在一个公式化的现象：针对联合国人员的暴力袭击，特别是导致重大人员伤亡的暴力事件，促使联合国任命专家小组对已有的安全管理系统进行审查，然后采取一些改进安全管理工作的措施。近几年联合国对维和行动安全管理系统的审查就是一个典型。

2013年以来，维和人员因暴力行为而死亡人数的大幅增加引起了联合国的注意。2017年秘书长任命了由巴西退役中将卡洛斯·克鲁兹牵头的三人专家小组，负责对维和行动中的安全管理工作进行审查。克鲁兹曾担任

---

① United Nations, "Towards a Culture of Security and Accountability: Report of the Independent Panel on Safety and Security of United Nations Personnel and Premises Worldwide", http://www.un.org/News/dh/infocus/terrorism/PanelOnSafetyReport.pdf.

联合国海地稳定特派团和联合国刚果（金）稳定特派团维和部队司令，另两名小组成员也都是维和事务方面的专家。在中国—联合国和平与发展基金维和行动子基金的全额资助下，该专家小组开展了广泛、系统的调研，于2017年12月向秘书长提交了名为《改善联合国维和人员的安全：改变行事方法势在必行》的报告（又称"克鲁兹小组报告"）。该报告从维和行动一线实践者的视角，分析了近些年维和行动中针对维和人员暴力行为增多的原因，并提出了一系列改进工作的建议。[1] 联合国高度重视这份报告，秘书处迅速推出了落实"克鲁兹小组报告"建议的计划。[2]

同之前20多年里联合国为加强维和行动安全管理而采取的各种努力一样，"克鲁兹小组报告"反映出联合国在对维和行动中安全风险的认识上存在两个误区：一个是对维和行动安全风险的认识不够全面，将维和人员的安全局限于避免各种暴力行为造成的伤害，从而忽视了维和行动中其他一些威胁维和人员的安全风险。根据联合国维和行动部发布的统计数据，从1948年至2017年的70年中，总共有3693名维和人员在73项与和平相关的行动和任务中死亡。按照人数排列造成维和人员死亡的原因，依次是事故、疾病、暴力行为和其他原因。维和人员因事故死亡1305人，占总数的35.3%；因疾病死亡1160人，占总数的31.4%；因暴力行为死亡985人，占总数的26.7%。此外，还有243人因其他原因死亡，占总数的6.6%。[3] 可见，实际上暴力行为并不是维和行动中最大的安全风险。此外，现有对维和行动中安全风险的认识，侧重于维和人员身体健康遭受的伤害，忽视了他们在维和行动这一特殊环境中在心理和精神上可能遭受的伤害，更没有关注这些心理和精神上的伤害与身体健康遭受的伤害之间的联系。

---

[1] Carlos Alberto dos Santos Cruz, William R. Phillips and Salvator Cusimano, "Improving Security of United Nations Peacekeepers: We Need to Change the Way We Are Doing Business", https://peacekeeping.un.org/sites/default/files/improving_security_of_united_nations_peacekeepers_report.pdf.

[2] United Nations, "Improving Security of Peacekeeping: Action Plan for Implementation of Fatalities Report", https://peacekeeping.un.org/sites/default/files/180406_action_plan_revised.pdf.

[3] United Nations, "Fatalities by Year and Incident Type", https://peacekeeping.un.org/sites/default/files/statsbyyearincidenttype_5_1.pdf.

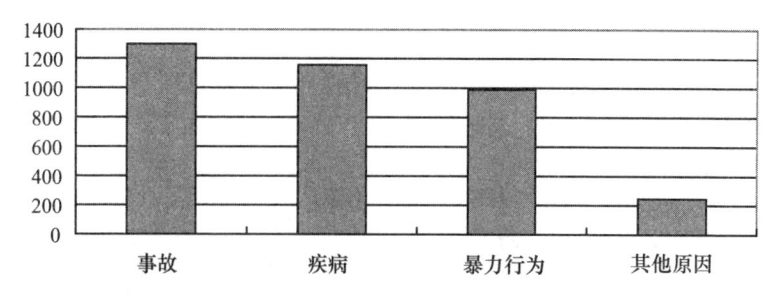

图16 维和人员死亡的原因（单位：人）

资料来源：根据相关资料自制。United Nations, "Fatalities by Year and Incident Type", March 31, 2018, https://peacekeeping.un.org/sites/default/files/statsbyyearincidenttype_5_8.pdf.

联合国对维和行动安全风险的另一个认识误区，是倾向于从行动和技术层面认识安全风险，而忽视了政治和战略层面的因素对维和人员安全的影响。针对近些年维和行动中暴力行为造成维和人员伤亡数量大幅增加的情况，"克鲁兹小组报告"将主要原因归为领导不力、行动方式不当、不愿意使用武力、不敢主动出击、出兵/警国不作为以及在培训、装备、情报和医疗条件等方面存在的不足。[1] 在此认识的基础上，该报告建议采取更为强势的行动模式，比如通过配备更为先进的装备和采取更为主动和先发制人的方式应对各种危及维和人员安全的暴力行为。[2]

作为全球安全治理的重要工具，维和行动从性质上讲首先是政治行动而非军事行动。联合国安理会对维和行动的政治授权所依据的政治意愿和理念，能够在很大程度上影响维和行动的安全环境。正如"克鲁兹小组报告"指出，过去70年里每年暴力行为导致维和人员死亡人数在20世纪60年代初、90年代初和2013年以后出现了三个高峰时期。而这三个时期联合国都建立了大型的强势维和行动。这些强势维和行动中维和人员因暴力

---

[1] Carlos Alberto dos Santos Cruz, William R. Phillips and Salvator Cusimano, "Improving Security of United Nations Peacekeepers: We Need to Change the Way We Are Doing Business", pp. 9 – 17, https://peacekeeping.un.org/sites/default/files/improving_security_of_united_nations_peacekeepers_report.pdf.

[2] Carlos Alberto dos Santos Cruz, William R. Phillips and Salvator Cusimano, "Improving Security of United Nations Peacekeepers: We Need to Change the Way We Are Doing Business", pp. 18 – 33, https://peacekeeping.un.org/sites/default/files/improving_security_of_united_nations_peacekeepers_report.pdf.

行为死亡的数量，远远超过因事故或者疾病死亡的数量。① 也就是说，维和人员因暴力行为死亡人数的攀升与强势维和行动之间存在因果关系。所以本文认为，要研究维和行动中的安全风险问题，还需认识过去和当前部分维和行动中出现维和人员重大伤亡背后的深层次国际政治原因。

二、维和行动中的安全风险：更为全面的认识视角

维和行动是高风险的全球安全治理行动。在20世纪90年代初期，每年每10万维和人员死亡人数曾一度多达350人。即便之后逐渐减少，但是最近几年始终保持在150人以上。维和行动中安全管理的核心任务，是如何尽一切可能减少维和人员的伤亡。由于造成维和人员伤亡的原因有很多，所以维和行动中的安全风险应当是一切可能危害维和人员生命安全和身心健康的外部因素。

（一）维和行动中的各种安全风险

联合国维和行动部将造成维和人员死亡的原因分为四类：事故、疾病、暴力行为和其他原因。鉴于因其他原因死亡的人数占比很小，所以重点研究的是暴力行为、事故和疾病对维和人员安全的威胁。同时相关研究还涉及在维和行动这一特定的环境中维和人员承受的心理压力及其影响。

1. 暴力行为

如前文所述，尽管根据联合国发布的相关统计数据，在迄今70余年维和史上，暴力行为并非导致维和人员死亡人数最多的原因，但却是联合国安全管理工作关注的焦点。在后冷战时代联合国多维维和行动任务区，东道国政府治理能力弱，武装团体和政治派系林立，各种致命武器泛滥，维和人员随时可能遭遇武装冲突、恐怖袭击、暴乱、伏击以及各种形式的犯罪行为等。而且，进入21世纪以来，维和行动的重心向非洲转移，许多非洲任务区的社会都经历过高强度武装冲突，各种现代化致命武器流散严重，加之2011年利比亚卡扎非政权被推翻后，该国陷入混乱，大量武器弹

---

① Carlos Alberto dos Santos Cruz, William R. Phillips and Salvator Cusimano, "Improving Security of United Nations Peacekeepers: We Need to Change the Way We Are Doing Business", https://peacekeeping.un.org/sites/default/files/improving_security_of_united_nations_peacekeepers_report.pdf.

药流向撒哈拉以南的非洲地区。一些敌视联合国及其人员的非法武装、恐怖组织和犯罪分子手里甚至拥有火炮、重机枪、肩扛式火箭筒和高性能炸药等重型武器装备，先进精良程度已经远远超过了大多数维和人员，随时可能造成维和人员的重大伤亡。2016年6月1日，恐怖组织袭击了联合国马里多层面综合稳定特派团位于加奥的维和人员营地，装有高性能炸药的汽车炸弹在营区外几百米处爆炸，产生的冲击波撕裂了营区内的集装箱，造成中国维和人员1死5伤。维和行动是非战争军事行动，维和人员需要遵循维和原则特别是关于武力使用的规范，即只有在自卫和捍卫任务授权情况下才能使用武力。[①] 面对各种具有高度不确定性的暴力风险，维和人员只能采取防御和自卫的姿态，而不能像军队在传统战争中那样通过主动出击消除风险。这样，就使得维和人员在各种暴力行为面前处于劣势。

暴力行为反映了针对联合国及其人员的敌意，与维和行动秉持的和平价值理念对立，是联合国和国际社会所不能容忍的。如果一个维和行动任务区频频出现维和人员因暴力行为伤亡，则反映出该维和行动的整体安全环境恶劣，没有和平可以维持。针对维和人员的暴力行为高发，维和行动特派团不得不将大量的人力和资源用于防范袭击，而不能有效地完成安理会授权的维和任务。

暴力行为还影响出兵/警国的维和政策。特别是出现维和人员重大伤亡的暴力袭击事件后，在传统媒体和新媒体的传播发酵下，会给出兵/警国造成巨大的舆论压力，影响出兵/警国对维和行动的支持。1993年10月3日联合国索马里行动第二期中发生"黑鹰坠落"事件，随后美军从索马里维和行动中撤出，美国总统克林顿签署了第二十五号总统令，宣布禁止美军参加由非美国人领导的军事行动。[②] 受美国维和政策调整的影响，其他许多西方国家也都逐步退出了维和行动的主要出兵/警国之列。

2. 事故

从70余年维和史看，事故是造成维和人员死亡人数最多的原因，是维和行动中主要安全风险之一。维和行动任务区主要的事故风险包括交通事故、自然和人为灾害、动物和毒虫伤害以及战争污染等。

（1）交通事故。在牵涉维和人员的各种事故中，最常见的是交通事

---

① United Nations, "Principles of Peacekeeping", https：//peacekeeping.un.org/en/principles-of-peacekeeping.

② The White House, "Presidential Decision Directive/NSC-25", https：//fas.org/irp/offdocs/pdd/pdd-25.pdf.

故。维和行动任务区东道国通常经历多年冲突动荡,国家发展水平低,基础设施落后,已有的道路桥梁等基础设施年久失修或者在冲突和战争中遭到严重破坏,驾驶环境恶劣。大部分主要干道都是泥路,加之雨季里山洪和山体滑坡毁坏,道路中断或者高危路段多,容易发生交通事故。比如,由于没有桥梁,维和人员有时需要驾车直接从河流中通过。2002年在东帝汶苏埃地区,韩国维和部队的车辆在一条河流中行驶时,山洪突然爆发,5名韩国维和军人被冲走牺牲。

维和行动任务区道路环境差,车辆磨损严重,加之维修保养条件有限以及一些维和人员驾驶操作不规范,车辆状况往往很差,安全隐患多,很容易发生事故。部分维和人员驾驶技术不合格,驾驶车辆时很容易危及自己以及同车乘员的安全。许多维和行动东道国没有交警,交通管理落后,当地一些不合规的车辆和驾驶人员上路,加之很多地方道路简陋狭窄,容易与维和人员及车辆发生事故。任务区的道路特别是乡村道路,经常会有行人、野生或者家养的动物突然出现而引发交通事故。

维和行动任务区还有一种常见的特殊交通事故——空难。任务区道路条件差,乘坐直升机和固定翼飞机出行很常见。但是由于起降设施的简易化和飞机老化,以及飞机被高频率地使用等原因,空难频频发生。[①] 与涉及一般机动车交通事故死伤最多几人不同的是,空难往往造成多达数十人伤亡。2004年6月29日,发生在塞拉利昂的直升机事故,造成24名维和人员死亡。从1997年至2016年的20年中发生了15起直升机坠毁事故,造成至少100名联合国人员死亡。

(2)自然和人为灾害。维和行动任务区危及维和人员安全的自然灾害主要有飓风、地震、暴雨及其次生灾害,包括洪水和泥石流等。自然灾害固然具有人力不可抗的天灾因素,但是在维和行动任务区特殊的环境中,人为因素造成的人祸放大自然影响的现象不可忽视。比如,维和行动任务区经济和社会发展落后,国家治理水平低,房屋和基础设施抵御自然灾害的能力弱,维和人员在这样的环境中和当地民众一样,很容易在自然灾害中遭遇伤亡。

具有代表性的是2010年海地地震。2010年1月12日,海地首都太子港发生了里氏七级地震,造成超过22万人死亡,30万人受伤,150万人无

---

① 黎云、秦伟:《联合国维和人员面临五大风险》,《中国青年报》2012年9月7日。

家可归。① 有 102 名联合国人员在这次地震中丧生，包括 4 名中国维和警察。② 联合国海地稳定特派团总部所在的七层大楼在地震中发生整体粉碎性坍塌，里面的几十人遇难。太子港位于地震带上，在 2010 年 1 月之前的 100 多年里曾发生过两次毁灭性地震，每一次都将太子港及周边地区的大部分建筑物摧毁，造成大量人员死伤。联合国在这样的地方开展维和行动，在选择总部大楼等办公场所时，是否认真开展了防震安全评估，是一个值得深思的问题。

（3）动物和毒虫伤害。维和人员在任务区陌生的城镇和乡村工作、生活，还面临各种动物造成的伤害。最常见的是被狗咬伤。任务区一些当地人喜欢养大型烈性犬，一户人家可能养好几只，而且无主的流浪狗很常见。这些犬只见到陌生人时容易表现出攻击性，维和人员在步行巡逻、上下班行走以及下班后在社区和野外跑步锻炼时，很容易遭到攻击。每年都有大量维和人员被狗咬伤。尽管一般情况下狗咬并不会危及性命，而且联合国医院里也配备有防狂犬病的疫苗，但是在许多任务区狗伤维和人员的事件频频发生，还是应当引起联合国的重视。任务区有较为原生态的自然环境，人与各种野生动物在同一空间里生活。毒蛇甚至是蟒蛇在维和人员的工作和生活场所出没，容易出现伤人的事故。此外，任务区还常常出现维和人员被诸如蝎子、黄蜂和不知名毒虫伤害的事件。

（4）战争污染。巴尔干地区和伊拉克等地的维和行动任务区经历过高强度的现代化战争，美国军队在战争中使用了大量的贫铀弹和白磷弹等武器，污染了当地的环境。这为东道国带来深重灾难的同时，也危及维和人员的安全。维和人员长期暴露在遭到战争污染的环境中，特别是长期使用被放射性物质有毒武器污染了的食物和水源，就可能患病。战争污染造成伤害的后果一般在短时间不会显现，而是可能在维和人员执行完任务回国之后数月甚至数年才会显现。有报道称一些曾于 20 世纪 90 年代在巴尔干地区执行过维和任务的北约国家军人回国后患上了辐射病。③ 笔者在北欧

---

① 关于 2010 年海地地震的伤亡数据，国际上存在争议。根据联合国人道主义事务协调办公室提供的数据，地震造成 22 万人死亡，30 万人受伤。美国中央情报局估计死亡人数为 30 万。加拿大学者贾斯汀·珀杜尔认为死亡人数是大约 25 万。本书择从联合国方面的数据。

② United Nations, "In Memoriam: In Remembrance of Those Members of the United Nations Family Who Lost Their Lives in the Earthquake in Haiti", January 12, 2010, http://www.un.org/en/memorial/haiti/.

③ The Guardian, "Kosovo Troops Tested for Caner from Uranium", https://www.theguardian.com/world/2001/jan/01/balkans.

做调研时也了解到贫铀弹伤害维和人员的案例。

3. 疾病

在2000年之前的52年里牺牲的1651名维和人员中，疾病导致的死亡人数要远远少于事故和暴力行为：疾病281人（17.0%），事故703人（42.6%），暴力行为578人（35.0%）。而从2000年至2017年的18年里，共有2042名维和人员死亡，其中疾病导致的死亡人数要远远多于事故和暴力行为：疾病879人（43.0%），事故602人（29.5%），暴力行为407人（19.9%）。在这18年中发现，除去2010年和2017年这两年，其他16年里疾病造成维和人员死亡的数量都要多于事故和暴力行为。

表13　1948年至2017年维和人员死亡情况　　（单位：人）

年份	事故	疾病	暴力行为	其他原因	总计
1948—1999	703（42.6%）	281（17.0%）	578（35.0%）	89（5.4%）	1651
2000	16	21	18	5	60
2001	29	32	6	5	72
2002	33	41	7	7	88
2003	32	43	30	3	108
2004	47	60	7	3	117
2005	31	67	25	8	131
2006	21	65	18	4	108
2007	23	52	11	4	90
2008	43	71	16	6	136
2009	34	52	16	19	121
2010	122	38	11	2	173
2011	37	55	16	2	115
2012	25	49	22	16	112
2013	15	47	36	11	109
2014	29	50	39	8	126
2015	30	41	34	19	124
2016	19	44	34	21	118
2017	16	51	61	6	134
2000－2017	602（29.5%）	879（43.0%）	407（19.9%）	154（7.5%）	2042

资料来源：根据相关资料自制。United Nations,"Fatalities by Year and Incident Type", https://peacekeeping.un.org/sites/default/files/statsbyyearincidenttype_5_8.pdf.

维和人员是一个以青年人和中年人为主的职业群体,他们在进入任务区之前都要按照联合国规定进行严格的健康检查,患有严重疾病的人是不能派出的。但是,为什么仍然有维和人员因疾病死亡?特别是自2000年以来,为什么疾病成为维和行动中最大的安全风险?

研究发现,自1999年底以来,联合国先后在非洲建立了10项大型维和行动,导致在非洲的维和人员占比不断上升。2017年底正在进行的15项维和行动中,在非洲的8项中总共有72958人,占总数的80%。1999年底以来在非洲建立的10项大型维和行动中,从2000年至2017年的18年间共有多达1433名维和人员死亡,占同期所有维和人员死亡总数的70.2%。在这1433名死亡的维和人员中,有688人是因疾病死亡,占总数的48.0%。就每一项维和行动中各类风险因素引起维和人员死亡人数的排名而言,疾病除了在联合国马里多层面综合稳定特派团和联合国中非共和国多层面综合稳定团排名第二,在其他8项维和行动中都排名第一。也就是说,2000年以来疾病之所以成为维和行动中最大的风险,与维和行动任务区的地域特征有很大的关系。

表14 2000年以来非洲大型维和行动中维和人员死亡情况① (单位:人)

名称	事故	疾病	暴力行为	其他原因	总计
联合国塞拉利昂特派团	79	87	17	9	192
联合国刚果(金)特派团	32	88	34	7	161
联合国利比里亚特派团	43	145	3	10	201
联合国科特迪瓦行动	55	74	11	10	150
联合国苏丹特派团	11	41	4	4	60
非盟—联合国达尔富尔混合行动	42	117	73	28	260
联合国刚果(金)稳定特派团	35	64	33	12	144
联合国南苏丹特派团	12	21	13	5	51
联合国马里多层面综合稳定特派团	21	33	95	6	155
联合国中非共和国多层面综合稳定团	6	18	28	7	59
总计	336	688	311	98	1433

资料来源:根据相关资料自制。United Nations, "Fatalities by Mission and Incident Type", https://peacekeeping.un.org/sites/default/files/statsbymissionincidenttype_4_8.pdf.

---

① 该表不包括联合国埃塞俄比亚和厄立特里亚特派团、联合国中非和乍得特派团及联合国阿卜耶伊临时安全部队。

这些维和行动任务区东道国公共卫生条件差，缺乏基本的疾病防控能力，疟疾、登革热、黄热病、非洲锥虫病、血吸虫病和丝虫病等各种热带疾病肆虐，当地民众患病率很高。在这样的环境中，维和人员很容易在接触传染病病毒或者被携带病原体的蚊虫叮咬后感染疾病。加之这些维和任务区高温潮湿，维和人员执行高强度的维和任务时容易发生中暑或突发疾病。2003 年中国赴刚果（金）维和工兵连一名战士在工作时突然中暑晕倒，抢救无效牺牲。尽管联合国在维和任务区设置了四个级别的医院，但是整体医疗条件简陋，有效服务的覆盖范围有限，许多维和人员患病后都不能得到及时、有效的诊疗。2018 年 2 月，中国赴南苏丹维和部队一名指挥官突患重病，在当地治疗无效后出现肝衰竭，经转送回国救治后才脱离生命危险。① 事故和暴力行为造成的伤害往往都能够即时显现出来，而疾病造成的伤害有时却会延迟。比如，疟原虫可以在人体内存活几个月甚至几年后才会引发疟疾，② 但是在这种情况下往往会造成患者和医生的疏忽，不会将病症与曾在热带地区工作的经历联系起来，从而延误了治疗的时机。

4. 心理压力

维和行动任务区是一个特殊的职业和生活环境，维和人员经受的心理压力会成为安全风险。心理压力首先来自对上文所述三类安全风险的意识和担心。面对各种暴力行为、事故和疾病风险，维和人员会产生焦虑甚至恐惧。此外，身在异国他乡，远离亲人和朋友，会产生思乡之情。特别是当亲人生病或遭遇其他变故时不在身边，心理压力会更大；活动空间变得狭小，食宿条件发生巨大改变，人的心情也会变化；在陌生环境中与众多来自不同国家、不同文化背景的人打交道，文化差异也会导致心理压力。比如，与不友好的外国人发生误解或冲突，会造成心理压力。

依据心理学理论，人类经受的压力有三种：普通压力、积累式压力和创伤后应激障碍。③ 更可能伤害维和人员身心健康的主要是后两种。积累式压力由普通压力逐渐积累而成。由于维和工作和生活中的压力点多，积累快，而排解渠道少，所以日积月累就会成为一个严重的问题。积累式压

---

① 李保军、戴欣：《解放军第 302 医院紧急收治中国赴南苏丹维和部队某分队长》，http://www.chinanews.com/m/sh/2018/02-23/8453135.shtml?f=qbapp。

② 张逸龙、潘卫庆：《恶性疟原虫对青蒿素产生抗性的研究进展》，《中国寄生虫学与寄生虫病研究杂志》2015 年第 6 期，第 418—424 页。

③ United Nations, *Stress Management Booklet*, Turin: The International Training Center of the ILO, 1995.

力的特点，是维和人员自己一般不容易发现症状，但是一旦出现明显的症状就已经到了非常严重的阶段。积累式压力对维和人员的伤害，较轻的表现为睡眠质量不好、胃口不佳和掉头发等，严重的则会出现心性变化、喜怒无常。创伤后应激障碍源于维和人员在经历重大事故时，比如目击了严重的暴力事件、事故或者遭遇文化"惊吓"，受到的突然精神刺激超出了承受的限度。无论是积累式压力还是创伤后应激障碍，严重的都可能引起抑郁症甚至精神崩溃，有的患者甚至会有自杀的倾向和行为。

心理压力会影响维和人员的工作和生活。一些维和人员在工作中会难以集中精力，处理不好人际关系，容易与他人发生冲突；出现危险的驾驶行为进而引发交通事故；操作枪支时出现走火甚至造成人员伤亡。心理压力严重时还会降低维和人员的免疫力，使得他/她更容易患病特别是感染各种热带传染病。与暴力行为、事故和疾病影响的表征往往是显性的、容易得到及时关注不同，心理压力的表征通常是隐性的，往往不能及时发现并得到关注。一些维和人员通过抽烟、酗酒等方式排解压力，但是这会产生更多的问题，包括酒后驾驶车辆和操作枪支引起事故。醉酒后免疫力低下，加之容易暴露在蚊虫叮咬之下，更加容易感染疟疾等疾病。

（二）强势维和行动中的安全风险

"克鲁兹小组报告"的出发点，是近些年来维和行动中因暴力行为死亡的人数明显增多。特别是 2013 年至 2017 年间，有多达 195 名维和人员因暴力行为原因死亡，超过维和史上的任何一个五年期。[①] 该报告深入分析了这 195 名牺牲维和人员的类型、导致他/她们牺牲的武器类别、暴力行为的类型、牺牲人员所在的维和行动以及国籍等，将导致维和人员大量牺牲的原因归为联合国及会员国没有针对维和行动中日益增加的（暴力）风险与时俱进地采取对应措施。该报告提出，要减少维和人员的伤亡，联合国和会员国必须在四方面采取行动：转变观念，认识到维和行动中的风险并做好应对准备；提升能力，以便维和人员可以获得合适的装备和训练；改变存在感显示战略，将有限的资源用于消除安全威胁，避免不必要的大规模远程巡逻；强化责任意识，确保部署到维和行动中的人员有能力抗击

[①] Carlos Alberto dos Santos Cruz, William R. Phillips and Salvator Cusimano, "Improving Security of United Nations Peacekeepers: We Need to Change the Way We Are Doing Business", https://peacekeeping. un. org/sites/default/files/improving_security_of_united_nations_peacekeepers_report. pdf.

暴力侵害。[①]

该报告主要从技术和行动层面认识维和行动中的暴力行为风险，提出了变革维和工作的建议。不可否认，面对各种暴力行为，的确有必要提升维和行动中的技术水平和行动能力。但是，技术层面的分析并不能解释暴力行为产生的主要原因，提出的建议也不能解决根本问题。维和行动从本质上讲是政治行动。过去70余年的经验和教训表明，维和行动中的根本问题首先需要从政治和战略层面去探究原因。

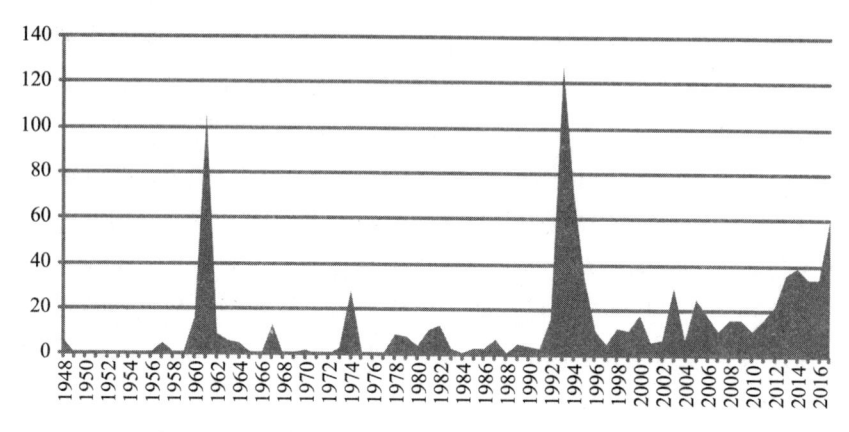

图17　1948年至2017年暴力行为牺牲人数（单位：人）

资料来源：根据相关资料自制。United Nations,"Fatalities by Year and Incident Type", March 31, 2018, https://peacekeeping.un.org/sites/default/files/statsbyyearincidenttype_5_8.pdf.

自1948年以来，暴力行为造成维和人员死亡人数出现过三次高峰。第一次是从1960年到1962年，第二次是从1992年到1995年，第三次从2013年至今。前两次高峰表现为快速出现又快速回落，而第三次高峰则在高位平台持续并上升。深入分析发现，三次高峰出现都主要是因为建立了大型的强势维和行动。

第一次高峰期主要是因为建立了联合国刚果行动。这是冷战时代罕见的具有强制和平特征的大型维和行动。为制止刚果共和国的冲突，防止其被国内外势力分裂，联合国在政治和行动两个层面都表现出积极甚至强势

[①] Carlos Alberto dos Santos Cruz, William R. Phillips and Salvator Cusimano, "Improving Security of United Nations Peacekeepers: We Need to Change the Way We Are Doing Business", https://peacekeeping.un.org/sites/default/files/improving_security_of_united_nations_peacekeepers_report.pdf.

的态度。① 1961年9月，维和部队开始履行安理会的授权，对分离主义武装盘踞的加丹加发起攻击，并于1963年占领了加丹加，维护了刚果的统一。联合国为在刚果的强势维和行动付出了巨大的代价，从1960年至1962年的三年里，联合国刚果行动中有129名维和人员在各种敌意暴力行为中丧生。

第二次高峰期主要因为建立了联合国保护部队和联合国索马里行动。联合国保护部队1992年2月建立后，最初的任务是一种临时性的安排，目的是为全面解决南斯拉夫危机创造和平与安全的环境。② 随着南斯拉夫形势的发展，联合国保护部队的任务扩大，其中包括设置平民保护区和非军事化区、为人道主义救援和返乡平民提供安全保护和设置"禁飞区"等在内的各种强势任务。联合国保护部队得到授权，可以对阻碍履行上述任务的敌意行为使用武力。③ 在四年间，联合国保护部队共有74人死于暴力行为。联合国索马里行动在第一期阶段的任务主要是为国际人道主义救援提供安全保护。到了第二期，主要任务变为通过强制和平的军事手段，在索马里恢复和平。④ 联合国在索马里的强势维和行动遭到了以穆罕默德·艾迪德将军为代表的各方军阀的抵制。从1993年至1994年的两年里，该行动中有112名维和人员在各种暴力行为中丧生。

第三次高峰期始于2013年，维和人员的死亡主要发生在非盟—联合国达尔富尔混合行动、联合国刚果（金）稳定特派团、联合国马里多层面综合稳定特派团和联合国中非共和国多层面综合稳定团。这四项维和行动表明联合国维和已经进入了强势维和时代。近些年来许多新建立的维和行动都是根据《联合国宪章》第七章授权，维和人员可以使用包括武力在内的"一切手段"完成任务。⑤ 联合国还在政治层面对使用武力的权限重新进行

---

① United Nations, Security Council Resolutions 161 (1961) and 169 (1992).
② United Nations, Security Council Resolutions 749 (1992) and 762 (1992).
③ United Nations, "United Nations Protection Force: Background", September 1996, https://peacekeeping.un.org/sites/default/files/past/unprof_b.htm. 联合国保护部队授权的相关决议参见 United Nations, Security Council Resolutions 757 (1992), 761 (1992), 770 (1992), 779 (1992), 781 (1992), 786 (1992)。
④ United Nations, "Somalia – UNOSOM I: Mandate", https://peacekeeping.un.org/sites/default/files/past/unosom1mandate.html；联合国索马里行动第一期的相关决议参见 United Nations Security Council Resolution 751 (1992), 775 (1992), 794 (1992)。
⑤ United Nations, "Somalia – UNOSOM I: Mandate", https://peacekeeping.un.org/sites/default/files/past/unosom2mandate.html；联合国索马里行动第二期的相关决议参见 United Nations Security Council Resolution 814 (1993) and 837 (1993)。

了诠释,维和人员可以使用武力的情况不再像以往那样仅限于自卫,还包括捍卫安理会授权的维和任务。[①]

强势维和行动表明联合国承担安全风险的政治意愿增加。如"克鲁兹小组报告"指出,当前有2/3的维和人员都在冲突正在进行的环境中执行任务。[②] 2013年在刚发生政变的马里建立了特派团。这是联合国第一次在恐怖主义肆虐的国家建立维和行动。70余年的实践经验和教训表明,维和的基本条件是要有和平可以维持。但是在马里,在反政府部落武装和恐怖组织的双重威胁下,特派团实际上是在一个没有和平的环境中维持和平。特别是面对恐怖主义的威胁,在马里的维和行动陷入了两难的境地:一方面需要面对恐怖威胁,另一方面却既没有任务授权也没有能力开展反恐行动,面对恐怖袭击往往只能被动地防御。[③] 自2013年联合国马里多层面综合稳定特派团建立以来,已经有95名维和人员因各种暴力行为死亡,占同期所有维和行动中因同种原因死亡人数的约一半。在刚果(金),联合国刚果(金)稳定特派团承担了强制和平任务,部署了维和史上第一个"干预旅",帮助打击该国东部的非法武装以保护平民。[④] 然而,这项行动中维和人员经常遭到暴力攻击。2017年12月7日武装分子在北基伍省袭击了"干预旅",造成15名坦桑尼亚维和军人死亡,100人受伤。此外,在中非和达尔富尔等地,维和行动也是在高风险的环境中运行。

联合国在冲突正在进行的地方开展强势维和行动甚至强制和平行动,是近些年维和人员因暴力行为伤亡人数居高不下的主要原因。按照年均因暴力行为导致维和人员死亡人数计算,上文所述三个维和高峰期的七项行动都排入前十位。其中,排名前四位的维和行动年均死亡人数都在20人以上。

---

① United Nations, "Principles of Peacekeeping", https://peacekeeping.un.org/en/principles-of-peacekeeping.

② Carlos Alberto dos Santos Cruz, William R. Phillips and Salvator Cusimano, "Improving Security of United Nations Peacekeepers: We Need to Change the Way We Are Doing Business", https://peacekeeping.un.org/sites/default/files/improving_security_of_united_nations_peacekeepers_report.pdf.

③ 何银:《100余名联合国人员各种原因死亡,这个国家怎么了?》,http://wap.huanqiu.com/r/MV8wXzkwMDg5MTFfMjVfMTQ2NTAwMTM0MA==。

④ United Nations Security Council Resolution 1925 (2010).

表15 维和行动年均因暴力行为死亡人数排名

维和行动名称	时间（年/月）	总数（人）	年均（人）	排名
联合国索马里行动（第一、第二期）	1992.4—1995.3	114	39.08	1
联合国刚果行动	1960.7—1964.6	135	33.75	2
联合国保护部队	1992.2—1995.3	74	24	3
联合国马里多层面综合稳定特派团	2013.4—2017.12	95	20.35	4
柬埔寨过渡时期联合国权力机构	1992.3—1993.9	25	16.67	5
联合国中非共和国多层面综合稳定团	2014.4—2017.12	28	7.64	6
非盟—联合国达尔富尔混合行动	2007.7—2017.12	73	7.01	7
联合国卢旺达援助团	1993.10—1996.3	14	6.72	8
联合国刚果（金）稳定特派团	2010.7—2017.12	34	4.45	9
联合国刚果（金）特派团	1999.11—2010.6	34	3.21	10

数据来源：根据相关资料自制。United Nations, "Fatalities by Mission and Incident Type", December 31, 2017, https://peacekeeping.un.org/sites/default/files/statsbymissionincidenttype_4_8.pdf.

在当前强势维和时代，维和行动在政治上的强势并不能掩盖行动能力上的短板。自20世纪90年代中期以后，就很少有主要发达国家愿意向联合国主导的维和行动派出成建制维和分队。在125个出兵/警国中，排名前20位的全都是发展中国家，其中有14个是非洲国家。而24个传统的西方工业发达国家总共派了6363人，仅占所有维和人员总数的6.86%。主要发达国家不但派出的维和人员少，而且尤其不愿意向在非洲的维和行动派出维和人员。主要发达国家向非洲派出了2259人，仅占所有在非洲的维和人员总数的2.9%。[1]

发展中国家维和人员成为维和行动中的绝对主力，这导致出现一个严重的问题，即维和人员的选拔和培训质量难以得到保证，装备比较落后，后勤保障不得力。如前文所述，当前维和行动任务区的非法武装和恐怖组织武器精良，懂得使用现代化的军事技术。和它们相比，许多发展中国家维和人员在装备和技术上并不占有优势。较之于发展中国家，发达国家有更多的培训资源和更先进的军事装备和技术。如果发达国家愿意积极参加联合国主导的维和行动，将不但有助于提升维和行动的能力，更为重要的

---

[1] United Nations, "Summary of Contribution to Peacekeeping by Mission, Country and Post", https://peacekeeping.un.org/sites/default/files/5_mission_and_country_0.pdf.

是还可以让发达国家亲身体会强势维和行动中的安全风险，进而对维和行动中的安全问题给予更加切实的关注。

"克鲁兹小组报告"建议采取更加强势和主动的行动，包括通过主动出击和预防式打击消除安全威胁。但是，这样做是否可以有效减少维和行动中的安全风险值得怀疑。维和行动最主要属性是政治行动而非军事行动。维和人员是会员国自愿派遣的，一项大型维和行动中的维和人员往往来自数十个国家，装备和训练水平参差不齐，各出兵/警国对于自己人员使用武力和承受伤亡的政治意愿不一，各国维和人员的指挥系统和文化习惯不同，很难整合出可以应对各类风险的行动能力。并且，尽管一项大型维和行动中有一万多名维和人员，但是分散部署在像刚果（金）、马里和中非共和国等面积动辄几十万到上百万平方千米的国家，往往就显得势单力薄。面对装备精良、行动灵活和敌意十足的非法武装甚至恐怖组织，即便是具备统一指挥和一定行动能力的一国军队，也会显得心有余而力不足。近些年来，维和人员的装备水平已经有了很大的提升，在刚果（金）的"干预旅"甚至装备有武装直升机和火炮等重型武器，并且得到了安理会授权采取强制和平行动。但是即便如此，刚果（金）东部的安全形势并未有好转，而维和人员伤亡的数量却在逐年增加。可见，强势维和并不能达到维持行动的目的。

三、联合国维和行动中的安全风险应对

要切实改善维和行动中的安全环境，保护和平"保护者"的安全，就必须转变观念，从现实出发全面地认识维和行动中的各种安全风险。如前文所论，这些风险既包括暴力行为，也包括各种事故、疾病以及心理压力。而且，需要超越技术和行动层面，从政治和战略的层面认识并应对近些年来暴力行为风险明显上升的现象。在这样的认识基础上，本文就如何应对维和行动中的各种安全风险提出五点建议。

（一）反思强势维和的理念

针对近些年来大量维和人员因暴力行为伤亡的情况，联合国需要反思强势维和理念。在当前一些冲突正在进行的维和任务区，比如刚果（金）、马里和中非共和国，维持和平的条件显然还不成熟。联合国应当在政治和

战略上对这些国家的大型强势维和行动进行重新设计，将强势的建立和平与维持和平进行切割。采取更加务实、灵活的政治手段开展建立和平工作，必要时由安理会授权相关区域和次区域组织或者多国部队，通过必要的军事行动建立起可供维持的和平。联合国和国际社会应当从政治、资金、装备和培训等方面，对在安理会授权下执行恢复和平行动的区域组织、次区域组织和多国部队给予支持，确保它们的行动有力、有效地开展。有了可以维持的和平，才能够从根本上改善维和行动的安全环境并让维和行动特派团将主要精力和资源用于维持和平与建立和平之上。

过去几年里，"伊斯兰国"等恐怖组织在中东地区兴起并向非洲扩散，利比亚卡扎菲政权被推翻后引发的武器扩散改变了萨赫勒地带的安全生态。在此背景下，撒哈拉以南非洲的马里、中非共和国和乍得等国冲突热点频现，联合国在有利害关系大国的推动下，在这些高风险的国家建立了维和行动。联合国需要认识到，是美国为首的西方大国通过武力手段在其他主权国家推行政权更迭的非法行为，造成了中东恐怖主义兴起和利比亚武器扩散。西方强国一方面出于自身利益的需要有意或者无意地在他国制造冲突，另一方面又利用维和行动来解决冲突和恢复和平。这种矛盾行为的后果之一，是大量来自广大发展中国家的维和人员被部署到了高风险的维和任务区，去面对各种非法武装甚至恐怖分子发动的暴力袭击。所以，若要从根本上改善维和行动运行的安全环境，还需美国等西方强国在打着道义旗帜武力干涉他国内政之前，认真衡量干涉行为可能对国际和平与安全造成的深远影响。

（二）增强应对暴力行为的能力

70余年维和史表明，即便是在看似有和平可以维持的维和行动中，针对维和人员的各种暴力行为也随时都可能发生。当前在马里、刚果（金）和中非共和国等强势维和任务区尤其如此。所以，正如"克鲁兹小组报告"所言，联合国、出兵/警国以及维和人员个人都必须转变观念，认真对待维和行动中不断增加的暴力安全风险，通过改进领导指挥、增强行动能力、改善武器装备、重视战术情报能力、改进战地医疗保障和改变存在感显示策略等措施，增强维和行动应对暴力行为的能力，减少维和人员的伤亡。[1]

---

[1] Carlos Alberto dos Santos Cruz, William R. Phillips and Salvator Cusimano, "Improving Security of United Nations peacekeepers: We Need to Change the Way We Rre Doing Business", https://peacekeeping.un.org/sites/default/files/improving_security_of_united_nations_peacekeepers_report.pdf.

然而，落实这些措施需要大量资金和技术投入。在绝大多数维和人员都来自发展中国家以及维和经费捉襟见肘的现实面前，急需有能力的国家和国际组织特别是西方国家以及欧盟等西方国际组织伸出援手。

面对非法武装和恐怖组织，维和人员应当确保在武器装备和行动能力上占有优势，以便对各种潜在的暴力威胁形成吓阻，并在必要时根据武力使用原则行使自卫权，对恶意的暴力行为进行有效的还击。但是，本文并不赞同"克鲁兹小组报告"所提出的采取更加强势和主动的行动，通过主动出击和预防式打击消除安全威胁。超过自卫原则和尺度的武力使用行动属于军事行动，维和人员这样做将丧失"非战斗人员"的地位，[①] 维和行动也失去了和平的精神。所以，无论根据国际法还是现实的需要，联合国主导的维和行动都应当远离强势维和特别是强制和平。如前文所言，主动打击非法武装和恐怖组织这样的军事任务应当由真正的军事人员去完成。

（三）加强事故和疾病预防工作

联合国、出兵/警国、维和分遣队以及维和人员个人，都应当认识到事故和疾病是威胁维和人员身体健康和生命安全的重大风险。应当通过派遣前的培训和任务区岗前培训，强化维和人员的安全意识，帮助他们了解维和任务区常见的事故和热带疾病，并学习有利于预防和应对这些风险的基本知识和技能。维和行动特派团应当严厉查处维和人员酒后驾驶、疲劳驾驶和超速驾驶等不安全的驾驶行为，减少交通事故造成的伤亡。出兵/警国应当积极分担维和行动中安全管理的义务。联合国应当将维和行动的安全管理工作的意义提升到政治层面，通过政治手段督促出兵/警国加大在相关培训、装备和管理上的投入，减少本国维和人员因事故和疾病而出现的伤亡。在当前维和行动并不缺乏后备维和人员的背景下，联合国可以采取一些刚性的安全管理政策。比如，对于因预防事故和热带疾病措施不力而造成重大人员伤亡的维和分遣队，可以给予包括遣返在内的处罚；对于相应的出兵/警国，联合国维和行动部在招募维和人员时可以将其降入替补队列或者根本就不作考虑。

长期以来，联合国都以维和行动耗费低廉而自豪。2017—2018 财年维和预算为 68 亿美元，不到全球军费开支的 0.5%。一名维和士兵的花费只

---

① Scott Sheeran and Stephanie Case, "The Intervention Brigade: Legal Issues for the UN in the Democratic Republic of the Congo", International Peace Institute, November 2014.

有一名北约士兵的五分之一。但是，在维和行动安全环境日益复杂危险的情况下，联合国应当增加在维和行动安全管理上的投入，包括在事故和热带疾病预防方面的资金、技术和装备投入。联合国以及有能力的会员国和国际组织应当向那些特别贫穷的出兵/警国提供帮助。

（四）关心维和人员的心理健康

尽管联合国已经认识到了维和人员的心理健康问题，并向出兵/警国推荐了相关的培训材料，[①] 但是，联合国在维和人员心理安全管理工作上还有很大的提升空间。长期以来，维和人员心理健康问题主要依靠个人、分遣队和出兵/警国政府。联合国应当督促会员国对拟派出的维和人员进行严格、科学的心理测试评估，严防将有心理疾患的人员部署到任务区。此外，维和人员进入任务区以及6个月之后，应当接受心理测试。对于心理健康异常的人员，应当进行心理干预；对问题严重的，应当予以遣返。应当要求维和部队以及维和警察防暴队在营区建设和队伍管理上营造和谐环境。比如：成建制维和分队的营区必须有足够的活动空间以及供体育锻炼和娱乐的设施；鼓励与其他国家的维和分队开展文化联谊活动。联合国应当督促出兵/警国，落实、保障维和人员应得的福利，包括落实休假制度。应当鼓励维和人员回国探亲或者到第三国休假。

建议重视维和人员完成任务回国后的后续性心理健康关爱。维和人员完成任务回国后应当接受心理健康测试和咨询。对于心理健康问题严重，特别是在执行任务过程中经历重大事故的人员，应当接受专业的心理干预。联合国应当向各出兵/警国推介关爱维和人员心理健康的最佳实践。

（五）改进对牺牲和伤残维和人员及其家属的抚恤工作

联合国为以民事职员为主体的正式职员提供了较为丰厚的薪酬和健康保险。但是，对广大维和人员牺牲、伤残和疾病的关照还有巨大的提升空间。曾经在很长一个时期里联合国对牺牲人员家庭发放的抚恤金只有5万美元，最近几年才涨到7.5万美元。对于在执行维和行动期间患上严重疾病的维和人员，并没有合理的救助和补偿标准。

许多热带疾病都有潜伏期，已经出现几例维和警察回国几个月甚至两

---

① United Nations, *Stress Management Booklet*, Turin: The International Training Center of the ILO, 1995; Peace Operations Training Institute, *Core Pre-Deployment Training Materials*, Jamestown: Peace Operations Training Institute, 2014.

年后还复发疟疾的情况。疟疾发病时间距离从任务区回国的时间越长，诊治过程中就越是容易疏忽而延误了最佳的救治时机。在那些很少有热带病患者的国家，专业的检查机构少，这也为潜伏性热带疾病的诊治造成困难。特别是当潜伏的疟疾发展成为脑疟，甚至还会有生命危险。此外，艰苦、紧张的维和工作和生活还可能引发原发性的疾病、诱发潜伏的疾病以及造成各种心理疾病。但是这些疾病若是发生在维和人员完成任务回国之后，联合国都不会承担任何责任，而只能依靠出兵/警国政府和社会的救助。一些维和人员的家庭甚至在失去亲人的情况下背上巨额债务。

建议通过商业保险，解决对维和人员因牺牲、伤残和疾病引发的抚恤和治疗困难。联合国应当考虑募集资金，建立维和人员健康保险基金。若是联合国不能解决维和人员的保险问题，就需要督促出兵/警国去承担这样的责任。商业保险的有效期应该至少延续到维和人员完成任务回国后的两年。不同的出兵/警国因经济和政治条件不同，对维和人员的安全和健康福利保障会有所不同。联合国应当推行一些制度性的规定，确保所有维和人员都能够得到相关的基本保障。

结语

维和行动中的安全风险不但来自暴力行为，还来自各种事故、疾病和心理压力等。改善维和行动运行的安全环境，需要全面考虑各种安全风险，进而有针对性地采取应对措施。此外，还需要超越技术层面认识并应对维和行动中的各种风险。应该看到，自21世纪初以来，疾病之所以成为威胁维和人员安全的首要风险，是与同期联合国先后在非洲建立了10项大型维和行动有关。如何应对非洲维和行动任务区肆虐的各种热带疾病，是维和行动安全管理需要关注的问题。此外，自2013年以来因暴力行为而死亡的维和人员剧增，是因为联合国在马里、刚果（金）和中非共和国等地开展了强势维和行动，企图更多地使用军事手段建立并维持和平。应当将当前几项稳定特派团中强势的建立和平任务从维和行动中剥离出来，让有能力的区域、次区域组织或者多国部队去完成。这既是这些已经陷入困境的维和行动的出路，也是保护维和人员安全的治本之举。

恐怖主义对维和人员安全的威胁应当引起特别重视。尽管目前针对维和人员的恐怖袭击仅在马里表现为一种常态，但是恐怖主义已经出现了向其他维和行动任务区蔓延的趋势。维和行动的性质和行动能力局限都决定了维和人员只能防恐而不能反恐。一名联合国总部的官员指出，在20世纪90年代只有5%的冲突方自称是"吉哈德"，而今天这一比率已经达到44%。[①] 面对维和行动中日益增加的恐怖主义风险，如何从马里维和行动任务区汲取教训并有效应对恐怖风险，是一个值得研究的问题。

维和行动是高风险的非战争军事行动，维和人员出现的各种伤亡事件有的具有偶然性，有的具有必然性。维和人员为维持国际和平与安全而承担各种安全风险，他/她们在安全和健康方面的福利应当得到保障。商业健康安全保险既可以解决联合国和出兵/警国在维和人员的健康安全福利保障上面临的困境，也可以在很大程度上消除维和人员直面各种安全风险时的后顾之忧，避免他/她们为了维护和平既流汗、流血又流泪。如何制定并落实具有实际操作意义的商业保险计划，将是联合国和出兵/警国都需要深入思考的问题。

保护和平"保护者"的安全，最重要的是需要明确包括联合国、出兵/警国、东道国、维和分遣队以及维和人员个人等各方的职责。然而，迄今联合国还没有制定出一份综合性的维和行动安全风险管理手册，明确维和行动中的各种安全风险以及维和行动的各级行动者应当承担的职责。这样，就使得维和人员的安全管理工作出现了权责模糊的灰色地带。尽快制定这样一份安全风险管理手册，是联合国维和事务部门和学术界都应当思考的问题。

---

① 2018年4月14日，联合国秘书长办公室的一名官员在纽约参加"中国—瑞典冲突预防问题研究对话"第二次会议时如是说。

联合国维和的退化与出路[*]

维和是联合国履行维护国际和平与安全神圣使命的重要手段。自1948年开展第一项维和行动以来，联合国维和的理念和方法不断发生变化。这些变化并非总是因循进化的路径。在历经几十年的进化之后，联合国维和在最近十年发生了明显的退化。这主要表现为维和行动偏离了基本原则，在一些地方陷入了既没有和平可以维持，也难以撤出的困境。在现有的退化模式下，联合国维和在行动层面使用的先进技术装备，以及加强情报能力建设、开展强势安全行动等手段，都难以弥补在政治层面存在的缺陷。因此，关注联合国维和退化的现象、探究其背后的原因，对于联合国维和改革以及中国更好地支持和参与维和事务都具有重要的理论和现实意义。

一、联合国维和的退化

冷战时期影响国际和平与安全的主要是国家间冲突。在冷战的阴影下，联合国在冲突管理中发挥的作用有限，常见的做法是在冲突双方之间部署维和部队和/或军事观察员，监督业已签订的停火/停战协议的实施，为冲突的政治解决赢得时间。这一时期的维和行动被称为传统维和行动，核心任务是维持和平，即维持一种如约翰·加尔通所言没有战争或冲突的"消极和平"[①]。在这样的维和行动中，联合国严格遵守"三原则"，即同意原则、中立原则和非自卫或授权情况不使用武力原则，以避免卷入

---

[*] 何银，中国人民警察大学维和警察培训中心副主任，教授。本文是北京外国语大学双一流国际高端引智培育项目"跨文化管理与全球传播"的成果，也是国家社科基金重大项目"中国参与联合国维和行动战略选择研究"（项目编号：16ZDA094）的阶段性成果。本文仅代表笔者自己的观点，不代表中国人民警察大学维和警察培训中心或其他官方机构的观点。

[①] 约翰·加尔通提出了"积极和平"和"消极和平"的概念，参见 Johan Galtung, "Twenty-Five Years of Peace Research: Ten Challenges and Some Responses", *Journal of Peace Research*, Vol. 22, No. 2, June 1985, p. 141。

冲突。

冷战结束后，超级大国之间的对峙消失，安理会大国较之以前更容易达成妥协，联合国在国际冲突管理中发挥作用的空间变大。同时，围绕民族、种族和宗教等身份认同问题而引发的国家内冲突开始成为影响国际和平与安全的主要冲突。联合国维和也因之出现了一种新的模式：在维持和平的同时建设和平，帮助东道国消除引发冲突的根源性问题以建设可持久的和平，目的是实现"积极和平"①。为了有效干预复杂的国家内冲突，联合国更加灵活地运用维和原则，并在必要时将具有强制和平性质的建立和平任务授权给区域或次区域组织，较好地避免了直接卷入冲突。

经过半个世纪的探索，到 21 世纪初，联合国已建立起包含冲突预防、建立和平、维持和平及建设和平四项要素的冲突管理制度框架。② 不难发现，从冷战时期到后冷战时期，联合国维和按照线性进化的路径，从以维持和平为核心任务的传统模式，进化到将维持和平与建设和平相结合的多层面模式。这样的进化反映了不同历史时期联合国在冲突管理方法上的探索和创新，赋予了联合国维和以活力。进入新世纪的第二个十年，联合国维和开始偏离进化的轨道，出现了退化的现象。这主要表现在以下两个方面。

其一，安全行动取代政治行动，成为联合国维和的主要方法。联合国维和机制最大的创新是让军队这一自古以来的战争工具变为维护和平的工具。在维和行动中，军事力量仅仅是政治行动的辅助工具。联合国曾于 20 世纪 60 年代初通过军事手段介入刚果（金）的国内冲突，20 世纪 90 年代初又试图在索马里通过强制和平解除当地军阀武装，但这两项维和行动最终都以失败告终，其中的教训提醒联合国和国际社会，维和行动应当坚持以政治行动为基本属性。③ 冷战时期的传统维和行动与后冷战时期的多层面维和行动大多如此。然而，随着 2010 年以来稳定特派团（执行稳定任务维和特派团）的建立，联合国维和行动愈来愈明显地表现出安全行动的

---

① 约翰·加尔通提出了"积极和平"和"消极和平"的概念，参见 Johan Galtung, "Twenty-Five Years of Peace Research: Ten Challenges and Some Responses", *Journal of Peace Research*, Vol. 22, No. 2, June 1985, p. 141。

② United Nations, "Report of the Panel on United Nations Peace Operations", UN General Assembly and Security Council Document A/55/305 - S/2000/809, August 21, 2000, pp. 2-3.

③ United Nations, "Report of the High-Level Independent Panel on Peace Operations on Uniting Our Strengths for Peace: Politics, Partnership and People", United Nations Document A/70/95 & S/2015/446, June 2015, p. 10.

特征。

"稳定"原本是北约的一个军事行动理念,起源于1995年北约在波斯尼亚部署的稳定部队,目的是通过强制的军事手段建立和平。尽管早在2004年5月联合国就在海地建立了联合国海地稳定特派团,但这项维和行动的任务是在帮助维护东道国社会稳定的同时建设海地国家警察机构,因此它的基本属性也仍然是"维持和平—建设和平"模式的政治行动。2010年7月,联合国刚果(金)特派团更名为联合国刚果(金)稳定特派团,标志着北约的军事行动理念正式进入联合国维和机制。根据安理会第1925号决议,联合国刚果(金)稳定特派团可以采取一切必要手段,执行包括保护平民和支持刚果(金)实现稳定等任务。[①] 特别是该稳定特派团于2013年3月建立武装"干预旅"后开始执行解除盘踞在刚果(金)东部反政府武装的任务,其安全行动的性质愈发明显。2013年和2014年,联合国又先后在马里和中非共和国这两个陷入内乱的国家建立了稳定特派团。在马里,稳定特派团帮助脆弱的巴马科中央政府向该国部落分裂势力和恐怖组织盘踞的东北部地区推进管辖权;在中非共和国,稳定特派团帮助打击非法武装团体和藏匿在班吉的"战争贩子"。联合国在南苏丹和阿卜耶伊的维和行动在一定程度上也是稳定行动。2011年南苏丹独立后,联合国建立南苏丹特派团,其初衷是通过建设和平帮助新独立的东道国开展国家能力建设。2013年12月,南苏丹政府军与反对派武装之间爆发内战后,大量南苏丹人涌向联合国营地寻求保护,其中不乏政治背景复杂的人士。联合国南苏丹特派团被迫做出改变,放弃了建设和平的任务,在任务区各地建立起平民保护营开展平民保护任务。由于内战双方在政治和军事上长期僵持,平民保护营实际上成为牵动南苏丹和平进程神经的政治庇护所,联合国南苏丹特派团只能通过维护平民保护营里的稳定,为南苏丹内战的政治解决赢得时间。在苏丹与南苏丹存在争议的阿卜耶伊地区,联合国于2011年建立了临时安全部队,也是希望通过安全手段维护稳定,保护受暴力冲突影响的平民。

这5项在不同程度上具有稳定特派团性质的维和行动,不但都可以使用"一切必要手段"完成维和任务,而且武力使用从万不得已时的最后手段变成了常用甚至是首要选择。为了增强稳定特派团的安全行动能力,联

---

① "UN Security Council document S/RES/1925", May 28, 2010, https://www.securitycouncil-report.org/un-documents/document/DRC-S-RES-1925.php.

合国采取了一些非常措施。例如，在刚果（金）部署的武装"干预旅"装备有火炮、肩扛式发射器和"石茶隼"武装直升机等重型武器；在马里，以荷兰为首的西欧国家将北约的军事情报理念和技术带入了稳定特派团，建立了配备有"阿帕奇"武装直升机和高清成像无人机等先进装备以及专业情报人员的全源信息融合处。这 5 项维和行动的规模庞大，维和人员数量占现有 13 项维和行动中维和人员总数的 76.7%。[1] 因此可以说，自 2010 年以来联合国维和大体上已经呈现安全行动的特征。

挪威国际事务研究院高级研究员约翰·卡尔斯吕德指出，当前这些稳定特派团采取的不是维和行动，而是强制和平行动，表明联合国维和已经进入了战争模式。[2] 他认为，决定维和行动性质最重要的因素有两个：一个是武力使用是否有针对性，另一个是武力使用是否成为一种常态。[3] 尽管许多在 2010 年之前开展的维和行动也有武力使用的授权，但都很少指明武力使用的具体对象，而且即便是开展强势的安全行动，也往往历时很短，维和的政治行动属性并没有发生改变。[4] 而在刚果（金）、马里和中非共和国的稳定特派团不但有明确的武力使用对象，并且强势的武力使用行动都历时很长。

其二，没有和平可以维持。联合国维和历史还表明，维和行动成功的关键条件之一是要有和平可以维持，即维和需要有一个基本和平的局面。冲突后国家的和平局面通常是通过斡旋或者调解等和平的建立和平手段创造，有时甚至需要通过非和平的建立和平手段——强制和平达成，理想的结果表现为冲突各方签署和平协议并同意联合国建立维和行动。但自 2010 年以来，联合国在非洲刚果（金）、马里、中非共和国、南苏丹和阿卜耶伊五地建立的维和行动，都没有或者很少有和平可以维持。

在刚果（金），围绕权力和资源的争夺使这个国家在过去 20 年里一直处于内战状态。在东部几个省，有包括"3 月 23 日运动""解放卢旺达民

---

[1] 根据联合国和平行动部的数据整理，https：//peacekeeping.un.org/zh/troop-and-police-contributors。

[2] John Karlsrud, "The UN at War: Examining the Consequences of Peace-Enforcement Mandates for the UN Peacekeeping Operations in the CAR, DRC and Mali", *Third World Quarterly*, Vol. 36, No. 1, 2015, p. 42.

[3] John Karlsrud, "The UN at War: Examining the Consequences of Peace-Enforcement Mandates for the UN Peacekeeping Operations in the CAR, DRC and Mali", *Third World Quarterly*, Vol. 36, No. 1, 2015, p. 41.

[4] United Nations, *United Nations Peacekeeping Operations: Principles and Guidelines*, New York: Peace Operations Training Institute, October 16, 2008, pp. 34–35.

主力量""真主抵抗军"在内70余个武装组织在活动。① 这些武装组织拥有现代化武器,大多拒绝参加和平进程,稳定特派团实际上陷入有着复杂国际背景的国家内冲突当中。② 在马里,联合国第一次在恐怖主义肆虐的地方开展维和行动,面对的不仅有部落分裂武装,还有"基地"组织和"伊斯兰国"两大国际恐怖组织在非洲萨赫勒地带的分支。在中非共和国,武装团体、民间自卫组织和犯罪势力的暴力活动猖獗,稳定特派团难以改善该国的安全状况。在南苏丹,内战随时可能重新爆发,稳定特派团只能艰难地维持着平民保护营里的和平。在阿卜耶伊,族群间暴力冲突的背后是苏丹与南苏丹两国在石油资源上的争夺,联合国安全部队能够发挥的作用非常有限。

上述几项维和行动没有和平可以维持,主要是由于这些行动既没有等到冲突平息,也没有得到冲突各方一致同意,严重背离了"同意"和"中立"两项维和原则。有学者指出,联合国建立稳定特派团的初衷是支持"合法的政府"打击"非法的暴乱者",进而帮助东道国恢复秩序并保护遭受暴力伤害的平民。③ 然而,许多陷入冲突国家和地区的现实并非如此简单。刚果(金)、马里和中非共和国等国的乱局都有着复杂的国际和国内原因,维和特派团帮助东道国政府维护稳定,必然使得一些冲突当事方认为联合国阻碍了它们实现"正当"的利益诉求。

强制的安全行动不但难以完成制止冲突和保护平民的任务,还让维和人员承受很高的安全风险。实践表明,维和行动越强势,维和人员因敌意行为牺牲的人数就会越多。1948年以来,因敌意行为牺牲维和人员数量出现的三次高峰都与强势维和有关:前两次出现在20世纪60年代初和20世纪90年代初联合国在刚果(金)和索马里开展强制和平行动期间;④ 2010年以来出现第三次高峰,与联合国在非洲开展几项执行稳定任务的维和行

---

① Jason K. Stearns and Christoph Vogel, "The Landscape of Armed Groups in the Eastern Congo", Congo Research Group, CIC, December 2015, www. internal - displacement. org/database/country? iso 3 = COD.

② Tatiana Carayannis et al. , "Competing Networks and Political Order in the Democratic Republic of Congo: A Literature Review on the Logics of Public Authority and International Intervention", DRC Synthesis Report, Conflict Research Programme, The London School of Economics and Political Science, July 2018.

③ Cedric de Coning, "The Changing Global Order and the Future of Peace Operations", Presentation at the Webinar Hosted by the International Forum for the Challenge of Peace Operations, April 29, 2020.

④ Carlos Alberto dos Santos Cruz, "Improving Security of United Nations Peacekeepers: We Need to Change the Way We are Doing Business", December 19, 2017, https://peacekeeping. un. org/sites/default/files/improving_security_of_united_nations_peacekeepers_report. pdf.

动有关。① 不同的是，前两次高峰都在 2 年至 3 年后就随着强制和平行动的终止而结束，而第三次高峰迄今已经持续约 10 年。这表明，在没有和平可以维持的地方维持和平可能已经成为联合国维和的一种制度化实践。

由于维和人员的基本安全得不到保障，维和特派团的士气和部分出兵国支持本国维和人员听命于联合国指挥的政治意愿都受到影响，这导致联合国维和出现了一种罕见的现象：维和人员不得不经常蜷缩在守备森严的营地里。在刚果（金）和马里等任务区，维和人员即便是待在营地里也经常遭到暴恐袭击；在南苏丹，维和人员通常只能在营区附近有限的范围内巡逻，而且即便如此，他们的日常维和活动也经常遭到政府军和反对派武装刁难。这些现象表明联合国维和正在丧失一项最基本的功能——显示和平的存在。无论是在以监督停火协议为主要任务的传统维和行动中，还是在以建设和平为主要任务的多层面维和行动中，维和人员佩戴蓝色的贝雷帽或者头盔，驾驶白底黑字的车辆自由地在任务区活动，通过积极地显示存在，为冲突后的国家和人民带来和平的希望。然而，当维和人员醒目的标识不再是安全的保障，他们的行动自由受到限制，联合国维和就已经发生严重的退化。

二、联合国维和退化的原因

维和是全球安全治理的重要机制，其理念和方法受到国际格局、国际制度体系、国际冲突形态和联合国的实践探索等多方面因素的影响。过去十年来，联合国维和从"维持和平—建设和平"的模式退化到"建立和平—维持和平"的模式，主要有四个方面的原因。

其一，非洲新一波冲突热点对联合国的冲突管理工作构成严峻挑战。2010 年以来，非洲陷入自 20 世纪 90 年代之后最动荡的局面。在北非，突尼斯、利比亚和埃及等原本较为稳定的国家在西亚北非政治动荡中陷入内乱，利比亚更是在美西方的武力干涉下发生政权更迭并陷入长期内战。在撒哈拉以南非洲，索马里、刚果（金）和苏丹达尔富尔地区持续多年的冲突尚未平息，马里、中非共和国和布基纳法索等国先后发生政变并陷入内

---

① 何银：《反思联合国维和行动中的安全风险及应对》，《世界经济与政治》2018 年第 5 期，第 74 页。

乱。如前文所述，南苏丹独立后并没有迎来和平，阿卜耶伊的族群间冲突也还在继续。此外，"基地"组织和"伊斯兰国"两大国际恐怖组织竞相在非洲拓展地盘，非洲本土恐怖组织"博科圣地"不但在尼日利亚活动频繁，而且在喀麦隆、尼日尔和乍得等国作乱。不难发现，非洲出现的这一波冲突热点有几个特点：数量多，牵涉非洲大陆 10 多个国家；分布范围广，包括马格里布、萨赫勒地带和大湖地区；冲突形态多样，既有国家间冲突，也有国家内冲突，甚至还有国际恐怖主义作乱。

21 世纪前十年的经验表明，联合国若要在非洲冲突管理中发挥作用，需要有国际伙伴的大力支持。自 2010 年以来，联合国得到的国际伙伴的支持已明显减弱。一方面，非洲本土的冲突管理能力出现退化。2008 年金融危机对处于全球产业链低端的非洲经济造成冲击，石油等矿产资源价格低迷，让非洲一些严重依赖资源出口的国家（包括南非、尼日利亚、埃及和埃塞俄比亚等长期在非洲安全事务中发挥主导作用的国家）陷入财政困难，在安全事务上的开支减少。在此背景下，非盟和几个次区域组织参与冲突管理的意愿和能力都大不如前，因而难以大力配合联合国在非洲的维和行动。另一方面，欧盟参与非洲冲突管理的积极性消退。在 21 世纪前十年里，欧盟曾经积极介入非洲安全事务，具有代表性的事例有：2003 年作为整体参加了由法国牵头在刚果（金）东部恢复和平的行动，为联合国稳定特派团的建立创造了条件；2008 年十多个欧盟成员国向乍得和中非共和国毗邻苏丹达尔富尔地区派出 3700 名军人，有力地支持了联合国在达尔富尔的维和行动。然而，2008 年金融危机后，欧洲一体化进程遭遇挫折，欧盟参与域外冲突管理的意愿减弱。没有了以非盟和欧盟为代表的国际伙伴出面分担，联合国在应对非洲新一波冲突热点时显得格外吃力。

其二，新干涉主义的影响。冷战时期，除了在 20 世纪 60 年代初强势干预刚果（金）内战，联合国维和机制并没有明显受到干涉主义的影响。冷战结束后，美西方在国际格局中占据绝对主导地位，开始以人道主义为借口，频繁地借助联合国维和机制推行干涉主义理念。20 世纪 90 年代初联合国在索马里的强制和平行动失败后，人道主义干涉因其范畴太过于宽泛而逐渐淡出了联合国维和的话语和实践。然而，20 世纪 90 年代发生在卢旺达等地的大屠杀引发了联合国和国际社会的深刻反省，[①] 维和机制中

---

① Ronald Hatto, "From Peacekeeping to Peacebuilding: The Evolution of the Role of the United Nations in Peace Operations", *International Review of the Red Cross*, No. 95, 2013, p. 513.

开始出现一些新的干涉主义概念。[①] 1999 年安理会授权在塞拉利昂建立维和行动时，首次将"平民保护"列入维和任务。2005 年联合国大会通过的《世界首脑会议成果文件》提出"保护的责任"概念，指出当一个国家不能保护其人民免遭灭绝种族、战争罪、族裔清洗和危害人类罪之害且和平手段已经穷尽，国际社会就有责任通过武力方式进行干预。[②]

2011 年以美国为首的部分北约国家对利比亚发动旨在进行政权更迭的军事行动之后，保护的责任开始招致越来越多的质疑。[③] 在此情况下，平民保护就成为推行干涉主义最好的理由。不可否认，冲突中最大的受害者是无辜的平民，联合国有责任出面干预。但是，在西方主导的国际舆论推动下，平民保护成为国际政治中一个政治正确的概念，让联合国维和背负难以承受的道义负担。当冲突爆发并造成人道主义危机时，维和行动往往被寄予不切实际的期望，联合国不得不频繁地以平民保护为由深度介入。上文所述 2010 年以来开展的 5 项"建立和平—维持和平"模式的维和行动，都将平民保护作为核心任务。然而，在冲突并没有完全平息、没有和平可以维持的地方开展强势干预行动，无论愿望多么美好，都难以避免一个残酷的现实：既不可能完成安理会授权的任务，也浪费了宝贵的维和资源。例如，联合国南苏丹特派团将 3/4 的资源都用于保护 10 多个平民保护营里的 20 余万人，却不能保护平民保护营外的几百万受到冲突影响的平民。[④]

其三，安理会维和授权过于轻率。过去十年来，以美国为首的西方大国参与全球多边安全合作机制的意愿减退，不愿利用自身的优势促进国际冲突和平解决。加之平民保护已经成为政治正确，即便是要在没有和平可以维持的地方开展维和行动，也没有哪一个常任理事国会轻易提出公开反对。在此情况下，安理会很容易为了表现出政治上的团结，轻率地通过决议，将应对一些棘手国际安全问题的包袱甩给秘书处。

安理会授权开展维和行动时的轻率表现在列出的维和任务清单越来越长。例如，联合国马里多层面综合稳定特派团的任务包括从支持马里政府

[①] 阮宗泽：《负责任的保护：建立更安全的世界》，《国际问题研究》2012 年第 3 期。
[②] UN General Assembly, "2005 World Summit Outcome", UN doc. A/60/L.1, September 20, 2005, p.31.
[③] 刘铁娃：《"保护的责任"作为一种国际规范的发展：中国国内的争论》，《联合国研究》2014 年第 1 期，第 55 页。
[④] 该数据来自笔者于 2018 年 12 月 4—16 日在朱巴对联合国南苏丹特派团人员的访谈。

及各当事方落实和平协议,到保护平民和促进人权等七大方面几十项;①联合国中非共和国多层面综合稳定团的任务包括从平民保护到安全部门改革等十多个方面一百多项。② 在没有和平可以维持以及平民保护等建立和平任务占用了大部分维和资源的情况下,安理会无视维和特派团的能力短板和任务区的现实,依然为维和特派团开出越来越长的任务清单,表明联合国维和在战略决策能力上出现了退化。

其四,法国的操纵。联合国当前负责维和事务的行动部门是和平行动部,其前身是1992年成立的维和行动部。自2000年1月法国外交部派出的官员格诺出任负责维和事务的副秘书长以来,法国人就一直占据该部门负责人的职位。格诺主持维和行动部工作的十年里,较好地平衡了法国的国家利益和自身作为联合国高级职员的职责。然而,政治经验丰富的法国前驻华大使苏和于2010年接任格诺后,法国开始更加积极地利用联合国维和机制实现法国的利益。苏和主政维和行动部的五年里,联合国先后在刚果(金)、马里和中非共和国三个法语国家开展具有强制和平特征的维和行动。当前这三项大型维和行动无论是在维和人员数量还是经费预算上,都占现有13项维和行动的一半以上。一些西方学者指出,法国还竭力控制非洲区域和次区域组织在非洲法语国家的维和活动。③ 在刚果(金),法国反对南部非洲发展共同体独自开展维和行动,主张将该次区域组织成员国派出的维和力量整合为由联合国指挥的武装"干预旅";在马里,推动联合国马里稳定特派团接管了非盟驻马里国际支助团的任务。2016年马里局势进一步恶化后,法国力主五个萨赫勒地带法语国家组建国际部队,在联合国马里稳定特派团框架之外执行反恐任务。④ 过去十年来,法国为维护自己在非洲法语国家的利益,鼓动联合国强势干预这些国家的冲突,让联合国在没有和平可以维持的地方维持和平,这也是联合国维和发生退化的一个主要原因。

---

① United Nations, *MINUSMA*: *Mandate*, https://minusma.unmissions.org/en/mandate.
② United Nations, *MINUSMA*: *Mandate*, https://minusma.unmissions.org/en/mandate.
③ John Karlsrud, "The UN at War: Examining the Consequences of Peace – Enforcement Mandates for the UN Peacekeeping Operations in the CAR, DRC and Mali", p. 50; Bruno Charbonneau, "Intervention in Mali: Building Peace between Peacekeeping and Counterterrorism", *Journal of Contermporary African Studies*, Vol. 35, No. 4, 2017.
④ John Karlsrud, "The UN at War: Examining the Consequences of Peace – Enforcement Mandates for the UN Peacekeeping Operations in the CAR, DRC and Mali", pp. 9 – 10; Bruno Charbonneau, "Intervention in Mali: Building Peace between Peacekeeping and Counterterrorism", *Journal of Contermporary African Studies*, Vol. 35, No. 4, 2017.

三、应对联合国维和退化的思考

联合国维和退化主要发生在潘基文担任秘书长期间。在联合国负责维和事务的主要官僚机构被西方国家把持的情况下，即使潘基文认识到维和机制出现的问题，也很难采取实际的改革行动。

2017年1月，古特雷斯接替潘基文出任联合国秘书长。古特雷斯此前曾担任过葡萄牙总理和联合国难民事务高级专员，让他具备了联合国秘书长这个特殊职务需要的两项重要能力：既懂得国际政治规则，擅长与各国领导人沟通交流和斡旋处理国际事务，又深谙联合国官僚体制文化，能够在管理这个庞大的国际组织时做到内外通达。

古特雷斯上任后很快采取一系列改革措施，其中包括：强调冲突预防的重要性，改革联合国国家工作队；重组秘书处负责和平与安全事务的官僚机构；推出"以行动促和平"倡议；① 对维和行动进行"瘦身"，结束在科特迪瓦、利比里亚和海地的维和行动，并不断压缩非盟—联合国达尔富尔混合行动的规模。②

然而，古特雷斯担任秘书长以来，他所领导的改革还没有解决联合国面临的最大问题之一——维和的退化。③ 刚果（金）、马里、中非共和国、南苏丹和阿卜耶伊五项维和行动的任务性质和特派团规模都没有发生明显的改变。相反，2018年秘书处还推出了《改善联合国维和人员安全：改变行事方法势在必行》的专家小组报告，提出革新维和行动的技术、装备和理念，并通过主动出击和预防式打击消除维和行动中的安全威胁。④ 这实

---

① 《以行动促和平：联合国维和行动共同承诺宣言》，https://peacekeeping.un.org/sites/default/files/a4p-declaration-cn.pdf。

② 内容来自笔者于2019年3月在纽约对联合国和平行动部官员的访谈。

③ 古特雷斯也认识到了维和退化的问题并表明了自己的立场："我敦促安理会成员国……请不要让（维和）任务看起来像（挂满东西的）圣诞树。圣诞节结束了，联合国南苏丹特派团不可能完成209项任务。若是做得太多，我们反而会分散精力并弱化（行动的）效果……一项维和行动不是一支军队或者反恐部队或者人道主义机构。它是为（东道国）本土所有的政治解决创造空间的工具。"参见"Secretary-General's Remarks to Security Council High-Level Debate on Collective Action to Improve UN Peacekeeping Operations", March 28, 2018, https://peacekeeping.un.org/en/secretary-generals-remarks-to-security-council-high-level-debate-collective-action-to-improve-un。

④ 何银：《反思联合国维和行动中的安全风险及应对》，《世界经济与政治》2018年第5期，第79页。

际上是确认并强调了现有维和行动退化模式的合理性。这些情况反映了维和退化问题本身以及整个联合国维和政治的复杂性。维和退化既与维和"三原则"相背离，也不符合联合国及绝大多数会员国的利益，必须回到进化的轨道。要应对维和退化，应着力从以下方面入手。

其一，反对干涉主义和侵略行径制造冲突。作为全球安全治理的重要行为体，联合国固然有责任使用包括维和行动在内的各种制度工具制止冲突并保护平民，但这并非治本之举。造成冲突的原因有很多，其中非常重要的一个是外部势力对主权国家的干涉甚至侵略。阿富汗、伊拉克、利比亚和叙利亚等国的事例表明，打着反恐或者平民保护的旗号，以政权更迭为目的干涉或入侵会让一些国家长期陷入冲突，并成为国际恐怖主义滋生的温床和联合国维和机制难以解决的国际安全"顽疾"。南苏丹和科索沃的教训说明，鼓动和支持分裂势力，非但不能解决一个国家内部的冲突，反而可能造成更为严重和持久的人道主义和安全危机。因此，要想解决维和退化的问题，首先需要反对干涉主义和侵略行径，不能容忍少数会员国及其牵头的军事联盟一方面干涉甚至入侵他国制造冲突和人道主义危机，另一方面又将收拾残局的艰巨任务交给联合国并指望其能够成功。

其二，安理会授权维和行动应更加审慎。在现有的几个稳定特派团已经成为联合国维和机制沉重负担的情况下，安理会应当避免再授权开展类似的大型维和行动。联合国维和机制中有许多制度性工具，维和行动仅仅是其中一种。因此，安理会需要充分利用自身在全球安全治理中的合法性和权威性，更加灵活地运用斡旋、调解、大国协调和软性施压等手段促成冲突解决或者建立和平，尽可能避免使用强制性手段。当出现必须通过多边安全行动干涉的冲突时，应当将这样的任务授权给区域或次区域组织。在确有必要开展维和行动时，应开展充分的可行性论证并守住底线——在有和平可以维持的前提下维持和平，避免开出冗长的任务清单并确保有相应的退出策略。此外，还应当避免维和行动的议程被个别大国操纵，成为它们维护在前殖民地利益的工具。

其三，加快推进维和改革与创新。尽管当前几项大型维和行动在非洲陷入没有和平可以维持的困境，但要在短期内通过压缩行动规模或者变更任务授权等方式谋求改变可能遭遇阻力。法国不会乐见联合国减少在非洲法语国家维和行动的投入，也不会乐意区域组织、次区域组织或者其他国家介入前法属殖民地的安全事务。而且，由于平民保护已经成为一项政治正确的任务，在和平进程没有取得明显进展、暴力冲突仍然频发的形势下，联合国放弃稳定行动的做法必然面临国际舆论压力。在此情势下，联合国可以一方面推动东道国的和平进程，另一方面鼓励区域、次区域组织积极介入维和行动，包括授权并支持它们组建维和部队承担安全行动方面的任务。从长远来看，联合国应当采用更加灵活的方法开展冲突管理，例如用经济、高效的小型维和行动或者政治特派团取代成本高昂、效率低下的大型维和行动。[1]

其四，加强联合国与非盟在维和事务上的伙伴关系建设。非盟在管理和解决非洲冲突方面有文化、语言和地理上的优势。需要切实落实《联合国和平行动问题高级别独立小组报告》提出的建议，加强联合国与非盟在维和事务上的伙伴关系建设。联合国和国际社会应当继续向非盟提供财政、物资和培训援助，帮助其尽快建成非洲东、南、西、北、中五个地区的快速反应旅。[2] 应当总结非盟在达尔富尔和索马里等地维和的经验，利用非盟维和部队在武力使用上的政治意愿和灵活性等优势，将必要的建立和平、恢复稳定的安全行动任务经安理会授权给非盟，以便联合国可以更好地发挥在维持和平和建设和平方面的优势。

结语

过去十年来，联合国维和行动陷入了退化的困境，背负了平民保护等政治正确任务的包袱。维和退化的趋势原本很难在短期内被扭转，但当前肆虐全球的新冠疫情可能加速这一进程。疫情深刻地改变国际政治、经济和安全生态，给陷入退化困境的联合国维和带来严峻挑战。疫情中，各维和特派团几乎都处于瘫痪状态，维和人员长期不能轮换，许多人不得不居家办公，包括巡逻、车队护送、要地驻守和平民保护在内的日常维和活动都受到影响。疫情还让联合国维和面临新的挑战：一方面，长期持续的疫情可能使一些脆弱国家和地区的安全形势恶化，成为急需联合国维和机制介入的冲突热点；另一方面，疫情让世界经济陷入衰退，一些传统的主要

---

[1] Center on International Cooperation, "Peace Operations Review 2018", 2018, p. 5, https://peaceoperationsreview.org/wp-content/uploads/2018/05/gpor_Peace_Operations_2018_full_final_WEB.pdf.

[2] United Nations, "Report of the High-Level Independent Panel on Peace Operations on Uniting Our Strengths for Peace: Politics, Partnership and People", United Nations General and Security Council document A/70/95—S/2015/446*, June 17, 2015.

出兵国和出资国可能自顾不暇，进而减少对联合国维和的支持。在此情势下，联合国需要转变思维，将新冠疫情给维和带来的挑战转变为推动变革的机遇。例如，可以逐步压缩现有大型维和特派团的规模甚至改变任务范畴，推动维和行动向高效、灵活的小规模模式过渡。这不仅会改变联合国维和退化的状况，而且还有利于其适应后疫情时代新的国际形势。

中国是联合国的核心会员国和支持维和行动的中坚力量，联合国维和的退化与中国坚持的国际关系基本原则相悖。中国应当积极推动联合国维和回归进化轨道。在安理会，中国应当继续反对干涉主义和侵略行径，坚持维和基本原则，主张在有和平可以维持的前提下维持和平，支持专家学者和非政府组织深度参与维和事务相关的国际话语网络和政策咨询，为联合国维和事务的变革提供中国智慧和中国方案。[①]

---

① 何银：《中国的维和外交：基于国家身份视角的分析》，《西亚非洲》2019 年第 4 期，第 42—43 页。